영유아의 자유놀이를 기초로 한

놀이지도

이선애 백인경

정민사

머리말

인간을 '호모 루덴스'로 지칭하기도 한다(Huizinga, 2010). 특히, 영유아들에게 놀이는 단순한 활동을 넘어서 생활 그 자체다. 놀이는 유아의 생활 그 자체로서 전인적 발달을 도모하는 수단인 동시에 효과적인 학습을 제공하는 활동이다. 영유아는 놀이를 통해 스스로 자신의 활동을 조절하며, 또래들과 놀이에 대해 의견을 나누고, 자신의 감정과 함께 놀이하는 또래들과 공감을 나눈다. 따라서 유아교육기관 교사가 될 사람은 영유아의 놀이를 이해하고, 놀이를 교육적으로 활용할 줄 알아야 한다.

이에 본 교재는 놀이지도의 이론과 실제에 대해 유아교육기관 예비교사들의 이해를 돕고자 놀이의 개념 및 발달이론, 놀이에 영향을 주는 변인 및 환경에 대해 살펴보았다. 그리고 유아교육현장에서 교육의 도구로서 놀이활동을 돕고자 다양한 놀이의 유형과 놀이지도 방법에 대해 상세히 소개하였다. 특히 본 교재는 유아의 놀이를 자유놀이와 바깥 놀이를 중심으로 구성하고 있으며, 최근 어린이집과 유치원에서 공통으로 이루어지고 있는 누리과정에 적합한 활동을 교육과정에 맞추어 제시하였다.

또한, 유아교육기관의 교사 및 예비교사들이 영유아의 놀이를 지도하는 데 있어서 실질적인 도움을 줄 수 있도록 제1부 놀이의 개념적 체계, 제2부 놀이의 발달적 고찰, 제3부 놀이의 환경 및 평가, 제4부 영유아의 자유놀이 활용과 실제로 구성하였다. 더 나아가 교사 및 예비교사들이 유아놀이를 현장에서 적용하여 영유아들의 놀이를 구성하거나 지도하는 데 활용할 수 있도록 여러 활동을 제시하였다.

이 교재는 유아교육기관에 수정된 교육과정인 누리과정이 시행됨으로써 놀이지도 교재의 개정이 필요하게 되어 이에 맞추어 발간되게 되었다.

이에 본 집필진은 누리과정을 반영한 놀이지도 활동계획안을 제시함으로써 예비교사 및 현장교사들이 직접 활용할 수 있도록 하였다. 본고가 세상에 나오기까지 현장에서 놀이실행을 해주신 김포시 국공립 푸른솔유치원과 시립어린이집 원장님과 교사들에게 감사를 드리며, 물심양면으로 도와주신 정민사의 박세원 대표님과 직원들에게 감사함을 표합니다.

2020년 12월

대표 저자 이선애

차 례

PART Ⅱ 놀이의 발달적 고찰

PART Ⅲ 놀이의 환경 및 평가

PART Ⅳ 영유아의 자유놀이 활용과 실제

I

PART

놀이의 개념적 체계

우리말 '놀이'는 놀다의 '놀'에 명사형 어미 '이'가 합쳐진 말로, 관련된 말에는 노래(놀애), 노리개(놀이개), 노릇(놀읏), 놀림(놀임), 노름(놀음) 등이 있다(한국민족문화대백과사전, 1995). 즉 우리말에서 놀이는 유희와 부가적인 의미를 담고 있는 것으로 보인다. 고대 그리스어로 '놀다' παίζω(paizō)의 어원은 '아이'를 뜻하는 παῖς(pais)로(Naver 사전, 2020) 놀이와 아이의 의미를 연결시키고 있음을 알 수 있다. 이러한 놀이는 영유아뿐만 아니라 모든 세대에서 나타나는 행동으로 놀이의 본질을 밝히기 위한 다양한 노력들이 계속되어 왔다. 본 장에서는 놀이의 개념과 특징, 놀이의 이유와 현상에 대한 이론들을 살펴봄으로써 놀이에 대한 관점을 정립하는 토대를 제공하고자 한다.

CHAPTER

01

놀이의 개념과 특성

1 놀이의 정의와 개념

대부분의 사람들은 어린 시절 놀이 경험과 놀이에 대한 추억을 가지고 있다. 어린아이들은 여건만 허락된다면 주어진 시간을 놀이에 할애한다. 인형놀이, 엄마아빠 놀이, 만들기, 잡기놀이, 얼음 땡, 무궁화 꽃이 피었습니다 등 영유아에서부터 아동기에 이르기까지 놀이의 종류는 셀 수 없이 많다. '놀이'는 어린이들의 삶의 일부이다. 그러나 어느 순간 이러한 어린이들의 놀이들은 사라지고 성인의 삶과 놀이는 별개처럼 느껴진다. '놀이'란 무엇일까? 또 놀이의 의미는 무엇일까?

우리말 '놀이'는 놀다의 '놀'에 명사형 어미 '이'가 합쳐진 말로, 관련된 말에는 노래(놀애), 노리개(놀이개), 노릇(놀읏), 놀림(놀임), 노름(놀음) 등이 있다(한국민족문화대백과사전, 1995). 즉 우리말에서 놀이는 유희와 부가적인 의미를 담고 있는 것으로 보인다. 고대 그리스어로 '놀다' παίζω(paizō)의 어원은 '아이'를 뜻하는 παῖς(pais)로(Naver 사전, 2020) 놀이와 아이의 의미를 연결시키고 있음을 알 수 있다.

놀이의 사전적 정의는 '여러 사람이 모여서 즐겁게 노는 일', '굿이나 풍물, 인형극 따위의 우리나라 전통적인 연희', '일정한 규칙 또는 방법에 따라 노는 일', '시장놀이, 병원놀이, 엄마놀이처럼 모방을 하거나 흉내를 내면서 노는 일(국립국어원, 2000)' 등으로 다양한 의미를 갖는다. 즉, 놀이는 어린이들에게만 국한된 것이 아니라 성인에게도 해당되는 활동으로 즐거움의 정서와 굿이나 풍물 등의 전통 문화를 포함한다.

놀이의 본질적인 측면에 초점을 둔 정의를 살펴보면 '생활상의 이해관계를 떠나서 자발적으로 참여하는 목적이 없는 활동으로서, 즐거움과 흥겨움을 동반하는 가장 자유롭고 해방된 인간 활동(한국민족문화대백과사전, 1995)'으로 정의된다. 즉 놀이에는 일정한 규칙이나 방법이 있고 상황을 재연하거나 모방하는 특성이 있으며, 목적이 없고 즐거움이 있는 자유로운 활동 등의 의미를 포함함을 알 수 있다.

프랑스의 심리인류학자 카유아(Caillois)는 놀이를 크게 네 가지 범주로 나누었다. 첫째, 경쟁을 하는 게임이다. 스포츠나 체육활동이 여기에 속한다. 둘째, 확률이나 요행을 바라는 게임으로 주사위나 빙고 게임 등을 들 수 있다. 셋째, 일상적인 지각을 변형시키는 활동으로 회전목마나 스카이다이빙 등을 말한다. 마지막으로 대안적 현실이 되는 창조적 활동으로 춤, 연극, 예술 관련 활동을 말한다(Csikszentmihalyi, 2004). 카유아의 놀이 범주는 모든 인간 문화 속 놀이에 관한 것으로 영유아나 어린이의 다양한 놀이가 포함되지 않는 아쉬움이 있으나 놀이의 폭넓은 개념을 이해할 수 있다.

상고시대부터 놀이는 일과 놀이, 오락과 제의, 의식과 축제, 창작과 표현 등의 여러 활동에 자연스럽게 통합되었고 삼국시대의 집단적 제사의식, 고려시대와 조선시대에도 국가적인 행사와 민중의 일상의 삶에서 놀이는 활발하게 이루어졌다(한국민족문화대백과사전, 1995). 서구 고대 문헌에서도 놀이에 대한 견해가 나타나는데, 고대 그리스 철학자 플라톤이 놀이를 실재와 거리가 먼 허상 또는 쓸데없는 것으로 평가한 데 반해 제자 헤라클레이토스는 놀이를 삶과 세계의 본질로 보았다(정낙림, 2017).

본격적으로 놀이가 학자들에 의해서 철학적 사유의 대상으로써 진지하게 논의되기 시작한 것은 근대 이후이다. 독일의 철학자 칸트(Kant)는 놀이에 대한 적극적인 사유를 통해 '놀이' 개념에 대한 새로운 관점을 제시하였다. 그러나 칸트는 놀이 자체가 독립적으로 의미 있다기보다는 개인의 인식 능력에 기여하는 수단으로 보았다. 실러(Shiller)는 인간의 근본적인 충동을 이성충동과 감성충동으로 보고 건강한 문화는 이 두 충동의 조화로 가능한데 이 두 충동이 조화를 이룰 때 발생하는 제3의 충동을 놀이충동이라고 하며 놀이충동을 예술의 근원이라고 하여 놀이의 가치를 높였다. 니체(Nietzsche) 또한 '나는 위대한 과제를 대하는 방법으로 놀이보다 더 좋은 것을 알지 못한다'고 하며 놀이를 예술의 본성으로 파악했다(정낙림, 2017). '호모 루덴스(Homo Ludens)'의 개념을 창안한 하위징아(Huizinga)는 놀이를 인간의 문화의 특징으로 보고 고대사회에서 현대사회에 이르기까지 신화와 종교, 지식, 스포츠, 법률 과학, 심지어 정치와 전쟁에 이르기까지 인간의 모든 문화와 의식, 예술에는 놀이의 의미가 있다고 하였다(Huizinga, 2010).

이와 같이 실러 이후 많은 철학자들은 놀이를 어린이에게 국한된 현상이 아닌 인간의 본질적 특징으로 놀이의 의미를 깊이 있게 분석하였다. 그러나 19세기에는 산업자본주의의 도래와 함께 놀이에 대한 가치는 떨어지고 노동의 가치가 부상되었다(정낙림, 2017).

유아기와 유아교육의 중요성에 주목하고 유아교육에 커다란 업적을 남긴 이탈리아의 몬테소리(Montessori)는 영유아기 놀이의 중요성을 인식하여 영유아 스스로 놀이하며 성장할 수 있는 교구와 환경을 고안하였다. 그러나 몬테소리에게서 놀이는 영유아의 다양한 기능을 발달시키기 위한 현실적인 목적을 갖는다(최양미, 1997). 이에 반해 실러의 사상에 영향을 받은 독일의 프뢰벨(Fröbel)은 놀이를 인간의 가장 순수한 정신적 활동으로 보고 신체적 · 정신적 발달과 도덕의 근원이고 자기표현, 외부세계의 인식, 힘의 연마를 이루어간다고 하며 놀이 그 자체의 가치와 놀이에서의 상상력, 직관을 중시하였다(최양미, 1997).

정신분석학을 개척한 프로이트(Freud)는 영유아들의 정서적 배출 통로로써 놀이를 분석하였고, 피아제(Piaget)가 영유아 인지발달 과정으로써 놀이를 관찰하는 등 현대 심리학자들의 영유아 놀이에 대한 다양한 연구 결과들로 인해 놀이는 영유아기의 자연스럽고 가치 있는 활동으로 보편적으로 인식되고 있다.

2 놀이의 특성

놀이의 개념은 놀이가 가진 특성을 살펴봄으로써 보다 명확해진다. 영유아뿐 아니라 인간 문화 전반에 내포된 놀이의 의미를 고찰한 하위징아는 놀이가 시작과 진행, 끝내는 모든 과정에서 자유로운 행위이고 시간과 공간, 일상적 행위에서 벗어난 행위이며 놀이에는 통용되는 규칙이 있다고 그 특징을 설명하였다(Huizinga, 2010). 어린이 놀이에 초점을 둔 루빈, 페인과 반덴버그(Rubin, Fein & Bandenberg, 1983)는 놀이의 특징으로 내적 동기유발, 과정지향, 비문자적(non-literal) 특성, 자유로운 선택을 들었다. 존슨, 크리스티와 야키(Jonson, Christie & Yawkey, 1999)도 이와 유사하게 유아의 놀이 특징으로 비사실성, 내적 동기화, 과정중시, 긍정적 정서, 자유로운 선택을 들었다. 또한 놀이의 개념은 놀이와 상반된 일의 개념이나 탐색이나 모방과의 비교를 통해서도 이해될 수 있다.

1) 놀이의 특징

영유아기 놀이의 특성을 종합하면 다음과 같다.

(1) 놀이는 긍정적 감정을 수반한다

즐거움은 영유아가 놀이를 하는 주된 이유이다. 놀이가 무료하고 고통스럽다면 영유아는 놀이를 중단할 것이다. 영유아는 놀이할 때 다양한 정서를 표현하는데 흥미와 기쁨 등의 긍정적 정서가 지배적이다(김희연, 2001).

고대 그리스 철학자 아리스토텔레스(Aristoteles, 2020)는 즐거움을 인간의 정신이 원래 본성으로 돌아가는 상태가 그대로 느껴지는 감정으로 정의하며 즐거움을 주는 일 중 하나로 놀이를 꼽았다. 하위징아(Huizinga, 1950)는 놀이가 개인에게 주는 정서를 기쁨(joy)이라고 하였고, 그루스(Groos, 1901)는 유쾌한 감정(pleasure)이라고 하였으며 리베르만(Lieberman, 1977)과 바넷(Barnett, 1990), 칸스너와 페플러(Kransnor & Pepler, 1980)와 같은 현대 놀이 연구자들은 긍정적 정서 표현을 놀이의 특징으로 들었다(김희연, 2001 재인용).

(2) 놀이는 내적 동기에 의해 시작되고 유지된다

영유아는 아무도 요구하지 않아도 스스로 놀이를 시작한다. 놀이에는 보상이 없다. 영유아들이 놀면서 만든 성과물들은 놀이가 끝나면서 사라진다. 그럼에도 불구하고 대부분의 영유아들이 생존에 필수적인 활동을 제외하고는 계속적으로 놀이한다. 즉, 놀이는 영유아들의 내적 동기에 의해 시작된다. 내적 동기(intrinsic motivation)란 보상이나 압력 같은 어떠한 외부적 동기 없이 즐거움이나 호기심 때문에 하는 것을 말한다.

하위징아는 놀이는 생각하는 인간 '호모사피엔스'와 도구를 만들어 내는 인간 '호모파베르'에 이어 제3의 기능으로 보고 놀이의 첫 번째 특징으로 자발성을 들었다. 하위징아에 의하면 모든 놀이는 자발적 행위로 언제든 연기되고 정지될 수 있기 때문에 본능과는 다르다.

(3) 놀이는 비목적적이다

놀이에는 목적이 없으며 놀이 그 자체가 중요한 목적이다. 카유아(Caillois)는 놀이는 순수하게 소모적인 활동, 즉 시간이나 에너지, 재능, 기술, 돈을 소모하는 활동(Caillois, R., 1994)이라고 하여 놀이의 비목적성을 강조하였다.

영유아들은 놀이에서 블록을 높이 쌓거나 주차 타워를 만들고 게임에서 승리를 하려고 하는 등 목표를 가진다. 하지만 놀이의 목표는 언제든지 바뀔 수 있으며 현실적인 목적과 거리가 멀다. 요사이 많이 개발된 놀이식 학습은 놀이를 통해 성취하고자 하는 교육 목표가 있는 데 반해 영유아의 자발적 놀이에서는 결과보다 과정이 중요하다. 이것이 영유아들을 대상으로 한 놀이식 학습이 진짜 놀이가 될 수 없는 가장 큰 이유이다.

(3) 놀이에는 자유로움이 있다

놀이는 자유롭게 선택된다. 같은 놀이를 하더라도 누군가에 의해 놀이가 제시된 것과 스스로 놀이를 선택하는 것은 놀이하는 과정과 놀이가 주는 즐거움에서 달라질 수 있다.

놀이는 계획되지 않는다. 놀이에는 정해진 대본이 없으며 영유아들은 즉흥적으로 놀이를 만들어간다. 즉흥성은 모든 창조성의 원천이며 인간이 대화하고 살아가는 방식이며, 어린이들의 놀이 방식이기도 하다(Nachmanovitch, 1990). 이러한 자유로움 속에서 영유아들은 자유롭게 상상하고 창의적으로 놀이를 구성해 나간다.

(4) 놀이는 비실제적이다

놀이는 비실제적 특성을 포함한다. 놀이의 비실제성이란 사물, 행동, 상황 등이 일상적인 의미가 아닌 새로운 의미로 대체되는 것이다.

표상능력이 발달함에 따라 영아들은 컵으로 물을 마시는 시늉을 한다든지 인형을 안고 아기처럼 돌보는 등 간단한 상징놀이를 시작한다. 연령이 증가함에 따라 영유아들은 현실을 다양하게 가작화(as-if)한다. 인형들은 대화의 상대가 되고 어설프게 만든 물건들이 의미 있는 대상으로 탄생한다. 자신과 놀이 친구들은 아기도 되고 엄마도 되고 교사가 되기도 한다. 거실 바닥은 바다가 되고 소파는 섬이 되기도 한다. 이러한 놀이의 비실제적 특성은 '가상놀이'에서 잘 드러난다.

(5) 놀이에는 내적 규칙이 있다

영유아들의 놀이에서 나무블록은 그저 단순한 나뭇조각이 아니다. 놀이 속에서 나무블록은 건축의 재료이고 살림살이 도구이고, 음식의 재료이다. 놀이 속에서 재료들은 소중하게 다루어져야 한다. 내 것과 남의 것이 분명하고 남의 것을 사용하고 싶을 때는 진지하게 요청하여야 한다. 영유아들의 가상놀이에도 규칙이 있다. 일상적 사물은 상상놀이에서 다양한 대상으로 변화하고 자신들도 다른 인물이 된다. 놀이 중에는 일상적 사물의 이름이나 자신들의 원래 이름을 부르는 것은 놀이의 규칙을 어기는 일이다. 놀이 중 현실적 문제에 부딪혔거나 놀이에 대해 의논이 필요할 경우, '잠깐!', '타임!' 등을 외치며 참여자들에게 놀이 중지를 요청하고, 문제가 해결된 뒤에는 다시 약속된 놀이 세계로 돌아간다.

추상적 사고가 발달함에 따라 유아들은 규칙이 있는 게임을 즐긴다. 유아들은 '가위 바위보', '무궁화 꽃이 피었습니다', '우리집에 왜 왔니' 같은 게임들이 가진 놀이의 규칙을 이해하고 즐기며 승부욕을 보인다.

(6) 놀이는 몰입의 경험을 느끼게 한다

몰입(flow)이란 사람이 다른 일에는 아무 관심이 없을 정도로 지금 하고 있는 일에 푹 빠져 있는 상태를 말하는 것으로 몰입경험의 최우선적 기능은 '최적의 경험(optimal experience)', 곧 즐거움이다(Csikszentmihalyi, 2004). 이러한 특성은 놀이에서 잘 보이는 특성이기도 하다. 영유아들은 자신의 놀이에 깊이 몰두하여 희열을 느끼며, 놀이를 끝낼 것을 요구받았을 때 당황하거나 분노하기도 한다.

칙센트미하이(Csikszentmihalyi)에 의하면 몰입을 유발하는 활동은 활동에 규칙이 있고, 이를 수행하기 위한 기술이 필요하다. 즉 몰입경험은 자신의 능력보다 지나치게 높거나 낮지 않고 자신이 다룰 수 있을 정도로 도전적일 때 일어난다. 이러한 몰입의 경험으로 개인의 지식이나 능력이 신장되고 새로운 발견, 즉 창의적 깨달음이 일어난다(Csikszentmihalyi, 2004). 놀이는 그 놀이만의 틀이 있으며 영유아들은 재료와 상황을 익숙하게 다루면서 당면한 어려움들을 해결해나가며 놀이를 지속하게 된다. 영유아의 놀이 상황은 몰입을 위한 최적의 상황이다.

(7) 놀이는 사회적이다

놀이는 대개 사회적 성격이 강하며, 서로 경쟁하고 협동하는 과정에서 기쁨이 배가 된다(정낙림, 2017). 영아 초기에 발견되는 혼자놀이는 이후 유아기에도 나타나지만 영유아들은 사회적 놀이를 발달시키고 더 즐긴다. 파텐(Parten, 1932)은 영유아의 놀이를 사회적 유형에 따라 분류하였는데 만 2세 미만 영아의 경우 주로 혼자놀이를 많이 하다가 3~4세경부터는 사회놀이를 많이 하고 놀이의 내용도 보다 조직적으로 발달하여 적극적인 협력을 통해 이루어지는 협동놀이의 형태로 발전한다고 하였다.

2) 놀이와 일

놀이는 일의 개념과 비교하여 정의되기도 한다. 사전적 정의에 의하면 놀이는 '인간의 생존과 관련이 있는 활동과 일을 제외한 신체적이고 정신적인 모든 활동(한국민족문화대백과사전, 2015)'으로 일과 비교하여 정의된다. 철학자 칸트(Kant) 또한 모든 행위는 목적을 가진 일과 의도는 있지만 목적이 없는 놀이로 나누어지며, 놀이는 목적이 없고 그 자체가 운동의 원인이 된다고 하여 인간의 모든 행위를 놀이와 일로써 구분하였다(정낙림, 2017).

페인(Fein, 1985)은 자발성, 정서적 측면, 목표지향성을 기준으로 놀이와 일을 구분하였다. 즉, 놀이는 자발적이고 긍정적인 정서가 있고 목표가 없는 반면, 일은 비자발적이고 목표지향적 활동이며 놀이만큼의 긍정적 정서를 느끼진 않는다는 것이다. 프로스트와 클레인(Frost & Klein, 1979)도 페인과 유사하게 능동성, 긍정적 정서, 비목적성을 놀이의 특성으로 보았고 이에 더해 놀이는 스스로 시작한 것이고 진지한 반면, 일의 특징은 수동적이고 강요된 것이며 단조롭고 고되고, 외적 목표가 있으며 무사안일하다고 하였다. 또한 프로스트와 클레인은 놀이의 특성은 일에서 나타날 수도 있지만 일의 특성은 놀이의 특성이 될 수 없다고 하였다.

어떤 일(학습)은 일을 하는 사람에게 놀이에서처럼 긍정적 정서, 즉 즐거움을 주기도 한다. 심리학자 칙센트미하이(2003)는 창의적인 인물들이나 자신의 삶을 창의적으로 살아가는 사람들이 자신의 일에 대해서 흥미와 몰입의 특징을 나타내는 것에 주목하였다. 즉, 어떤 분야에서 위대한 성취를 이룬 사람들은 자신의 일을 일로써 대하기보다는 놀이에서처럼 몰입하고 즐긴다는 것이다. 대중매체에서도 종종 평범한 사람들이 자신의 일을 즐기면서 고도의 기술을 연마한 경우들이 보도되곤 한다. 이렇게 볼 때 놀이와 일을 엄밀하게 구분하기란 어렵다.

프로스트와 클레인(Frost & Klein)이 말한 놀이와 일의 전형적인 특징들을 정리하면 다음과 같다.

표 1-1 놀이와 일의 특징

놀이		일
능동적	⟷	수동적
자발적	⟷	강요됨
재미있음	⟷	단조롭고 고됨
목표 없음	⟷	외적 목표 있음
스스로 시작함	⟷	타인에 의해 시작됨
진지함	⟷	무사안일함

출처: Frost & Klein(1979)

학습은 외적 목표가 있다는 점에서 '일'에 의미로 생각될 수 있다. 교사와 부모들은 놀이 속에도 영유아의 학습이 이루어지기를 기대하며 교육적으로 가치가 있어 보이는 놀이나 놀잇감을 선호한다. 그러나 유아들은 놀이와 학습, 즉 놀이와 일을 정확히 구분하는 것으로 나타났다. 킹(King, 1979)의 5~9세 유아와 아동들을 대상으로 한 연구에서 유아들은 직접 선택한 활동은 놀이, 교사가 지시한 활동은 일로 분류하여 설명하였다. 윙(Wing, 1995)은 초등 저학년 아동을 대상으로 면접을 한 결과 아동들은 누군가 자신에게 시킨 활동은 일로 구분하였다.

놀이의 중요한 특성 중 하나가 '자유로운 선택'이다. 유아들은 블록 쌓기와 같은 활동을 스스로 자유롭게 선택하였다면 그것을 놀이라고 간주하는 반면, 같은 활동일지라도 교사에 의해 지시를 받고 이 활동을 수행한다면 일(학습)이 된다. 게임형식이나 입체적인 자료, 다양한 놀이 형태에도 불구하고 놀이 고유의 특성이 보장되지 않으면 영유아는 흥미를 잃고 놀이를 중단할 것이다. 교육적 놀이들이 영유아에게 놀이로 작용하기 위해서는 내적 동기나 자율성 등 놀이의 기본적인 조건들이 충족되어야 한다.

스폰셀러(Sponseller, 1974)는 놀이와 일의 다양성을 연속체의 개념으로 설명하였다. 즉, 가장 순수한 의미의 놀이인 '자유놀이(free play)', 성인에 의해 '안내된 놀이(guided play)'와 '지시된 놀이(directed play)', '놀이처럼 가장된 일(work, disguised as play)', 놀이와 상반된 개념으로써 '일(학습, work)'이 그것이다. 유치원 자유놀이 시간에 유아들이 놀이영역에서 하는 놀이는 교사들에 의해서 계획되고 제공된 '안내된 놀이'로 볼 수 있다. 특정 교육프로그램을 표방하는 놀이들은 영유아들에게 '지시된 놀이'나 '놀이처럼 가장된 일'이 될 것이다. 놀이와 일의 연속체는 다음과 같이 나타낼 수 있다.

| 그림 1-1 | 놀이와 일의 연속체

3) 놀이와 탐색

놀이와 탐색은 밀접한 관계이다. 영유아들이 새로운 사물이나 대상을 만났을 때 대상을 파악하는 탐색이 필요하다. 대상에 대해 충분히 이해하고 익숙해진 상태에서 영유아들은 대상을 자유롭게 가지고 놀이할 수 있다. 본격적인 놀이의 과정 중에도 탐색활동은 계속 일어나므로 탐색과 놀이행동을 엄격하게 분리하기는 어려우나 개념적으로는 차이를 가진다. 놀이와 탐색은 공통적으로 내적으로 동기화된 놀이행동이나 탐색은 물건의 속성에 대해 '이것은 무엇을 하는 것인가?' 하는 사고의 측면이 강한 활동이고, 놀이는 '무엇을 할 수 있을 것인가?' 하는 행동에 중점을 두는 행동이다(Hutt, 1971; Weisler & McCall, 1976).

월윌(Wohlwill, 1984)은 놀이와 탐색을 구분하는 기준을 전형성, 주의집중, 정서로 보았다. 전형성의 측면에서 탐색은 상황과 관계없이 감각 탐색과 같이 전형적인 행동을 나타내나 놀이는 새로운 방법을 찾는 등 다양한 행동으로 나타난다. 주의집중 측면에서 탐색은 놀이보다 좀 더 진지하다. 정서 측면에서 탐색은 중립적이거나 약한 부정적 정서가 나타나고 놀이에서는 긍정적 정서가 나타난다. 놀이와 탐색의 차이를 정리하면 다음과 같다.

| 표 1-2 | 놀이와 탐색의 비교

구분 기준	탐색	놀이
발생시간	놀이 전에 나타남	탐색 이후에 일어남
상황	낯선 사물을 대할 때	친숙한 사물을 대할 때
목적	사물에 대한 정보 수집	자극의 창출
행동	정형화된 행동	다양한 행동
분위기	심각함	즐거움
심장박동	낮음	높음

출처: Hughes & Hutt(1979); Hutt(1971).

4) 놀이와 모방

영유아기에는 많은 모방 행동이 나타난다. 영아들은 수저로 무엇을 먹는 것처럼 행동한다든지 전화기나 사물을 귀에 갖다 대는 등 일상생활에서 본 성인의 행동을 모방하여 행동한다. 피아제(1962)는 놀이와 모방의 차이에 관심을 가졌는데, 피아제에 의하면 모방은 새로운 자극에 대한 조절 행동이고, 놀이는 조절보다 동화가 우세한 활동이다. 즉, 갓 돌이 지난 영아가 빈 컵을 들고 마시는 흉내를 내는 모방 행동은 그동안 반복적으로 본 성인의 행동을 자신의 도식에 수용하는 조절 행동이고, 유아가 컵을 인형 얼굴에 대며 인형을 돌보는 것은 자신의 도식을 활용하는 동화 행동, 즉 '놀이'라는 것이다.

영유아들의 놀이 속에서 모방행동과 놀이를 구별하기란 쉽지 않다. 그러나 모방 행동과 비교해 놀이가 가진 분명한 특성은 새로운 아이디어나 행동을 수반하는 창조적인 성격이 있다는 것이다.

5) 놀이와 전자매체

현대 사회는 다양한 전자매체가 계속적으로 개발되어 왔고 인터넷의 발달로 그 내용 또한 폭발적으로 증가하였다. 성인뿐만 아니라 영아에 이르기까지 전자매체를 통해 다양한 콘텐츠를 접하고 있다. 영유아의 일상생활 깊숙이 들어와 있는 텔레비전 시청이나 컴퓨터, 스마트 폰을 이용한 게임이나 영상물 시청 등이 영유아 놀이로 볼 수 있는지에 대한 고찰이 필요하다.

전자매체를 활용한 놀이를 영유아들이 스스로 선택하여 이루어지는 점, 내적 규칙이 있고 비목적적이며 정서적으로 긍정적인 감정을 가지고 몰입하게 되는 면에서 놀이와 유사한 특성을 가지고 있다. 그러나 전자매체에서 영유아가 누릴 수 있는 자유란 실제 공간에서 이루어지는 놀이에서 가능한 창조성, 즉흥성, 상상력을 발휘하기 어렵다. 또한 일반적으로 이루어지는 사회놀이에 비해 전자매체를 이용한 놀이는 개인적이고 단절적인 측면이 있으므로 일반적인 놀이에서 영유아가 얻을 수 있는 장점들이 제한된다.

과도한 전자매체의 사용이 신체적 문제를 포함한 다양한 발달적 역기능이 있음이 꾸준히 연구되어 왔다. 그러나 전자매체의 이용 연령은 계속적으로 낮아지고 이용 시간은 꾸준히 늘고 있다. 한편으로는 영유아를 위한 콘텐츠가 꾸준히 개발되고 있어 이러한 사회적 환경에서 전자매체를 이용한 영유아 콘텐츠의 활용에 대한 면밀한 검토가 요구된다.

3 놀이연구의 동향 및 전망

놀이의 가치와 중요성은 많은 연구자들과 교육자들에 의해 지지되어 왔으며 놀이는 영유아 교육의 중요한 주제 중 하나이다. 2006년부터 2013년까지 국내 유아 놀이 관련 연구에서 나타난 주된 주제는 놀이행동, 놀이지도, 놀이와 교육과정, 놀이와 프로그램 개발, 놀이발달 등이었으며 연구 대상은 유아와 부모, 유아와 교사, 영유아 간 혼합 대상으로 이루어진 경우보다 유아, 부모, 교사 등 단일대상으로 중심으로 이루어졌다(장연주, 2016). 영아의 놀이 관련 연구들은 주로 놀이와 발달과의 관련성을 주제로 이루어졌다(김근혜, 홍순옥, 2013).

2009년에서 2013년 사이에는 유아놀이 관련 연구들을 보면 놀이성, 역할놀이, 유아, 창의성, 놀이, 또래놀이상호작용 등의 순서로 많이 이루어진 것으로 나타났다. 2014년에서 2018년까지 놀이 관련 연구는 이전보다 큰 폭으로 증가하였으며 주제어로 놀이성, 유아, 놀이, 또래놀이행동, 또래놀이상호작용 순으로 높게 이루어진 것으로 나타났는데 교사-유아 상호작용, 언어능력, 행복감, 인지능력, 유아교육 등의 주제어가 새롭게 등장하였다(김종훈, 박선미, 2020).

유아교육에서 놀이가 내포한 교육적 가치는 매우 당연시되어 놀이영역을 중심으로 구성된 학급 환경과 '자유선택활동'이 일반적인 유아교육기관의 일과로 이루어지고 있으나 근래 들어 그 내용에 대한 반성이 이루어지고 있다. 즉, 놀이의 형식과 내용, 놀이시간이 통제된 가운데에서는 진정한 놀이가 일어나기 어렵다는 비판이다(김희진, 2017). 곽향림(2015)은 유아교육기관에서의 놀이시간이 계획-실행-평가의 과정에 초점을 두고 공간과 시간에 제약이 있으며, 놀잇감의 사용법이나 놀이인원 등에 각종 제한을 둠으로써 놀이의 본질과 멀어졌다고 지적한 바 있다. 이러한 맥락에서 김미소와 서영숙(2018)은 유아교육기관에서의 실행연구를 통해 유아들의 진정한 놀이경험의 주요 특징을 비구조화된 공간과 비구조화된 시간, 비 구조화된 놀잇감, 새로운 관계를 형성하는 관계 맺기, 놀이를 스스로 만들고 실행하는 창안을 강조하였다. 권혜진(2020)은 놀이에 대한 교사의 인식을 연구하여 유아주도 놀이의 실천을 어떻게 해 나갈 것인지 방향성을 제시하고 있다.

한편 유아에게 놀이 또는 놀이 환경이 어떻게 인식되고 있는지에 대한 연구가 이루어졌다. 조성연과 박은혜(2014)는 유아의 그림을 통해서 유아의 놀이를 연구하였는데 유아들은 놀이 대상을 또래로 인식하였으며 교사에 대해서는 놀이와 분리된 교사나 놀이를 감독하는 교사, 놀이에 참여하는 교사의 이미지를 가지고 있었다. 놀이에서 교사의 역할에 관한 손유진(2011)의 연구에서도 교사는 갈등해결자나 규칙입안자, 훈육자, 보이지 않은 권력자 등의 이미지로 나타났다.

유아들이 인식한 부모의 놀이에 대한 신념에 관한 김경철, 한유진, 김인애(2020)의 연구에서 유아들은 함께 놀이하는 부모, 놀이를 지켜보는 부모, 놀아주기엔 바쁜 부모, 동적인 놀이를 선호하는 부모, 정적인 놀이를 선호하는 부모, 형제나 친구와 함께하는 놀이를 선호하는 부모, 안전한 놀이를 선호하는 부모, 놀이를 긍정적으로 바라봐주는 부모, 부정적으로 바라보는 부모, 놀이보다 학습에 가치를 두는 부모 등의 이미지를 가진 것으로 나타났다.

놀이에 관한 수많은 연구에도 불구하고 유아들이 바라는 놀이경험과 현재 가정이나 교육기관에서 영유아들에게 제공되는 놀이경험 사이에는 차이가 있음에 분명하다. 2019년에 공시된 누리과정 개정으로 인해 유아놀이에 대한 관심이 높아지면서 보다 실제적인 영유아의 놀이경험에 대한 다각적인 연구가 많이 이루어질 것으로 전망된다.

CHAPTER 02

놀이의 교육적 이해

1 놀이의 교육적 의의

영유아에서부터 성인에 이르기까지 놀이는 인간의 본능이며 삶의 일부로써 그 자체로 의미가 있다. 놀이는 영유아에게 즐거움, 만족감뿐 아니라 영유아가 사회적 관계를 맺게 해 주고 영유아로 하여금 새로운 것을 배우게 하며 영유아의 발달에도 중요한 역할을 한다. 즉, 놀이를 통해 영유아 스스로 성장하고 긍정적인 발달을 해 나가는 것이다. 따라서 놀이를 위한 교육 환경을 제공하는 것은 영유아가 스스로 삶을 깨우쳐 나가도록 돕는 것이라 할 수 있다.

1) 놀이는 영유아의 발달을 촉진한다

놀이는 영유아발달과 밀접한 관련이 있다. 많은 연구들이 영유아의 발달에 대한 놀이의 필요성과 효과를 증명하였다. 신체적 놀이들은 영유아의 신체적 발달뿐만 아니라 친사회적 행동을 촉진하고 사회적 유능감을 발달시킨다. 놀이에는 풍부한 언어적 교류가 있으며 유아의 인지적 발달을 촉진하는 자극과 규칙이 풍부하다. 정서적 측면에서도 놀이는 중요한 역할을 한다. 영유아들은 놀이에서 기쁨, 즐거움 등 긍정적 정서를 느끼는 한편 슬픔, 화, 공포, 질투 등의 부정적 정서를 표출하고 해소하여 정서적 안정감을 가지게 된다.

2) 놀이는 학습의 경험을 제공한다

영유아는 놀이를 통해 학습의 기회를 가진다. 영유아들은 사물을 탐색하고 놀이를 통해 새로운 지식을 숙달해나간다. 놀이 속에는 영유아가 모르거나 경험하지 않은 다양한 물리적, 사회적 지식들이 있다. 놀이를 하며 영유아들은 새로운 언어를 배우고 어려움에 도전하며 새로운 지식을 학습하게 된다. 따라서 놀이는 어린이들에게 있어 본능이자 가장 자연스러운 학습 방법이 된다(오채선, 2007; Vygotsky, 1930).

3) 놀이를 통해 자신을 표현한다

놀이를 통해 영유아는 자신의 발달 수준과 성격 그리고 정서를 드러낸다. 정신분석이론에 의하면 영유아는 놀이를 통해서 자신의 심리적 문제를 표현하여 심리적 갈등을 완화하고 현실에서 억압된 행위들을 실현하며 자신의 욕구를 충족시킨다(정옥분, 2012). 따라서 교사는 놀이행동을 관찰하며 영유아의 발달 수준이나 정서를 이해하고, 영유아의 균형적 발달을 위한 지원을 계획할 수 있다.

4) 놀이를 통해 사회적 관계를 경험한다

영유아는 연령이 증가하면서 혼자놀이보다 집단놀이를 많이 한다. 영유아는 집단놀이에서 놀이의 주제와 놀이방식, 역할의 결정과 같은 상호관계를 통해 협력과 자기조절을 해나간다. 극놀이와 같은 역할놀이에서 유아는 다양한 역할을 맡아 참여하며 타인의 관점을 경험하고 수용해나가는 등 놀이는 영유아에게 풍부한 사회적 관계를 경험하게 하며 사회성을 발달시킨다.

5) 놀이를 통해 상상력과 창의성을 발휘한다

영유아들은 성장하며 단순한 상징놀이에서 점차 가상의 상황과 역할, 이야기를 창조하며 복잡한 극놀이를 구성한다. 피아제(Piaget)에 의하면 상징놀이는 영유아들의 가장 특징적인 놀이형태로 유아기에 절정을 이루다가 아동기에 감소한다. 영유아기의 풍부한 상상력은 놀이 속에서 실현될 수 있다. 또한 창의성은 자신의 상상력으로 문제를 해결해 나갈 때 커간다(최인수, 2011).

최근 놀이의 변화는 사회적 이슈가 되고 있다. 놀이를 통한 자연스러운 관계 형성과 도전적이고 모험적인 새로운 놀이를 만들어가는 과정이 사라져가고 있다. 부모들이 경험했던 실외 놀이 기회가 줄어들고 제한된 놀이공간인 실내놀이시설이 성행하고 있다. 영유아가 하고 싶은 놀이가 아닌 성인의 의도대로 영유아들이 놀이를 경험하는 사례가 늘어나고 있다.

아파트가 보편적인 주거양식이 되고 가정 내에서 영유아들의 자유로운 신체활동은 제한되며 TV 시청이나 컴퓨터, 스마트폰 등의 이용이 영유아에게 확산되고 있다. 미세먼지와 각종 전염성 질환, 대인안전 등에 대한 염려로 공공 놀이터에서도 놀이 상대를 찾기 힘들다.

영유아의 놀이를 제한하는 것은 영유아의 발달에 부정적으로 작용할 뿐 아니라 반사회적 행동이나 사회범죄와 같은 심각한 결과를 초래할 수도 있다(Frost & Jacob, 1995). 따라서 영유아에게 놀이할 수 있는 시간과 적절한 놀이 환경을 조성해 주는 것은 중요한 교육적 책임이다.

2 놀이와 교육

영유아를 위한 교육과정에서 놀이는 교육과정 그 자체를 의미하기도 하고 교육과정을 위한 수단으로써 이해되기도 한다. 바람직한 영유아교육과정은 영유아의 자발적 놀이에서부터 교사 주도의 놀이 사이에 무수한 방법 가운데 영유아에게 가장 효과적인 놀이경험을 기반으로 구성되어야 할 것이다.

1) 놀이에 기반을 둔 교육과정

영유아의 자발적 놀이 속에는 놀이가 가진 전형적인 특성인 즐거움과 자율성, 몰입의 경험 등이 풍부하다. 놀이에서 도출된 교육과정이란 이러한 영유아들의 순수한 놀이 경험을 극대화하여 교육적 맥락과 연결하고자 하는 방안이다.

놀이에서 도출된 교육과정은 반 오어스와 듀이커스(Van Oers & Duijkers, 2013)의 '놀이기반 교육과정(play-generated curriculum)'으로 설명될 수 있다. 반 오어스와 듀이커스에 의하면 놀이기반 교육과정은 교사의 계획에 의해 준비된 활동 중심의 교육과정이 아닌 유아들에 의해 발생된 놀이에 의해서 만들어지는 발현적(emergent) 교육과정이다.

대표적인 교육프로그램으로 레지오 에밀리아 접근법을 들 수 있다. 레지오 에밀리아에서 지향하는 발현적 교육과정이란 계획된 학습과정에 따라 학습하는 것이 아니라 학습자와 교사가 함께 만들어가는 교육과정이다. 즉, 교사는 영유아들의 생활 속에서 그들의 흥미와 관심을 지속적으로 파악하고 분석하여 주제를 선정하고, 주제가 선정되면 주제에 관련된 다양한 활동들이 진행되며 영유아들은 자신들만의 프로젝트를 수행한다(문미옥, 2012). 이러한 과정은 영유아의 실제적인 반응이 반영되어 계속적으로 수정되고 확장된다.

놀이에 기반을 둔 교육과정은 교사가 미리 계획을 세울 수 없다는 단점이 있다. 레지오 에밀리아 프로그램을 선도한 로리스 말라구찌(Loris Malaguzzi)는 레지오 에밀리아의 교육방법에 계획이나 교육과정이 없으나 영유아 교사들이 맨바닥에서부터 시작하는 것이 아니라 학습과정에 대한 어느 정도의 예상과 불확실하고 새로운 것을 함께 다루며 어린이들과 함께 만들어 나간다고 표현하고 있다(Edwards & Gandini, Forman, 1993). 이러한 함께 만들어가는 과정 속에서 잠재력과 유능함을 가지고 태어난 어린이들이 능동적으로 배워나갈 수 있다는 것이다.

2) 교수학습 방법으로써의 놀이

교수학습 방법으로써의 놀이는 '놀이'를 학습을 위한 수단으로써 활용하려는 것이다. 즉, 영유아는 발달적 특징을 고려하여 학습활동에 놀이성을 강화함으로써 영유아들이 즐겁게 학습할 수 있도록 하는 것이다. 이러한 방법은 '교육과정에서 도출된 놀이(curriculum-generated play) 또는 놀이를 통한 배움(playful learning)으로 표현되기도 한다(신은수 외, 2011; 이경화, 2019).

대부분의 영유아교육기관에서 교사는 교실을 쌓기영역, 역할영역, 미술영역, 음률영역, 수조작, 과학영역 등의 놀이영역(또는 흥미영역)으로 구성하고 영유아의 발달에 적합한 놀잇감을 비치한다. 특히 만 3세 이후 연령의 유아를 위하여서는 각 놀이영역마다 특징적 놀이가 잘 이루어질 수 있도록 각 놀이영역을 독립적으로 구성하여 유아들의 놀이가 방해받지 않도록 하고, 각 영역마다 진행되는 '학습 주제'를 반영하여 연관된 교재와 교구를 비치하여 각 놀이영역에서 주제에 대한 탐구 또는 주제와 관련된 학습이 이루어지도록 한다. 주제중심 통합교육 프로그램이 대표적이라고 할 수 있는데, 교사는 유아의 흥미와 발달, 학습에 적합한 주제를 선정하고 관련 주제에 관한 활동과 관련 주제를 활용한 다양한 놀이를 구성함으로써 영유아에게 학습경험을 제공한다(임부연, 오정희, 2014).

교육과정을 위해 구성된 놀이는 교사의 직접적 교수활동 이전에 제공되어 영유아에게 학습의 기회를 제공하거나 직접적 교수활동 이후에 제공되어 학습한 활동을 강화하는 기능을 할 수도 있다(신은수 외, 2011). 교수학습의 수단으로써 놀이를 활용할 때 놀이 특성의 반영 정도가 중요하며, 무엇보다 영유아에게 즐거움을 주는 순수한 '놀이'의 의미가 간과되어서는 안 될 것이다.

3 누리과정과 놀이

2019년 고시된 개정 누리과정의 목적은 유아가 놀이를 통해 심신의 건강과 조화로운 발달을 이루고 바른 인성과 민주 시민의 기초를 형성하는 데에 있다(교육부, 2019a). 즉, 개정 누리과정에서는 유아기에 놀이가 가지는 위상을 분명히 하고 있다. 다음은 개정 누리과정에서 설명하고 있는 교사의 교육과정 운영과 놀이지원 방향이다.

1) 유아의 놀이가 중심이 되는 교육과정

개정 누리과정에서 놀이는 교육과정 실행의 중심이다. 놀이는 유아의 일상에 자연스럽게 나타나며, 유아의 배움이 일어나는 원천으로 유아는 놀이를 통해 개정 누리과정의 5개 영역 내용을 경험해 나가게 되며, 유아의 놀이가 학습의 도구나 활동의 수단으로 국한되어서는 안 된다. 이러한 유아의 놀이가 중심이 되는 교육과정의 실행을 위해 누리과정은 다음과 같이 운영될 수 있다(교육부, 2019b).

(1) 놀이 중심의 하루 일과 운영

유치원과 어린이집의 하루 일과는 놀이, 일상생활, 활동 등 다양한 경험으로 구성하되 유아가 주도하는 놀이를 바깥 놀이를 포함하여 2시간 이상 확보하여 하루 일과 중 가장 길게, 우선적으로 편성·운영하여 유아가 충분히 놀이할 수 있도록 한다. 특히 놀이시간은 짧게 여러 번 제공하기보다 긴 시간으로 편성하여 놀이의 흐름이 끊기지 않고 유아가 충분히 몰입할 수 있도록 한다.

(2) 유아의 놀이를 지원하는 계획안

기존에 자유선택활동, 대소집단활동, 바깥 놀이 등을 포함하는 정해진 형식에 맞추어 기술해 왔다면 개정 누리과정에서의 계획안은 유아가 실제 놀이한 내용 및 놀이를 지원하는 내용을 포함하여 자율적으로 작성하고 사전 계획을 최소화함으로써 유아가 주도하는 놀이를 적극적으로 지원한다.

(3) 놀이를 통한 배움

개정 누리과정의 5개 영역, 59개의 내용은 3~5세 유아가 유치원과 어린이집에서 경험해야 할 의미 있고 가치 있는 배움으로, 교사가 가르쳐야 할 내용이 아니라 유아가 즐겁게 놀이하면서 배우는 내용이다. 교사가 유아의 놀이를 지원하기 위해 다양한 활동을 계획했더라도 유아의 관심과 흥미에 따라 수정될 필요가 있다. 그러나 유아의 건강과 안전을 위해 필수적으로 요구되는 일상생활 습관 지도나 안전교육의 경우 유아들이 이해하기 쉬운 방식으로 지도한다.

2) 교사의 놀이 지원

개정 누리과정의 가장 두드러진 변화 중 하나는 교사의 자율성을 지원하고 현장에서 놀이가 살아날 수 있도록 국가 수준 교육과정을 간략화한 것이다. 기존에 '미리 계획한 계획안에 기반을 두어 실행과 평가'에 주력하였다면 개정 누리과정에서는 '지속적인 놀이 지원 계획의 수립'이 강조된다. 유아가 주도하는 놀이는 유아가 자신만의 방식으로 자유롭게 이끌어 가는 놀이이며 교사는 유아의 놀이에 대한 이해를 바탕으로 유아가 주도하는 놀이를 다음과 같이 지원할 수 있다(교육부, 2019c).

(1) 놀이공간의 변화를 통한 교사의 놀이지원

- 놀이공간을 융통성 있게 배치해보기: 교실 내에 반드시 배치되어야 하는 흥미영역이 정해진 것은 아니며 유아의 놀이를 지원할 수 있도록 놀이 흐름에 따라 조정하도록 한다.
- 놀이하는 공간을 넓혀보기: 인원수 제한이나 공간의 크기 등이 유아 놀이에 제약이 되지 않도록 놀이공간을 조정하고 확보한다.

- 유아에게 공간 배치의 주도권을 주어보기: 교사뿐 아니라 유아도 놀이공간을 배치하거나 변경할 수 있도록 지원한다.
- 다른 놀이공간을 찾아보기: 안전에 유의하여 교실 내 다른 공간 또한 유아들이 놀이 공간으로 활용할 수 있도록 지원한다.

(2) 놀이자료의 변화를 통한 교사의 놀이지원

- 유아가 결정한 자료 활용 방법을 격려하기: 교사가 제공한 자료를 유아가 교사의 기대와 다르게 활용하는 것을 허용하고 지원한다.
- 자연물이나 자연현상도 자료로 활용하기: 곤충이나 풀, 꽃, 빛과 그림자, 눈, 비, 구름 등 유아가 일상 속에서 만나는 자연물과 자연현상을 놀이의 매개나 주제로 삼는다.
- 다양한 일상의 사물을 놀이자료로 활용하기: 상업적 놀잇감에서 벗어나 일상 속에서 발견하는 다양한 사물을 놀잇감으로 활용한다.
- 자료 없이 놀이하기: 자신의 몸을 활용한 놀이나 또래와의 신체 놀이를 지원하기
- 기존의 자료도 새롭게 활용해보기: 기존의 생활주제별 흥미영역별 자료를 새로운 방식으로 활용해 본다.

(3) 상호작용의 변화를 통한 교사의 놀이지원

- 유아와 유아의 상호작용을 지원하기: 갈등이 발생하는 경우나 놀이 참여에 어려움을 겪는 유아에게 적절한 개입을 통해 상호작용을 지원한다.
- 유아와 환경의 상호작용을 지원하기: 유아가 즐기는 놀이와 놀이공간을 파악하여 적절하게 지원한다.
- 놀이지원을 위해 관찰하기: 즉각적인 개입보다는 유아가 놀이에서 보이는 감정의 상태, 궁금해 하는 것, 흥미를 보이고 탐색 하는 것 등을 관찰하여 상호작용하기에 적절한 순간과 방법을 결정한다.
- 제안하며 놀이를 지원하기: 현재 진행 중인 놀이가 잘 지속될 수 있도록 공간, 자료, 시간 등의 측면에서 적절한 지원방법을 고민하고 제안한다.

- 유아의 놀이에 참여하며 지원하기: 공동의 놀이자로 참여하여 유아에게 공감하고 소통하기, 아이디어의 결핍이나 갈등으로 놀이가 문제 상황에 부딪혔을 때 문제해결에 도움을 준다.
- 질문하며 놀이를 지원하기: 유아의 사고가 확장되고 스스로 새로운 문제를 찾아낼 수 있도록 즐거운 대화의 방식으로 질문한다.
- 정서적으로 지원하기: 유아가 놀이를 통해 성취감을 경험할 수 있도록 미소, 끄덕거림, 공감하는 표정과 같은 비언어적 상호작용을 통해 긍정적인 정서지원을 한다.

(4) 안전에 대한 교사의 지원

- 안전이라는 이유로 놀이를 불필요하게 제한하지 않기: 무조건 어떤 놀이를 금지하기보다는 왜 위험한지 의논하여 위험요소를 해결하고 놀이할 수 있는 방법을 찾아본다.
- 위험한 요소가 있는지 유아 스스로 살펴볼 시간과 기회를 주기: 직접적인 안내와 유아의 충분한 탐색으로 위험요소를 찾아보고 조심하는 방법에 대해 생각해보도록 한다.
- 새로 찾아본 놀이공간의 안전을 유아와 함께 점검하기: 유아나 교사가 발견한 새로운 놀이공간에 대해 먼저 교사가 안전을 점검하는 한편 유아가 공간의 특성을 이해하고 안전하게 이용할 수 있는 방법을 생각하도록 지원한다.
- 모든 구성원이 놀이와 안전에 대해 소통하기: 학부모와 놀이와 안전에 대한 기관의 철학을 공유한다.

(5) 통합학급에서의 놀이지원

- 장애 유아가 또래와 함께 놀 수 있는 기회를 최대한 확보하기: 지속적인 관심과 지원으로 장애 유아의 놀이와 장애 유아의 또래 간 놀이 및 상호작용의 기회를 최대한 확보한다.
- 놀이공간과 자료를 준비할 때 장애 유아의 특성을 고려하기: 놀이공간과 자료를 계획 할 때 비장애 유아뿐만 아니라 장애유아에게 불편함이 없는지 확인하고 장애

유아의 특성을 고려하여 놀이공간과 자료를 제공한다.

- 일반교사와 특수교사가 수시로 협의하면서 문제를 해결하기: 전개되는 놀이 상황에서 장애 유아에게 예상되는 어려움이나 지원방안에 대해 일반교사와 특수교사가 수시로 협의한다.

표 2-1 우리나라 유아기 놀이종류의 세대별 변화

연령 및 시대	놀이 종류		놀이환경
만 70~80대 (1920~40년대)	땅따먹기 비석치기 소꿉놀이 사방치기 자치기	공기놀이 공차기 오자미 구슬치기	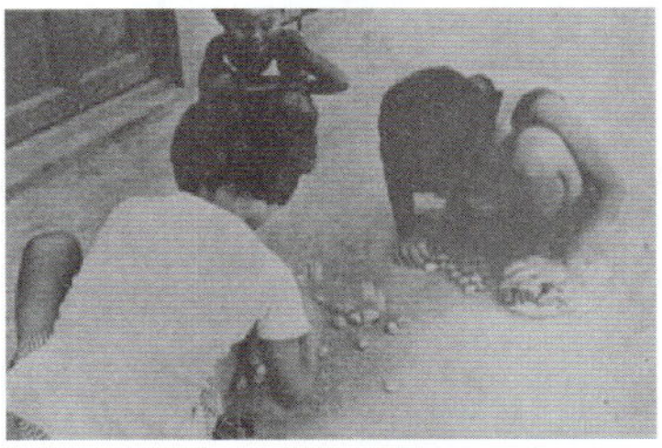
만 50~60대 (1940~60년대)	땅따먹기 비석치기 소꿉놀이 사방치기	자치기 공기놀이 전쟁놀이	
만 30~40대 (1960~80년대)	공기놀이 소꿉놀이 구슬치기 인형놀이 총싸움 달고나	퐁퐁 씽씽 보물탐험 블루마블 스카이콩콩	
만 20대 (1980~2000년대)	공기놀이 소꿉놀이 인형놀이 철권게임 레고	DDR 오락게임 스티커모으기 색종이 놀이	

출처: 김성원(2015). 한국 유아기 놀이의 세대별 변화에 대한 연구. 고신대학교 대학원 박사학위논문.

영유아의 자유놀이를 기초로 한

놀이지도

CHAPTER

03

놀이이론

놀이란 무엇일까? 어린이들은 왜 놀이는 하는 것일까? 어떤 행위를 놀이라 지칭할 수 있을까? 이러한 문제는 놀이의 목적이나 기능에 대한 사유로 접근되어 왔다. 놀이에 대한 시각은 영유아들의 놀이를 이해하는 기초가 되며 영유아에게 제공되는 놀이 환경에 영향을 미친다. 이장에서는 놀이에 대한 주요 놀이이론들을 살펴봄으로써 영유아 놀이의 의미를 이해하고자 한다. 놀이이론은 놀이에 대한 철학적 견해로 볼 수 있는 고전적 놀이이론과 유아의 발달과 학습에 대한 체계적인 이해를 바탕으로 한 현대적 놀이이론으로 나누어 살펴본다.

1 고전 놀이이론

19세기 후반에서 20세기 초반에 형성된 고전 놀이이론은 인간의 본능이나 진화이론, 에너지 역학에 대한 이해를 바탕으로 인간 활동에서 놀이의 중요성이나 존재 이유,

놀이의 목적을 설명하고 있다(이선애 외, 2013). 고전 놀이이론은 유아들의 놀이를 에너지로 조절의 수단으로 설명하는 잉여에너지 이론과 휴식이론, 놀이를 본능과 연관 지어 설명한 연습이론과 반복이론이 있다.

1) 잉여에너지 이론

잉여에너지(Surplus energy) 이론은 놀이의 목적을 잉여에너지의 발산으로 보는 입장으로, 인간은 기본욕구를 충족시키기 위해 일을 하며, 기본욕구가 충족된 후 남은 에너지를 소비하는 것이라는 입장이다.

놀이를 인간의 중요한 특징으로 보고 인간의 놀이가 가지는 풍부한 의미를 간파한 18세기 독일의 문학자이자 철학자인 실러(Shiller)는 놀이를 잉여에너지의 뚜렷한 목적 없는 방출'로 정의하였다(기정희, 2008). 19세기 영국의 철학자 스펜서(Spencer)는 모든 유기체는 생존 욕구를 충족하기 위해 일정량의 에너지를 지속적으로 산출하고 축적하는데 주로 이 에너지는 생존 욕구를 위해 사용되며, 사용하고 남은 잉여 에너지는 놀이라고 정의하였다(채종옥 외, 2013; 이영미 외, 2011).

성인은 직업이나 일상생활을 위한 활동, 양육에 에너지를 많이 사용하므로 놀이에 사용할 에너지가 별로 남아 있지 않아 보인다. 이에 반해 생존을 위해 일을 하지 않는 영유아들은 에너지를 소모할 거리를 찾아 쉴 새 없이 헤매는 듯 보인다. 이런 점에서 잉여에너지이론은 놀이의 이유를 설명하는 듯하나, 일을 하고 난 후의 성인이 즐기는 놀이나 자신의 피곤조차 잊은 채 놀이에 몰두하는 어린이들의 놀이를 설명하기에 한계를 가진다.

2) 휴식이론

휴식이론(Renewal of Energy)은 19세기 독일의 철학자이자 심리학자인 라자러스(Lazarus)에 의해 제안된 이론으로 놀이의 목적이 인간이 일을 함으로써 고갈된 에너지를 재생시키는 데 있다고 보는 입장이다. 즉 인간이 놀이를 하는 이유는 일상생활에서 일로 인해 소모한 에너지를 재충전하기 위해서이며 놀이는 오락적 활동 혹은 휴식을 위한 의한 활동이라는 것이다.

휴식이론에서의 놀이는 잉여에너지 이론에서처럼 남는 에너지에 의한 활동이 아니라 에너지를 생성하는 활동이다. 일이나 공부로 인한 피로와 스트레스로 인해 지친 심신이 휴식과 놀이로 회복되는 경험이나 한 주간 일에 지친 성인들이 주말을 이용하여 다양한 취미활동을 하며 기분을 전환하고 에너지가 충전되는 느낌을 갖는 경우를 예로 들 수 있다.

휴식이론은 성인에게서도 놀이가 나타나는 이유와 놀이의 가치를 설명하고 있으나, 놀이가 성인에서보다 영유아나 어린이들에게서 더 활발하게 일어나는 이유를 설명하기에 한계를 가진다.

3) 연습이론

연습이론(Practice for Adulthood)은 19세기 독일의 철학자이자 심리학자 그루스(Groos, 1901)에 의해 제안된 이론으로 놀이는 유아들이 성인기에 필요한 과업이나 생존을 위한 기술을 연습하는 것이라고 보는 입장이다. 즉 놀이는 유아가 성인이 되었을 때 실제 생활에서 요구되는 기술을 충분히 연습하고 정교화하기 위한 수단이라는 것이다(채종옥 외, 2013).

영유아들은 역할놀이에서 교사 또는 부모 등 영유아들이 경험한 주변 성인들의 역할을 즐겨 선정하며 내용 또한 자신들이 경험한 성인들을 모방하여 연기한다. 구성놀이에서 다양한 블록을 끼우고 세우며 집을 만들고 동네를 구성하며, 다양한 신체놀이, 규칙과 경쟁 있는 놀이들을 즐겨한다. 연습이론에 의하면 이러한 영유아들의 놀이는 성인이 된 후에 생존에 필요한 기술들을 발달시키는 과정이며, 성인들의 놀이에 포함된 게임이나 의식, 경쟁 등의 요소 또한 그러하다고 본다.

놀이에서 영유아들은 많은 물리적, 사회적 지식을 습득하고 신체적으로 발달해나가며 건강한 성인으로 성장할 수 있는 토대를 마련하는 것은 분명해 보인다. 그러나 영유아와 성인에 이르기까지 이루어지는 다양한 놀이들을 설명하기에는 연습이론은 제한점을 가진다.

4) 반복이론

반복이론(Recapitulation)은 진화론에 바탕을 두고 놀이를 설명하는 것으로 미국의 심리학자인 홀(Hall, 1920)에 의해 제안된 이론이다. 반복이론은 유아들의 놀이행동이 인류의 발생학적 진화단계를 반복적으로 재현하는 것으로 본다. 유아의 행동을 과학적으로 연구해야 할 것을 주장했던 홀은 관찰과 경험에 기초해 유아를 이해하려고 하였다. 홀의 반복이론에 의하면 놀이의 목적은 현대 사회생활에서 더 이상 필요하지 않는 원시적 본능을 발산하고 제거하는 데 있다. 즉, 영유아들이 즐기는 기어오르기, 도망가기와 잡기, 찾고 숨기 등의 놀이활동은 과거 인류가 생존을 위해 필요했던 행동들로 영유아들의 발달과정에서 재현되고 사라진다는 것이다(조옥희 외, 2016; 채종옥 외, 2013). 홀의 놀이이론은 인간의 본능적 행동으로서 놀이의 필연성을 확인하고 있으나 현대 영유아들이 즐기는 새로운 형태의 놀이를 설명하기엔 제한점이 있다.

근대 서구사회가 가지고 있던 놀이에 대한 관점을 보여주는 고전적 놀이이론들은 왜 놀이를 하는지에 대한 이해에 도움을 주었고 현대 놀이이론뿐만 아니라 프뢰벨 등의 어린이 교육자들에게 영향을 미쳤다(Ellis, 1973; 심성경 외, 2010). 그러나 '호모 루덴스'의 저자 요한 하위징아(Huizinga, J., 1938)는 이러한 고전적 이론이 놀이의 기능만을 말할 뿐 놀이의 특징이나 개념에 대한 이해를 주고 있지는 않다고 지적하고 있다(Huizinga, J., 2010).

다양한 관점에서 유아 놀이의 이유를 설명하고 있는 고전적 놀이이론의 놀이목적과 한계점을 요약하면 다음과 같다(Johnson, et al., 1987).

표 2-1 고전적 놀이이론의 놀이목적과 한계점

이론	대표 학자	놀이의 목적	제한점
잉여에너지 이론	스펜서(Spencer) 실러(Schliler)	잉여에너지 발산	피로해도 지속하는 유아들의 놀이를 설명하지 못함
휴식이론	라자러스(Lazarus)	일로 인해 소모된 에너지를 재생산	성인보다 유아가 더 놀이를 많이 함
연습이론	그루스(Groos)	성인 생활에 필요한 기술 연습	놀이의 기능을 축소
반복이론	홀(Hall)	고대 원시적 본능 제거	현대문명을 반영한 놀이에 대해 설명하기 어려움

출처: Johnson, et al.(1987) 재인용.

2 현대 놀이이론

20세기 이후 등장한 현대 놀이이론은 놀이가 유아의 인지발달과 사회성, 정서발달과 깊은 관계가 있다는 점에 초점을 맞추고 놀이가 일어나는 상황을 구체적이고 과학적으로 설명하고 있다(최석란 외, 2010; 신은수 외 2011). 현대 놀이이론에는 놀이를 정서적인 측면에서 접근한 정신분석이론, 유아의 인지발달과정과 관련시키는 피아제, 비고츠키, 브루너의 이론, 놀이를 중추신경계의 활동으로 보는 각성조절이론, 놀이 안에서 일어나는 의사소통 구조를 탐구한 의사소통이론 등이 있다.

1) 프로이트의 정신분석이론

프로이트(Freud)의 정신분석이론에 의하면 영유아들은 놀이를 통해 쾌락을 추구하고 고통을 감소시킨다. 프로이트에 의하면 놀이는 영유아의 내면세계와 동기를 보여주는 것으로 영유아는 놀이활동에 자신의 소망이나 감정을 투사한다고 하였다. 예를 들어, 유아들은 역할놀이에서 엄마나 아빠, 선생님의 역할을 맡아 아이를 맡은 아이에게 이런저런 지시하기를 즐기는데 이는 자신보다 크고 권위를 가진 성인이 되고 싶은 욕구나 성인에 대한 불만 등을 놀이로 표현하는 것으로 볼 수 있다.

또한 프로이트는 놀이의 중요한 역할을 정신적 외상이나 좌절의 극복으로 보았다(조옥희 외, 2006; 하정연 외, 2015). 즉, 유아들이 일상 속에서 겪은 부정적인 상황들을 자신이 감당할 수 있을 정도로 나누어 반복적인 놀이를 통해 갈등이나 문제를 표출하면서 정서적 안정과 원만한 성격을 만들어 간다는 것이다.

양육자와 교사는 놀이를 잘 관찰함으로써 영유아의 정서를 이해할 수 있고, 영유아들은 놀이를 통해 감정의 표출과 부정적인 감정을 순화할 수 있다. 프로이트의 정신분석이론은 놀이를 통한 영유아의 심리 이해에 크게 도움을 주었고 현재까지 영유아에 대한 이해와 심리치료에 기여하고 있다.

2) 피아제 이론

피아제(Piaget)는 놀이를 인지발달과 관련하여 설명하였는데, 놀이는 영유아가 자신의 주변 세계를 이해하는 데 도움을 주는 매개 역할을 할 뿐 아니라 인지발달의 지표 또는 부산물이라는 것이다(김수영 외, 2000).

피아제는 학습과 발달이 새로운 지식을 이미 가지고 있는 인지구조에 통합하는 '동화'의 과정과 새로운 지식에 자신이 가지고 있던 인지구조를 변화시키는 '조절'의 과정을 통해 이루어진다고 하였는데, 유아는 자신이 가진 개념들을 놀이를 통해 연습하고 공고히 하게 된다.

또한 영유아의 놀이는 영유아의 인지발달 수준을 드러내는 지표가 된다. 인지발달 단계에서 감각운동기의 영아들은 반복적인 신체동작의 연습놀이나 단순한 가작화 놀이를 즐긴다. 전조작기에 들어선 유아들은 보다 다양한 상징놀이와 구성놀이를 하게 되고, 구체적 조작기에 있는 유아들은 규칙이 있는 게임이 즐긴다. 즉, 양육자나 교사는 영유아의 놀이를 잘 관찰함으로써 영유아의 인지발달 수준을 파악할 수 있는 것이다.

영유아는 성장해 가며 경험이 풍부해짐에 따라 더 많은 정보를 축적한다. 그리고 놀이를 통해 축적된 정보를 인출하고 새롭게 적용해 봄으로써 인지적으로 발달하고 사회적 적응 수준을 높여가게 된다.

3) 비고츠키의 사회문화적 이론

비고츠키(Vygotsky)에 의하면 개개인의 학습 또는 지식 획득은 부모, 교사, 형제, 또래와의 사회적 상호작용을 통해 형성되며, 이러한 사회적 관계 속에서 인지와 언어를 발달시킬 뿐만 아니라 자신의 생각을 사회문화적으로 적절하게 표현하는 방법과 문제를 해결하는 방법 등을 배우게 된다(이영미 외, 2011). 비고츠키는 영유아의 사회문화적 상호작용을 원활하고 풍부하게 하도록 하는 것이 놀이라고 보았기 때문에 놀이는 영유아의 인지발달에 직접적인 역할을 한다고 보았다(김지영 외, 2018 재인용).

비고츠키는 근접발달지대(ZPD)의 개념을 통해 영유아들이 성인이나 능력 있는 또래와의 상호작용 즉 비계설정을 통해 자신의 생각과 행동이 더 높은 수준으로 발달할 수 있다고 주장하였다. 즉, 유아는 놀이를 통해 새로운 개념이나 기술을 획득하고 연습할 수 있는 기회를 갖게 되고, 자기 조절이나 언어, 기억력, 사회적 협동과 같은 영역에서 발달을 이룬다고 하여 교육적 활동으로써 놀이의 중요성을 강조하였다(채종옥 외, 2013; Berk & Winsler, 1995; Bodrova & Leong, 1995; 1998).

특히 비고츠키는 놀이가 추상적 사고 발달에 중요한 역할을 담당한다고 보았다. 가상놀이를 하는 유아들은 놀이에서 실제 사물 없이 다른 사물에 의미를 부여하여 막대기를 '요술봉'이라고 하거나 '빗자루' 등으로 표상하며 놀이하는데 이것은 사물과 의미를 분리하는 것이고 추상적 사고발달의 시작이라는 것이다.

피아제와 비고츠키의 이론은 영유아의 놀이가 가지고 있는 학습의 의미를 잘 설명하고 있으며 현대의 영유아 교육과정에 많은 영향을 주고 있다.

4) 브루너의 이론

브루너(Bruner)는 환경과의 상호작용을 통한 지식의 구성이라는 피아제의 개념을 교육방법에 적용하였으며 지식의 구조와 계열화를 강조한다. 또한 비고츠키와 마찬가지로 브루너는 인지와 언어 발달에 있어 사회적 상호작용의 중요성을 강조하였는데, 그는 놀이가 영유아의 적응력을 신장시키고 유아 발달의 여러 측면과 관련이 깊으며 특히 문제해결능력, 사고, 언어, 창의성 발달과 관련이 있다고 주장하였다. 브루너에 의하면 놀이는 결과보다 과정이 중요한 활동이어서 영유아들이 목표 성취에 대한 부담 없이 놀이 안에서 이전에 시도해 보지 않았던 새로운 행동과 사고를 창의적으로 나타낼 수 있다(Johnson, et al., 1999).

브루너의 이론에 근거해 볼 때, 영유아의 인지적 발달을 촉진하기 위하여 교사나 부모는 지식의 구조나 계열을 고려하여 놀이 환경을 제공하고 적극적인 상호작용을 통해 그들의 지적 탐험을 격려할 필요가 있다.

5) 각성조절이론

벌린(Berlyne, 1960)에 의해 제안되고 엘리스(Ellis, 1973)에 의해 수정된 각성조절이론(arousal modulation theory)은 자극과 놀이 간의 관계를 설명하는 이론이다. 즉, 놀이란 영유아가 각성 수준을 적정하게 유지시키려는 중추신경계의 요구에 의한 활동이라는 것이다.

각성조절 이론에 따르면 영유아가 자신이 속해 있는 환경에 지나치게 많은 자극이 주어지면 혼란을 느끼게 되어 각성수준이 적정수준에서 벗어나 흥분하게 되는데, 자극에 대한 충분한 탐색과 놀이를 통해 적정한 각성수준을 유지하게 된다는 것이다(Berlyne, 1960; 하정연 외, 2015). 이러한 탐색과 놀이는 '자극 감소활동'으로 볼 수 있다. 반면 자극이 충분하지 않으면 각성 수준이 낮아지고 활동에 대한 지루함을 느끼게 되는데, 영유아들은 각성 수준을 높이기 위해 다른 자극을 찾기 위해서 노력한다. 벌린(1960)은 이것을 '다양한 탐색' 활동으로 엘리스는 놀이를 최적의 각성수준으로 끌어 올리는 '자극 추구활동'으로 정의하였다(최석란 외, 2006).

각성조절이론은 교사가 영유아를 위한 놀이환경이나 일과를 구성할 때 많은 시사점을 준다. 즉, 교사는 영유아가 적절한 자극과 안정감을 가질 수 있도록 동적인 놀이와 정적인 놀이, 익숙한 놀이와 새로운 놀이, 쉬운 놀이와 어려운 놀이 등이 적절하게 이루어질 수 있는 놀이환경과 일과를 구성하여야 할 것이다.

6) 상위의사소통이론

베이트슨(Bateson)은 영유아 놀이의 의사소통 측면을 연구하여 상위의사소통 이론을 제안하였다. 베이트슨은 영유아들의 놀이에서의 의사소통을 가상의 역할을 수행할 때 사용하는 가장의사소통(pretend communication)과 상위의사소통(meta communication)으로 구분하였다. 상위의사소통이란 영유아가 사회적 놀이에 참여할 때 놀이의 여러 상황, 행동, 사물 등을 함께 놀이하는 상대방에게 이해시키고 설명해줌으로써 놀이가 원활하게 진행될 수 있도록 해 주는 의사소통을 의미한다(Garvey, 1993). 가상놀이에서 유아들은 놀이상황을 설정하고 놀이를 진행하다가 놀이가 원하는 대로 진행되지 않을 경우 일시적으로 놀이를 중단하고 놀이에 참여한 또래와 문제에 대해 의논하는 것을 볼 수 있다. 이는 유아들이 놀이 세계와 실제 세계를 구분하고 놀이에 적합하게 행동하고 소통한다는 것을 의미한다.

영유아들은 놀이를 하면서 가장의사소통과 상위의사소통을 적절히 사용함으로써 놀이를 발전시키고 지속시킨다. 베이트슨의 이론은 영유아놀이에서 놀이의 내용(text)뿐만 아니라 놀이의 맥락(context)의 중요성을 강조함으로써 많은 연구자들에게 영유아 놀이의 내용과 맥락에 대한 관심을 불러일으켰다.

지금까지 살펴본 바와 같이 놀이를 이해하기 위해 다양한 이론의 제시되었고, 이론마다 다른 관점을 갖고 놀이에 대해 접근함을 알 수 있다. 고전 놀이이론은 영유아 시기 놀이의 중요성을 강조하면서 현대 놀이이론의 토대를 제공하였다는 점에서 의의를 지닌다. 현대 놀이이론은 놀이가 유아의 인지발달 및 사회, 정서발달과의 관련성을 강조하고 놀이의 구조나 학습적 기능을 밝히는 데 기여하였다. 이러한 놀이 이론은 영유아 놀이에 대한 이해를 다양한 각도에서 제공하고 있다는 데 의의가 있다.

C
A
B

II

PART

놀이의 발달적 고찰

놀이는 영유아 삶의 일부이며 성장과 발달의 매체이다. 따라서 영유아의 발달에 놀이가 어떠한 영향을 미치는지, 어떠한 경로로 발전해 가는지 이해할 필요가 있다. 또한 놀이에 영향을 미치는 요인들과 영유아시기에 활발하게 이루어지는 놀이들을 탐색해봄으로써 발달적으로 적합한 놀이에 대한 기초적 이해를 제공하고자 한다.

CHAPTER

04

놀이와 영유아발달

1 놀이와 영유아발달

놀이는 영유아의 다양한 발달을 촉진한다는 점에서 영유아교육에 중요한 의미를 가진다. 영유아의 연령이 증가함에 따라 각각의 발달 영역에서 놀이는 독특한 발달을 이룬다. 본 장에서는 놀이의 특징을 발달의 제 영역과 관련하여 이해하고 연령별로 놀이의 특징을 살펴보고자 한다. 놀이가 영유아의 발달에 미치는 영향은 신체 및 운동발달, 언어발달, 정서발달, 사회성발달, 인지발달 측면에서 살펴볼 수 있다.

1) 놀이와 신체발달

놀이는 영유아기 신체 및 운동발달에 매우 중요한 역할을 한다. 영유아교육기관에서는 놀이를 통하여 영유아의 신체 및 운동발달을 도모하고 신체놀이가 가능한 놀이 환경과 다양한 신체놀이 경험을 제공하는 것이 필요하다. 영유아기 놀이가 신체발달에 갖는 의미는 다음과 같다.

첫째, 놀이는 신체 및 신체 운동 기능 발달을 촉진한다.

생후 4개월 이후 영아들은 뒤집기, 앉기, 기기, 서기, 걷기 등의 운동 능력을 획득하며 활동 반경을 넓히고, 적극적으로 신체를 활용하며 물체와 환경을 탐색하며 다양한 놀이를 시도한다. 영유아는 놀이를 하며 끊임없이 대·소근육을 사용하는데, 이러한 신체 활동은 신장, 몸무게 등 영유아의 신체적 성장을 촉진하고, 혈액순환이나 배설, 수면 등의 생리 기능을 증진한다.

둘째, 놀이는 영유아의 감각 및 지각능력 발달을 돕는다.

무기력해 보이는 신생아도 다양한 자극에 반응하며 출생 시 미성숙했던 감각기능을 발달시킨다. 생후 1~4개월 정도의 영아들은 손가락을 반복적으로 빨거나 잡기와 같은 감각운동을 반복하는데 피아제는 영아기의 특징적인 감각운동을 감각놀이로 명명하였다(정옥분, 2013). 영유아들은 놀이에서 다양한 사물을 보고, 만지고, 조작하며 감각 및 지각능력을 발달시킨다.

셋째, 놀이는 영유아의 운동능력 발달을 돕는다.

영유아들은 놀이에서 앉고, 서고, 걷는 등 신체의 기본자세와 뛰기, 던지기, 매달리기 등의 다양한 운동기술을 사용한다. 특히 반복적인 운동 경험을 통해 기본 동작 기술과 기초 체력이 증진된다. 유아기에는 영아기에 걸쳐 발달시킨 초보적 동작 능력을 기초로 기본 동작 능력을 발달시킨다. 기본 동작이란 걷기, 달리기, 두 발 모아 뛰기, 호핑, 스키핑 등의 이동 동작과 구부리기, 뻗기, 흔들기, 꼬기, 회전하기 등의 비이동 동작, 던지기, 받기, 차기, 치기 등의 조작 동작을 말한다(김은심, 2020). 영유아들은 놀이 속에서 이러한 다양한 동작을 시도하고 반복하면서 신체의 운동기능을 발달시켜나간다.

넷째, 놀이는 영유아의 안전사고에 대한 대처능력을 기른다.

영유아들은 놀이 속에서 다양한 새로운 시도를 하며 크고 작은 위험 상황을 다루게 된다. 영유아들은 이러한 경험을 통해 일상생활에서 부딪힐 수 있는 위험에 적절히 대처할 수 있는 능력을 키울 수 있다.

2) 놀이와 언어발달

언어는 놀이의 중요한 수단이다. 영유아들은 새로운 단어와 문장을 놀이를 통해서 자연스럽게 접하고 실험하게 된다. 역할놀이나 극놀이에서 유아들은 자신의 역할을 고려하며 상황에 맞게 적절한 어휘와 억양 등을 사용하여 의사소통해 나간다(Pellegrini & Galda, 1982; McCune, 1995). 놀이가 영유아의 언어발달에 미치는 영향을 정리하면 다음과 같다.

첫째, 놀이를 통해 영유아는 다양한 어휘와 언어의 구조를 학습한다.

영유아들은 놀이를 통하여 새로운 단어를 접하고 사용하며 이해해나가고, 문장을 구성하는 능력도 증진된다. 또한 놀이를 통해 영유아는 정확한 발음 및 목소리 조절 능력 또한 발달시킨다.

둘째, 놀이는 영유아의 구어발달에 중요한 역할을 한다.

놀이 속에서 영유아는 성인이나 또래의 언어를 모방하며 적절한 언어를 배운다. 영아들은 울음, 옹알이의 소리내기 과정을 거쳐 모방과 반복을 통해 구어를 발달시킨다. 이러한 과정은 외부의 요구가 아닌 영아의 자발적 욕구와 동기에 의해 이루어지는데, 특히 '까꿍놀이'나 '죔죔 곤지곤지' 같은 사회놀이는 영아의 사회정서발달과 함께 언어발달을 촉진한다(정옥분, 2013). 놀이는 상황과 역할에 맞는 언어를 구사해 볼 기회를 제공한다. 놀이에서 영유아들은 올바른 언어 습관을 기르고, 타인의 말을 듣고 자신의 의견을 적절하게 발언할 기회를 경험한다. 영유아들은 놀이를 위해 의사소통하며 언어능력을 확장해 나가는데, 놀이 경험은 사회적 언어능력을 발달시키고 놀이에서의 언어 구사력은 영유아들의 실생활에서 발휘된다(Singer & Singer, 1990; Smilansky, 1968).

셋째, 놀이는 영유아의 문어 발달을 촉진한다.

놀이에는 구어뿐 아니라 다양한 문어 활용의 기회가 있다. 유아들의 수준과 경험에 따라 소꿉놀이, 가게 놀이 등의 극놀이에서 글자를 사용하거나 책 만들기, 언어놀이 등에서 문자를 사용하게 된다. 이러한 놀이에서의 문자의 사용은 유아의 문어에 대한 관심과 학습을 촉진될 수 있다. 즉, 놀이 속에서 흥미와 동기에 의해 자발적인 학습과정이 일어날 수 있다.

넷째, 놀이는 영유아의 언어 사고력을 발달시킨다.

놀이는 영유아들의 언어 이해능력뿐만 아니라 언어사고력을 발달시킨다. 상상놀이나 극놀이에서 역할이나 놀이내용을 조절해야 할 경우에는 놀이 속 역할에 따른 의사소통 방식에서 벗어나 놀이 밖에서 놀이의 내용과 틀을 재구성하고 합의하는 '상위의사소통(meta communication)'을 하게 된다. 이러한 상위 의사소통은 상상과 현실을 구분하는 영유아의 능력을 보여주는 것으로, 영유아는 놀이를 위한 '가장의사소통(pretend communication)과 상위의사소통을 오가며 놀이 중 나타나는 문제들을 해결하며 놀이를 지속해나간다.

3) 놀이와 정서발달

놀이는 영유아에게 정서적 안정감과 긍정적 정서 형성의 기회를 제공하고, 긍정적 자아개념 형성과 자신 및 타인의 정서인식과 적절한 정서표현의 기회를 제공하며 영유아의 정서적 발달을 돕는다. 놀이가 영유아의 정서발달에 미치는 영향은 다음과 같다.

첫째, 놀이는 정서적 안정감과 긍정적 정서 형성을 돕는다.

까꿍 놀이 같은 양육자와의 사회적 놀이를 하며 영유아는 양육자에 대한 애착과 친밀감, 신뢰감 등을 가지게 되며 정서적 안정을 이루게 된다. 또한 놀이에서 느끼는 만족감, 즐거움, 성취감 등은 영유아가 긍정적 정서를 형성하도록 돕는다.

둘째, 놀이는 긍정적 자아개념과 자율성, 성취감, 자기조절의 기회를 제공한다.

영아는 인지적 성장으로 자신과 타인을 구별하는 자아 개념이 발달하는데, 영유아는 놀이 속에서 나와 다른 타인과 협력하고 갈등하며 긍정적 자아개념을 발달시킨다. 영유아들은 실제 생활에서 보다 자유롭게 놀이에서 자율성과 주도성을 배워나갈 수 있다. 에릭슨(Erickson)에 의하면 자율성과 주도성은 영유아기의 주요한 발달 과제이다. 또한 놀이 속에서 영유아는 인내심이나 노력 등 자기조절의 경험을 하며 긍정적 자아개념과 사회·정서적 특질들을 발달시켜 나갈 수 있다.

셋째, 놀이는 영유아가 자신과 타인의 감정을 이해하게 하고 감정표현과 감정조절의 경험을 제공한다.

놀이 과정에서 영유아는 서로 다른 입장과 부딪히게 된다. 이러한 경험들은 영유아가 점차 나 외에 다른 사람의 입장에 관해 생각해 볼 기회를 제공하고 영유아가 자기중심적 사고에서 벗어나 타인의 정서를 바라볼 수 있는 능력, 즉 정서적 조망 수용 능력을 기를 수 있도록 한다. 역할놀이, 사회극놀이 등은 내가 아닌 다른 역할을 맡아 나와 다른 타인의 정서에 감정이입을 할 수 있는 기회를 제공한다. 또한 놀이에서 영유아는 자기감정을 표현하거나 놀이를 위해 자신의 감정을 조절하는 법을 배우며 사회정서 지능을 발달시킨다.

넷째, 놀이는 영유아의 부정적 정서를 정화시켜준다.

놀이를 통해 영유아는 다양한 정서를 표현할 수 있을 뿐만 아니라 부정적 정서를 표출하여 해소하기도 한다. 예를 들면 병원에 대한 두려움, 동생에 대한 질투심 등 현실에서 표현하기 어려운 불편한 감정들을 놀이 속에 표현하여 자신의 감정을 투사함으로써 부정적인 감정을 정화한다. 이러한 놀이를 통한 정서표현은 치료적 효과가 있어 영유아 심리치료의 한 방법으로 사용된다.

4) 놀이와 사회성발달

놀이는 영유아의 상호작용을 촉진하며 사회성발달을 돕는다. 영유아들은 놀이 친구들과 원만한 놀이를 위해 사회적 기술을 발달시키고 놀이 속에서 다양한 사회적 가치를 경험한다. 놀이가 영유아의 사회성발달에 미치는 영향들은 다음과 같이 정리될 수 있다.

첫째, 영유아는 놀이를 통해서 사회적 관계를 확장해 나간다.

영아기 양육자와의 사회놀이는 영아가 안정적 애착을 형성하고 긍정적 정서를 경험하도록 하여 추후 원만한 사회적 관계에 기초가 된다. 영유아들은 성장과 함께 영유아 교육기관에 입소 등으로 사회적 활동 범위를 확대하고 새로운 또래 집단을 만나게 된다. 영유아는 또래집단에서 다양한 형태의 사회적 놀이를 경험하며 친한 또래나 친숙한 놀이집단을 형성하고 사회적 관계를 형성하고 확장해나가게 된다.

둘째, 영유아는 놀이를 통해서 사회적 기술을 배워나간다.

영유아는 다양한 사회적 놀이 속에서 협력과 나눔, 질서와 같은 더불어 살아가는 데 필요한 사회적 가치들과 사회적 규율, 도덕적 기준을 경험하고 배워나가게 된다. 또한 놀이 중에 겪는 문제와 갈등은 영유아들이 타인의 감정을 조망할 수 있는 기회를 제공하고 자기조절능력, 문제해결 능력 등 사회적 기술을 발달시킬 기회를 제공한다.

셋째, 영유아는 놀이를 통해서 타인과 주변 사회에 대한 이해와 지식을 넓힌다.

영유아들은 놀이 속에는 사회적 관계나 사회현상 등이 풍부하다. 유아들은 구성놀이에서 가정이나 집, 동네, 주차장, 도시 등 자신에게 익숙한 환경을 구성한다. 특히, 역할놀이, 사회극놀이, 주제극 놀이 등은 가정이나 미용실, 병원, 마트, 택배 등 영유아 자신들이 경험한 다양한 사회적 상황을 소재로 하며 자신들이 알고 있는 사회에 대한 이해와 지식을 기초로 한다. 영유아는 놀이 속에 자신들의 경험을 표상하고 다른 놀이 친구들의 경험을 수용하며 새롭게 상상하고 창작해 나간다.

5) 놀이와 인지발달

놀이 속에는 영유아가 물질과 개념에 관한 지식을 습득하고 논리적 사고를 발달시킬 수 있는 기회들이 풍부하다. 영유아는 놀이에서 다양한 물질을 다루며 물질의 특성을 경험하게 된다. 또한 놀이 속에서 자기보다 발달 수준이 높거나 자신이 모르는 지식을 가진 또래를 만나게 되고 놀이 속에서 자연스럽게 다양한 개념과 사고 발달 기회를 갖게 된다. 놀이가 영유아의 인지발달에 미치는 영향들은 다음과 같이 정리될 수 있다.

첫째, 영유아는 놀이를 통해 물리적 지식을 습득한다.

영유아는 자연 속에서 놀며 해와 달, 바람과 구름, 흙이나 물, 생명체 등 자연현상이나 다양한 물질에 대한 개념을 알게 되며 관련된 지식을 습득한다. 또한 모래나 물, 미술재료 등 놀잇감의 성질을 직접 탐색하고 다양한 놀잇감을 다루며 물체의 성질, 크기, 색, 무게 등의 물리적인 특성을 경험하며 함께 놀이를 하는 성인이나 또래로부터 사물의 명칭이나 새로운 개념을 소개받게 된다.

둘째, 영유아는 놀이를 통해 논리·수학적 지식과 사고를 발달시킨다.

영유아는 놀이에서 자연스럽게 수를 세고 분류하거나 서열을 짓고, 시간과 공간, 물질을 다루면서 시간과 공간에 대한 개념, 물질의 보존개념 등을 배워나간다.

놀이는 영유아에게 사고력을 요구한다. 영유아들은 구성놀이를 하며 목표물을 결정하여 구성과정을 계획하고, 극놀이에서 필요한 역할을 정하고 필요한 놀잇감을 준비와 이야기를 구성하는 등 사고력을 기른다. 놀이 중 상대와 생각이 대립될 때 자신의 생각을 주장하는 과정에서 논리를 발달시킬 수 있다.

셋째, 영유아는 놀이를 통해 문제를 경험하고 문제해결력을 발달시킨다.

놀이를 구성하고 진행하기 위해서는 다양한 문제들을 해결해 나가야 한다. 영유아는 누구와 무엇을 가지고 놀 것이며, 시작은 어떻게 할 것이며 놀이의 규칙은 어떠해야 할지 결정하게 된다. 또한 놀이 중 부딪히는 다양한 문제들을 해결해 나가야 하며 놀이 상대와 의견이 대립했을 경우 놀이를 지속하기 위하여 갈등을 해소하여야 한다. 이렇듯 영유아는 놀이를 통해서 다양한 문제들을 해결하는 방법을 경험하고 배우게 된다.

넷째, 영유아는 놀이를 통해 상상력과 창의력을 발달시킨다.

영유아들은 상상놀이를 즐긴다. 영유아의 놀이에서 단순한 막대기 하나가 빗자루가 되기도 하고 요술봉이 되기도 한다. 영유아는 역할과 상황을 가상하고 이야기를 새롭게 지어낸다. 놀이에서 이러한 영유아의 상상력은 창의력의 기초적인 요소이다. 영유아는 상상놀이를 즐기는 한편 놀이에서 당면한 문제들을 확산적 사고를 통해 창의적으로 해결해 나간다. 놀이는 이러한 자유로운 상상과 도전을 가능하게 하는 영유아들만의 장(場)이다.

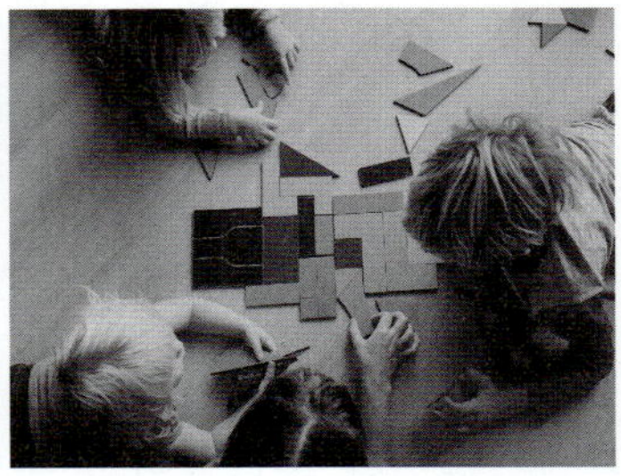

2 연령별 영유아 놀이의 특징

영유아의 놀이는 개인에 따라 발달 속도와 성향에 차이가 있으므로 엄격하게 구분하기란 어려우나 각 성장 시기에 적합한 놀이지도와 놀잇감 제공을 위해서는 연령별 특징을 살펴볼 필요가 있다.

1) 영아 놀이의 특징

영아기는 모든 발달 영역의 발달이 급속히 이루어지고 놀이의 내용에도 빠른 변화가 있다. 따라서 교사는 놀이의 내용과 놀잇감을 발달의 속도와 영아의 개별적 흥미에 적합하게 준비하여야 한다. 그러기 위해서는 영아를 섬세하게 관찰하는 것이 우선되어야 하며 놀이가 적절하게 이루어지는지, 놀잇감의 사용에 문제가 없는지 관찰을 통하여 확인하여야 한다.

(1) 만 0~1세

수동적으로 자극을 쫓던 신생아기를 지나 영아는 몸을 움직여 주변의 사물에 대한 적극적 탐색을 시작한다. 이 시기 영아들은 감각을 통해 자신을 둘러싼 환경을 이해해 나가므로 다양한 감각을 자극하여야 하는데 시각적으로 매력적이고 소리가 나거나 다양한 감촉의 놀잇감이 적절하다. 특히 만 1세 미만의 영아는 사물을 입에다 넣어 혀로 탐색하려는 특징이 강하므로 입에 넣어도 안전하고 위생적인 놀잇감을 제공하도록 한다. 기관에서는 영아 개인별 놀잇감을 사용하도록 하며 개인 놀잇감이라고 할지라도 수시로 세척하고 소독하여야 한다.

출생 후 일 년간 영아는 머리 들기, 가슴 들기, 뒤집기, 기어가기, 앉기, 서기, 걷기와 같은 특징적 신체적 발달을 순차적으로 이루어 나간다. 따라서 안전하게 근육활동을 할 수 있는 환경이 필요하므로 영아가 안전하게 활동할 수 있도록 책상이나 의자 등의 가구사용을 자제하고 수납장은 벽면으로 비치하며, 바닥 깔개와 벽면에 쿠션을 설치하도록 한다.

생후 1년경 이후에는 보행이 가능하여 뛰기, 계단오르내리기, 공차기를 할 수 있으므로 끌고 다니거나 밀 수 있는 바퀴 달린 놀잇감, 흔들말, 공 등 대근육 활동을 위한 놀잇감이 필요하다. 또한 넣기, 쌓기, 끼우기 등 조작을 할 수 있는 놀잇감은 소근육의 발달을 돕고 영아의 탐색 욕구를 충족시킨다.

영아기는 양육자와 애착 관계를 형성하고 점차 다양한 사람들을 만나 사회성을 기르는 중요한 시기이다. 영아교사는 양육자와 마찬가지로 영아와 친밀한 접촉과 까꿍, 죔죔, 곤지곤지 같은 사회놀이를 함으로써 영아와 안정적인 애착을 형성해 나가도록 한다. 또한 영아기는 또래를 인식하고 또래와의 상호작용을 시작하는 시기이므로 또래 놀이 경험 제공을 제공하도록 한다.

영아는 자신에 대한 인식과 사물의 영속성 개념을 획득하는 등 인지적 발달을 이룸에 따라 까꿍놀이나 사물놀이 등을 즐기며 표상능력의 발달로 우유 마시기, 밥 먹기,

아기 업기 등 일상의 경험과 관련된 상징놀이가 나타난다. 또한 영아는 옹알이 시기를 거쳐 엄마, 아빠, 우유 등 영아에게 친숙한 대상과 사물을 가리키는 단어를 구사하는 등 언어 또한 발달하는 시기이므로 영아가 놀이를 할 때 놀이에 관련된 어휘를 쉽고 단순한 문장을 반복적으로 사용하여 상호작용하도록 한다.

영아기는 탐색 욕구가 강하고 독립심이 많아 새로운 놀이를 지속적으로 시도하는데 영아가 발달의 속도가 빨라 양육자나 교사가 예측을 못 하기 쉬우므로 항상 안전 사고에 주의하여야 한다.

(2) 만 2세

만 2세의 유아는 운동능력이 향상되어 바퀴 달린 자동차나 흔들말 등 대근육 능력을 활용할 수 있는 놀잇감을 즐기며 소근육이 발달함에 따라 크레용으로 그리거나 가위로 자르기 등 다양한 소근육 활동을 시도한다. 그러나 아직 대·소근육의 활용이 세련되지 않아 다소 불안정한 대근육의 사용과 소근육 활동에서의 어려움 등이 나타난다. 부모와 교사는 영유아가 안전하게 대·소근육 활동을 시도할 수 있도록 적절한 놀이환경과 항상 지켜보고 필요 시 적절한 도움을 주어야 한다. 이 시기에 교사는 연령적 발달을 고려하여 소근육을 강화하고 눈과 손의 협응력이 활발하게 이루어질 수 있는 핑거페인팅이나 찰흙놀이, 모래놀이 등 만지고 느끼는 감각활동을 충분히 제공하도록 한다.

만 2세경은 '언어의 폭발기'라고 명명되는 급격한 언어 발달의 시기이므로 놀이 속에서 풍부한 언어적 상호작용을 경험할 수 있도록 하여야 하며 일상생활이나 동·식물, 사물 등을 담은 책들을 제공하도록 한다.

사회적 발달이 활발히 이루어지는 시기이므로 또래 관계를 형성하도록 돕는 것이 필요하다. 이 시기 영아들은 또래에게 관심은 있으나 물건을 나누거나 협동하는 방법 등 사회적 기술에 있어서는 서툴다. 따라서 놀이를 통해서 나누고 배려하고 양보하는 사회적 기술들을 충분히 경험할 수 있도록 지도하여야 한다.

또한 이 시기의 유아에게 바깥 놀이는 외부 세상과의 만남이고 공기와 바람, 햇빛 등 자연과의 만남이다. 이러한 외부 공간과의 만남은 신체적 발달뿐만 아니라 인지적 발달과 미적 감각을 자극하므로 영아들의 놀이 경험은 실내·외를 통하여 다양하게 이루어져야 한다. 0~2세 영아의 발달적 특징과 적합한 놀잇감은 다음과 같다.

표 4-1 0~2세 영아의 발달적 특징과 적합한 놀잇감

연령	영역별 발달 특징	
0-6개월	신체	• 뒤집기를 통해 탐색영역이 확대된다. • 손을 사용해 잡기를 시도하고 입을 통해 탐색한다.
	언어	• 익숙한 소리에 반응한다. • 울음, 쿠잉, 옹알이를 통해 표현한다.
	인지	• 사물에 초점을 맞추고 눈으로 사물을 추적한다. • 반복되는 시청각 자극에 익숙해진다.
	사회 정서	• 주변 사람의 얼굴, 목소리에 관심을 보인다. • 거울을 보고 미소 짓는다.
놀잇감	 	 
7-12개월	신체	• 손가락을 이용해 사물을 잡는다. • 혼자 앉고, 걷기 시작한다.
	언어	• 새로운 소리를 듣고 모방한다. • 간단한 지시를 이해한다.
	인지	• 사물을 잡기, 두드리기, 던지기 등으로 탐색한다. • 사물의 크기, 형태의 특성을 이해한다.
	사회 정서	• 다른 사람의 행동을 모방하며, 까꿍놀이, 숨바꼭질 등을 즐긴다. • 낯선 사람이 다가가면 낯가림을 한다.

연령	영역별 발달 특징	
놀잇감	   	
만 1세	신체	• 혼자 걷고 뛰어다닌다. • 크레파스로 긁적거린다.
	언어	• 그림을 보고 사물의 명칭을 말한다. • 그림을 보고 이야기하는 흉내를 낸다.
	인지	• 사물의 기본 특성, 기능을 안다. • 상상놀이를 시작한다.
	사회 정서	• 혼자놀이가 시작되며 성인과 함께 논다. • 엄마놀이, 병원놀이 등 모방놀이를 즐긴다.
놀잇감	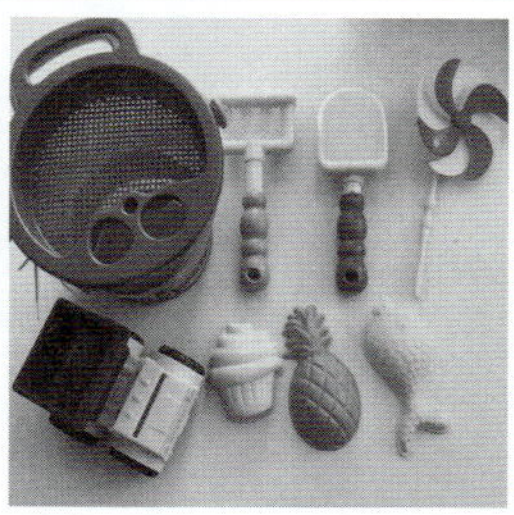   	

연령	영역별 발달 특징	
만 2세	신체	• 큰 공을 잡을 수 있다. • 스스로 음식을 먹는다.
	언어	• 두 단어 문장을 말한다. • 책을 즐겨 본다.
	인지	• 사물의 이름, 명칭 등을 이해한다. • 호기심이 많고 질문을 많이 한다.
	사회 정서	• 자아개념이 분명해져 “내 것”, “나” 등의 말을 사용한다. • 성인의 관심과 주의를 끌고 싶어한다.
놀잇감	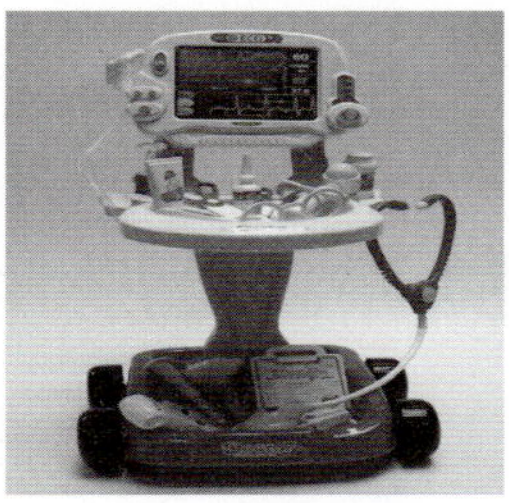 	 

2) 유아 놀이의 특징

유아기 발달은 영아기 만큼 극적이지는 않으나 여전히 변화는 각 연령별로 뚜렷하다. 만 3세 때는 대근육의 사용이 여전히 세련되지 못하나 만 5세경이 되면 자연스러운 동작과 민첩한 운동능력을 보이게 된다. 만 3~4세 때 빈번하게 나타나는 문장오류들은 점차 사라져, 만 5세경이 되면 성인과 상당히 유사한 문장구조를 구사하게 된다. 이러한 발달에 따라 놀이의 내용 또한 변화가 크다.

(1) 만 3세

만 3세의 유아는 대근육 조절능력이 발달하고 달리기와 자전거 타기를 좋아하며 블록 쌓기, 퍼즐 맞추기 등 만 2세 때와는 달리 자신이 만들고 꾸민 결과물에 관심을 가지고 다른 사람에게 보여줄 때 만족감을 느낀다. 그러나 놀이의 목표를 미리 정하기보다는 놀이과정을 즐기는 편이다.

이 시기의 유아는 새로운 사실을 알기 위해 다른 사람과의 언어적 상호작용을 즐기면서 놀이과정 말하기를 좋아하며 놀이 중 유머도 구사한다. 그러나 아직 인지적으로 자기중심적이며 사회적 기술이 부족하고 장난감 분쟁도 자주 일어나기도 한다. 그러나 만 3세의 유아는 사회적 환경에 대한 두려움이 적어지고 친구에 대한 관심이 높아지는 시기이기도 하다. 그러므로 만 3세 유아들에게 풍부한 놀잇감과 다양한 놀이내용이 제공되어야 한다.

(2) 만 4세

만 4세의 유아는 신체운동기술이 기어오르기와 같은 다양하고 복잡한 놀이시설을 이용하여 놀이를 한다. 이 시기 유아들은 소근육이 발달되어 꿰기, 자르기, 색칠하기, 그리기를 즐기고 단순하고 구체적인 놀이에서 복잡하고 다양한 놀이를 시도하고 사회놀이에서 연합놀이 형태가 많이 나타난다.

만 4세의 유아는 동식물이나 자연현상을 관찰하는 놀이를 좋아하며 변화되는 자연현상에 대하여서도 관심이 많아 자연에 대한 과학적 탐구놀이를 즐기므로 이 시기의 유아에게 바깥놀이는 매우 중요하다. 교사는 유아들의 발달특징을 고려하여 좀 더 도전적인 놀이환경과 놀이도구를 제공하고 다양한 실외경험을 제공해야 한다.

(3) 만 5세

만 5세의 유아는 자신의 발달된 신체운동 능력을 이용하여 모험적인 신체운동 놀이를 즐긴다. 또한 인지의 발달로 놀이의 규칙 이해하고 규칙이 있는 게임과 말놀이를 즐기며, 단순한 상상놀이에서 벗어나 가상적인 인물에 대한 상상과 사건을 꾸며 놀기도 하고 자신의 상상력을 동원하는 것은 물론 각종 전자매체나 동화책의 내용을 이용하여 수준 높은 극놀이를 하기도 한다.

이 시기의 유아는 만 4세 유아보다 덜 자기중심적이며 안정적이고 조화롭게 또래와 상호작용을 한다. 놀이에 집중하는 시간이 길어지고 수준 높은 사회놀이도 가능해져 하나의 목표달성을 위하여 의견을 나누고 상호작용하는 협동놀이를 한다. 그러므로 만 5세에게 놀이의 교육적 효과를 높이기 위해서는 인지적으로 도전이 되는 놀이들과 또래와 함께 자율적으로 놀이를 구성하고 놀이의 목표를 성취해 나갈 수 있도록 지원하는 것이 필요하다.

이와 같이, 유아의 연령별 놀이특징을 살펴보면 유아는 놀이를 통해 전인적인 발달과 성장을 이루는 것을 알 수 있다. 또한 놀이를 통해 유아들이 사회의 기능과 정보를 습득하고 사회화과정에서 사회가 요구하는 가치관을 체득하므로 어떠한 경험을 체험하느냐는 유아에게 매우 중요한 일이다.

만 3~5세 유아의 발달 특징과 적절한 놀잇감을 정리하면 다음과 같다.

표 4-2 3~5세 영아의 발달적 특징과 적합한 놀잇감

연령	영역별 발달 특징	
만 3세	신체	• 뛰고 멈추기를 조절할 수 있다. • 끈 매기, 단추 끼우기, 가위질을 한다. • 자전거 타기가 가능하다.
	언어	• 두세 단어의 문장을 말한다. • 역할을 정하고 대화를 주고받는다. • 그림과 글자를 구분하며 긁적거린다.
	인지	• 호기심과 질문이 많다. • 가상놀이를 즐긴다. • 일상에서의 수, 양, 공간을 이해한다.
	사회 정서	• 또래와 어울리는 것을 즐긴다. • 상징놀이를 즐긴다. • 독립적인 놀이를 시도한다.

연령	영역별 발달 특징	
놀잇감	     	
만 4세	신체	• 한 발로 균형을 맞추어 서 있는다. • 사물의 특징을 그림으로 나타낸다. • 몸을 자유롭게 움직이며 표현한다.
	언어	• 질문에 따른 설명을 원한다. • 상대방과 대화가 자유롭다. • 가상 이야기를 많이 만들어 낸다.
	인지	• 놀이를 계획할 수 있다. • 논리적 사고가 가능하다. • 연속적인 질문을 통해 탐구한다.
	사회 정서	• 누군가에게 인정받고 성취감을 느낀다. • 성별에 따른 차이를 인식한다. • 자신의 행동에 책임감을 가진다.
놀잇감	     	
만 5세	신체	• 구성놀이를 즐긴다. • 신체활동 영역이 넓어진다. • 종이접기, 점토놀이 등 소근육 활동을 즐긴다.

연령	영역별 발달 특징	
	언어	• 정확한 언어구사가 가능하다. • 단어를 읽고 쓰는 것이 자유롭다. • 이야기 꾸미기를 즐긴다.
	인지	• 복잡한 형태의 구조물을 만들어 놀이한다. • 호기심이 많고 실험을 즐긴다. • 놀잇감을 가상놀이에서 다양하게 활용한다.
	사회 정서	• 대소집단에서 협동놀이를 한다. • 게임 규칙을 이해하고 놀이를 진행한다. • 다양한 역할놀이를 즐긴다.
놀잇감	     	

이상에서 살펴본 바와 같이 영유아들의 놀이는 영유아들의 발달 정도를 잘 보여주는 지표가 됨과 동시에 영유아의 발달을 촉진한다. 교사는 영유아들의 놀이를 지속적으로 관찰하여 영유아들의 발달 정도와 놀이 수준을 파악하고 영유아들의 놀이를 촉진하기 위해 적절한 놀잇감이나 놀이 경험, 충분한 놀이시간, 놀이환경 등을 지원하여야 할 것이다.

CHAPTER 05

놀이의 발달

영유아들이 발달함에 따라 영유아의 놀이 형태 또한 발달한다. 특히 놀이의 사회적 측면과 인지적 측면은 발달에 따라 확연한 특징을 보인다. 영유아의 사회적 관계가 확장되어가며 혼자놀이에서 협력적 놀이 형태로 변화해가며 인지적 발달에 따라 놀이의 내용과 유형이 다양화된다.

1 사회적 놀이발달

영유아들은 놀이를 통해 사회적 관계를 맺게 되며 혼자놀이에서 놀이 속 상호작용을 통해 사회적인 놀이 형태를 발달시켜 간다. 영유아의 사회적 놀이 형태를 통해 영유아의 사회성발달 정도를 파악할 수 있다.

1) 파튼의 사회적 놀이 분류

파튼(Parten, 1932)은 영유아의 놀이행동을 관찰하고 놀이를 사회적 측면에서 분류하였다. 즉, 놀이행동을 크게 비놀이행동과 놀이행동을 구분하고 놀이행동을 사회적놀이 수준에 따라 혼자놀이, 병행놀이, 연합놀이, 협동놀이로 구분하였다.

(1) 비놀이행동

영유아들의 비놀이행동은 비참여 행동과 방관자적 행동으로 구분된다. 비참여 행동이란 영유아가 놀이에 참여하지 않고 교실을 돌아다니거나 특정한 곳을 바라보는 등의 행동을 말한다.

방관자적 행동은 놀이를 하고 있는 친구를 바라보고 있거나 관찰하는 행동을 나타낸다. 놀이에 참여는 하고 있지 않지만 상대방의 놀이에 흥미와 관심을 보인다는 점에서 비참여행동과는 다르다. 방관자적 행동은 또래의 놀이 및 놀이행동에 대한 탐색과정으로 새로운 놀이를 시도하기 전에 나타나기도 한다.

영유아가 놀이에 참여하지 않는 행동들은 놀이를 위한 탐색일 수도 있고 영유아가 신체적 또는 심리적으로 어려움이 있음을 나타내는 것일 수 있다. 부모와 교사는 영유아의 비놀이행동을 면밀히 관찰하여 영유아에게 필요한 도움을 제공하여야 할 것이다.

(2) 놀이행동

파튼은 놀이행동을 사회적 측면에서 혼자놀이와 병행놀이, 연합놀이, 협동놀이로 구분하였다. 대체로 이러한 사회적 놀이행동은 순차적으로 발달하여 영유아의 사회적 발달 수준을 보여준다. 그러나 이러한 놀이들이 항상 순차적으로 나타나는 것은 아니어서 나이가 많은 유아에게서도 여전히 혼자놀이가 나타나고 병행놀이의 경우 연합놀이나 협동놀이에 참여하기 위한 전략으로도 사용된다(Bakerman & Brewnlee, 1982; Petrakos & Howe, 1996).

① 혼자놀이

혼자놀이는 2세 미만의 영아에게 주로 나타나는 놀이행동이다. 자기중심적인 발달 특징으로 자신의 놀이에 몰입하여 혼자 놀이를 하며 또래와 함께 있더라도 또래와의 언어적 상호작용이 나타나지 않는다.

연령이 증가하더라도 혼자놀이는 계속 나타나는데 영아들에게서 주로 혼자 하는 기능놀이가 나타나는 데 비해 유아에게서는 구성놀이나 역할놀이가 나타나는 등 놀이의 내용에는 차이가 있다. 혼자놀이는 혼자 하는 능동적 놀이(solitary active play)와 혼자 하는 수동적 놀이(solitary passive play)로 구분되기도 한다(박은영, 신은수, 김현진, 2012).

② 병행놀이

병행놀이는 같은 공간에서 가까이 놀이를 하나 다른 영유아와 상호작용이 두드러지게 나타나지 않는 놀이행동을 말한다. 병행놀이는 영아기에 많이 하는 혼자놀이보다 사회적인 놀이형태로 대개 유아시기부터 나타난다. 병행놀이에서 함께 있는 상대와의 상호작용은 무의미하거나 서로 약간의 관심을 갖는 정도이다. 병행놀이에서 영유아들은 놀잇감의 교환이나 상호작용을 위해 애쓰지 않는다.

③ 연합놀이

병행놀이는 점차 연합놀이로 발달한다. 유아가 주로 자신의 놀이활동에 관심을 갖고 있다는 점에서 연합놀이는 병행놀이 유형과 비슷하나 놀잇감의 공유나 규칙, 차례를 지키기 등 또래와 놀이를 하기 위한 사회적 의사소통을 하게 된다.

유아들은 놀이를 함께 하며 집단놀이의 즐거움을 알게 된다. 연합놀이에서 유아들은 익숙한 역할놀이나 쌓기놀이 등을 주로 하며 흥미나 관심에 따라 놀이형태를 자주 변화시키고 놀이 집단이 새롭게 형성되거나 분리되기도 한다.

④ 협동놀이

협동놀이는 2명 이상의 유아들이 공동의 놀이주제를 가지고 함께 만들어가는 놀이형태이다. 놀이리더가 존재하고 공동의 놀이 목표를 갖고 놀이 참여자에게는 역할이 부여된다. 협동놀이에서 유아들은 함께 놀이를 계획하고 시작하며 협동적인 활동을 통해 자신들의 역할이나 하는 일에 대한 의미를 갖는다. 협동놀이에서 나타나는 사회적 관계에서 유아들의 친사회성이나 리더십 등을 관찰할 수 있다. 파튼의 사회 놀이유형을 연령별로 정리하면 다음 〈표 5-1〉과 같다.

표 5-1 영유기의 놀이유형과 또래관계

연령	놀이유형	또래관계
만 2~3세	혼자놀이 · 병행놀이	한 공간에 있으나 의사소통하지 않거나 물건 공유 등 간단한 소통을 함
만 3~4세	병행놀이 · 연합놀이	아직 익숙하게 주제나 놀이내용이 활발하게 구성되지는 않으나 주제에 따른 의사소통이나 구성을 하려고 협의함
만 4~5세	연합놀이 · 협동놀이	놀이구성과 주제가 있으며 놀이주도권이 있는 유아가 나타나며 놀이소품 등 다각적인 놀이를 구성함

2) 하우즈와 메더슨의 사회적 놀이 분류

하우즈와 메더슨(Howes & Matheson, 1992)은 상호작용의 상호성과 복잡성에 따라 파튼의 사회놀이를 좀 더 세분하여 단순 병행놀이, 관심을 가진 병행놀이, 단순 사회놀이, 상호 보완적 놀이, 협동적 사회 가장놀이, 복합적 사회 가장놀이로 제시하였다.

단순 병행놀이(parallel play)는 병행놀이의 가장 초보적인 단계로 영유아는 가까이에서 놀이하나 서로에게 관심이 없고 상호작용하지 않는다. 관심을 가진 병행놀이(paraller aware play)에서 영유아는 여전히 각자 자신의 놀이를 하지만 상대를 가끔 쳐다보거나 상대의 놀이를 따라 하기도 한다. 단순 사회놀이(simple social paly)는 유사한 놀이에 참여하여 각자의 놀이를 하지만 미소를 주고받거나 대화를 하는 등 간단한 상호작용이 이루어지는 놀이이다. 상호 보완적 놀이(complementary and reciprocal play)에서는 영아들이 숨고 찾기나 쫓고 도망가기 등의 사회적 관계가 나타난다. 협동적 사회 가장놀이(cooperative social pretend play)란 역할을 맡아 의사소통하면서 영유아가 협동적으로 가장놀이를 구성하는 단계이다. 복합적 사회 가장놀이(complex social pretend play)에서는 놀이의 진행을 위한 상위의사소통이 일어나는 가장놀이이다.

하우즈와 메더슨에 의하면 연령이 증가함에 따라 병행놀이는 감소하고 상호보완적 놀이와 협동적 사회놀이는 증가하나 단순 사회놀이에는 큰 변화가 없다. 하우즈와 메더슨의 연구는 영유아의 사회놀이 형태뿐만이 아니라 그 내용에 대해 관심을 이끌었다는 데 의의가 있다.

2 인지적 놀이발달

인지란 인간의 정신적 사고과정을 의미하는 개념으로(정옥분, 2012), 인지의 발달은 영유아의 놀이에 영향을 미친다. 피아제와 스밀란스키 등의 놀이에 대한 인지발달적 접근은 놀이에 있어 인지의 역할을 잘 이해하도록 돕는다.

피아제는 영유아의 인지발달 단계인 감각운동기와 전조작기, 구체적 조작기에 따라 놀이유형이 다르게 나타남을 발견하고 인지발달에 따른 놀이 유형을 연습놀이, 상징놀이, 규칙 있는 게임으로 명명하였다(Frost, 1992). 피아제에 의하면 감각운동기인 영아기에는 감각을 활용한 탐색과 운동놀이, 상징놀이가 나타나고 유아기에는 규칙이 있는 게임이 나타난다. 스밀란스키(Smilansky, 1968)는 피아제의 인지발달에 따른 놀이 유형을 발전시켜 기능놀이, 구성놀이, 극놀이, 규칙 있는 게임으로 구분하여 설명하였다.

1) 기능놀이

기능놀이(functional play)는 영아기인 감각운동기(0~2세)에 보이는 단순하고 반복적인 신체운동 놀이이다. 피아제의 인지놀이 범주에서 연습놀이(practice play)에 해당한다. 피아제에 의하면 초기 영아들의 놀이는 자신의 신체를 가지고 노는 감각운동놀이 형태이다. 영아들은 빨기, 잡기, 끌어당기기 등 단순한 재미를 위해 자신의 신체 일부를 가지고 탐색을 하다가 점차 의도적이고 목표지향적인 놀이행동을 시작한다.

영아들의 관심은 자신에게서부터 타인이나 주변 세계로 이동하고 감각운동놀이는 사물을 가지고 노는 사물놀이로 변화한다. 사물놀이는 사물을 결합하거나 물건의 용도에 맞는 놀이를 하는 것이다. 영아는 발달된 운동기능을 사용하여 놀잇감을 선택하고 촉감 등 감각의 차이를 느끼며 놀이하고 쥐기, 던지기, 조작하기 등의 행동을 시도하고 반복하며 즐거워한다. 사물놀이를 하며 영아들은 운동기술, 눈과 손의 협응력, 인지 등을 발달시킨다. 또한 까꿍놀이처럼 친숙한 대상과 반복적으로 행동하는 사회놀이에서 즐거움과 만족감을 나타낸다.

피아제는 영아의 놀이를 탐색활동으로 보아 손에 쥐고 잡아당기고 모든 것을 입에 넣고 보면서 관찰한다고 하였다. 영아들은 다양한 탐색을 통해 적극적으로 사물과 주변 세계를 탐색한다. 영아의 탐색활동과 놀이를 구분하기란 쉽지 않다. 탐색이 놀이로 연결되기도 하고 놀이가 탐색이나 관찰로 이어지기도 한다. 영아의 탐색활동은 놀이의 이전단계에 나타나는 것으로 낯선 환경에서는 탐색을 먼저 하다가 익숙해지면 놀이로 연계한다.

2) 구성놀이

구성놀이(constructive play)는 놀잇감을 가지고 영유아가 자신이 표상하는 것을 재구성하는 것이다. 예를 들면 블록으로 탑 쌓기나 집이나 도시 등을 구성하기, 꾸미기, 그리기, 만들기 등의 미술활동 같은 사물의 특성을 인지하고 조작하고 창작하는 활동들을 말한다. 피아제가 말한 영아의 연습놀이에서 나타나는 사물놀이의 발달된 놀이 형태라고 볼 수 있다.

3) 가장놀이

피아제의 상징놀이(symbolic play)에 해당하는 가장놀이(pretend play) 는 전조작기인 2세경부터 나타나 7세경까지 지속되는 놀이로 시간이나 공간, 역할, 사물 등을 표상하여 놀이하는 것을 말한다. 영아의 표상능력의 발달로 놀이의 경향은 점차 복잡해지며 사물이나 상황을 ~인척 가장하는 가장놀이가 나타난다. 즉, 영아들이 빈 우유병을 들고 먹는 척하는 행동이나 베개를 아기처럼 가지고 노는 간단한 가작화 행동을 포함하여 유아기에 본격적으로 발달하는 역할놀이나 인형놀이, 극놀이 등을 말한다. 유아기에는 자신의 경험을 놀이의 소재로 삼거나 다양한 이야기를 창작하고 놀이 환경이나 자료를 스스로 구성하기도 한다.

가장놀이는 그 수준과 내용에 따라서 가상놀이, 역할놀이, 극놀이, 사회극놀이, 환상놀이 등의 다양한 용어로 불리는 데 모두 사물(놀잇감)을 현실세계의 ~인양 다루는 가작화 요소(as-if elements)를 포함한다.

스밀란스키는 극화놀이의 요소로 역할의 수행, 가작화, 사회적 상호작용, 언어적 의사소통, 지속성의 다섯 가지 요소를 들었다(신은수 외, 2011). 가작화에는 사물의 가작화, 행동의 가작화, 상황의 가작화의 세 종류가 있으며 언어적 의사소통은 상위의사소통과 가장의사소통을 포함한다. 이러한 극화놀이의 요소가 많이 나타날수록 높은 수준의 극화놀이로 평가된다.

상징놀이는 탈중심화, 탈맥락화, 통합의 요소를 중심으로 놀이가 점차 정교한 수준으로 발달한다. 영아가 자기중심적 사고체제에서 타인을 인지하고 타인중심으로 이동하는 것을 '탈중심화(decentration)'라고 말한다. 초기 상징놀이는 자기중심이나 사물놀이에서 사용하던 전략과 놀잇감을 의인화하면서 사물중심의 가작화 놀이가 발달한다. '탈맥락화(decontextualization)'는 한 가지 사물을 다른 것으로 대체하여 사용하는 것으로 예를 들면 전화기를 가지고 전화하는 척하던 영아가 전화기가 없음에도 나무 블록이나 긴 형태의 사물을 귀에 대고 전화기인 양 사용하는 것이다. '통합(intergration)'은 단편적인 상징적 행동에서 복합적인 이야기로 구성하는 것으로 단순히 통화하는 흉내나 아기 돌보는 흉내를 내며 놀이하던 영아들의 놀이는 유아기에 접어들면서 이야기를 전개하며 다양한 상징을 복합적으로 이야기 속에 통합시키는 것을 의미한다. 이렇듯 영아기 자기중심적 사고에서 벗어나는 과정과 맥락의 다양화, 주제와의 연결을 하며 영유아의 상징놀이는 점차 정교하게 발달하여 이야기가 있는 상상놀이, 소꿉놀이 등으로 발전한다.

영아기의 상징놀이 요소를 살펴보면 다음 〈표 5-2〉와 같다(Hughes, F. P., 2012).

표 5-2 영아의 상징놀이 요소

단계	탈중심화	탈맥락화	통합
12개월	혼자서 자기중심의 가상놀이를 하며 친숙한 일상의 놀이를 함	실제적인 대용품을 실제적인 방식으로 사용함.	상징적인 여러 놀이행위 간 연계성은 거의 없음
18개월	영아가 주도하는 가상놀이의 대상으로서 사물을 의인화하는 놀이를 함	대용품은 모양과 기능 면에서 별로 실제적이지 않음.	한 주제에 관련된 행위들을 연결시킴
24개월	의인화된 사물이 가상놀이의 대상이 되기도 하고 주도자가 되기도 함	대용품은 나타내고자 하는 모양이 같지 않으며 원래의 기능과 다른 방식으로 사용함	여러 주제를 조합하여 각기 다른 주제를 가진 두 가지 이상의 활동들을 함

4) 규칙이 있는 게임

규칙이 있는 게임(games with rules)은 추상적 사고와 사회적 관계 발달에 바탕을 둔 놀이 행동으로 피아제와 스밀란스키의 인지놀이 범주에서 가장 발달된 놀이 형태이다. 규칙 있는 게임은 유아들의 논리적이고 추상적인 사고 발달의 결과를 잘 보여주는 놀이로 놀이 속에서 규칙을 이해하고 규칙에 따라 놀면서 승부를 가리는 놀이로 또래와의 상호작용을 촉진한다. 규칙이 있는 게임은 유아기 단순한 규칙의 놀이부터 점차 복잡한 놀이의 형태로 발전하면서 아동기까지 계속된다. 유아들은 놀이과정을 통해 규칙을 이해하고, 자신의 감정과 행동을 조절하며 사회적 기술을 촉진하게 된다.

피아제에 의하면 규칙이 있는 게임은 구체적 조작기인 7세경부터 나타나 형식적 조작기까지 계속되는데 현대 유아들은 일반적으로 만 5세경이면 간단한 규칙의 게임을 이해하고 즐기는 것으로 나타나므로 피아제의 연령기준은 다소 차이가 있다.

영유아의 자유놀이를 기초로 한

놀이지도

CHAPTER

06

놀이에 영향을 미치는 요인

1 개인적 요인

영유아의 놀이에 영향을 미치는 요소는 영유아의 개인적 요인과 가정 환경적 요인, 사회문화적 요인 등으로 다양하다. 먼저 놀이에 미치는 영유아의 개인적 요소는 영유아의 연령과 성(性), 영유아의 성격 등이다.

1) 연령

영유아는 연령이 증가함에 따라 신체와 인지, 언어, 사회성과 정서 등의 영역에서 발달하며 이러한 발달은 영유아의 놀이에도 영향을 미친다.

신생아기 영아들은 감각을 사용하여 소극적으로 영유아를 둘러싼 환경을 탐색하지만 대소근육의 발달과 함께 놀이의 범위를 확장한다. 배밀이를 하거나 기어 다니는 영아들은 실내 공간 전체를 놀이 공간으로 탐험하게 된다. 일어서기에 성공을 하고 보행을 시작하게 되면 성취한 이동 능력을 바탕으로 더욱 넓은 범위에서 놀이하게 되고 실외공간에서의 놀이도 가능하게 된다. 또한 영유아는 대소근육의 발달함에 따라 더욱 다양한 놀잇감과 놀이기구를 활용하여 놀이를 즐기게 된다.

영아들이 대상영속성을 획득함에 따라 놀이 상대에 의해 물건이나 사람 등의 대상이 사라졌다 나타나는 까꿍놀이를 즐길 수 있게 되고 유아기에 이르러 규칙을 적용하는 놀이들도 즐기게 된다. 영아기에 사물의 기능을 중심으로 놀던 사물놀이에서 유아기에는 복잡한 형태의 구성놀이를 즐기게 된다. 영아기에 사물이나 경험을 기억하고 표상하는 능력이 발달하며 상징놀이가 나타나는데 유아기에는 보다 다양한 역할들과 사회적 상황들을 재연하고 재구성하는 극놀이로 발전한다. 이러한 놀이의 변화는 대체로 영유아들의 연령에 따른 발달의 결과이다.

연령은 놀잇감의 선택과 수량, 놀이 지속시간에도 영향을 미친다. 이재선(1989)에 의하면 블록놀이에서 놀이시간과 사용하는 블록의 수는 연령에 따라 증가하며 연령이 높아질수록 단순한 구조에서 복합적인 구조물을 구성한다. 또한 연령이 높을수록 혼자놀이보다는 집단놀이와 극놀이, 실외놀이를 많이 즐기게 된다(Tizard, Philips, Plewes, 1976).

이와 같이 영유아의 놀이는 영유아의 발달과 함께 변화하므로 교사는 영유아를 주의깊게 관찰하여 영유아 개개인의 발달 정도를 파악하고 발달에 적합한 놀이를 제공하여야 한다.

2) 성(性)

많은 연구들은 발달에 따른 차이 이외에도 영유아의 놀이 유형, 놀이 중 또래와의 상호작용에서 성별 차이를 보고하고 있다. 놀이유형에서 여아는 인형놀이, 퍼즐놀이, 색칠놀이 등을 즐겨하는 반면 남아는 기능놀이와 모험적이고, 반복적으로 할 수 있는 자동차, 블록놀이, 조작놀이 등을 선호하고, 여아가 남아에 비해 놀이 상대와의 상호작용이 많은 것으로 나타났다(Cramer & Hogan, 1975; Fagot, 1978; Johnson & Roopnarine, 1983; Rubin, Maioni, & Hornung, 1976; Sutton-Smith, 1979; Tauber, 1979). 놀잇감 선택의 범위에 있어서도 여아의 경우 놀잇감에 대한 선호 범위가 넓어 놀잇감을 골고루 사용하는 반면 남아는 여아용 놀잇감을 사용하지 않는 성향이 보고되었다(Liss, 1981). 상상놀이에서도 성차가 나타나는데 여아들은 인형놀이, 소꿉놀이 등의 가정 중심 주제로 극놀이를 많이 하고, 남아들은 경찰놀이, 교통놀이, 해적놀이 등 모험적인 주제 극놀이를 많이 하는 것으로 나타났다(김온기, 1984; Pulaski, 1973; Sutton-Smith, 1979). 놀이 친구를 선택할 때도 성별 차이를 보여 동성의 놀이친구를 선호하는 경향은 여아에게서 먼저 나타나고, 여아의 동성 놀이 친구에 대한 선호가 성장과 함께 감소하는 반면 남아는 증가하는 것으로 나타났다(Martin & Fabes, 2001; Ramsey, 1998). 사회적 놀이 중 상호작용의 내용에서도 성차가 나타나는데, 남아는 대집단 경쟁놀이와 규칙 지배적 활동을 선호하는 반면 여아는 개인의 사회적 관계에 관심을 보이며 친한 친구들과의 소집단 활동을 선호하는 것으로 나타났다(김수영, 김수임, 정정희, 2013).

놀이에서 나타나는 성별 차이는 생물학적 요인과 문화적 요인으로 해석해 볼 수 있는데 생물학적으로 여아와 남아가 다른 행동 특성을 가지고 있고 이것이 놀이에 반영된다는 가정이다. 진화심리학에서는 여자와 남자의 특성을 생존과 번식을 위한 자연선택과 성 선택의 과정을 거치면서 형성된 것으로 본다(김인호, 2020). 성적 특징 발달에 관여하는 성호르몬의 분비가 남성과 여성에 있어 차이가 있으므로(유신환, 2004) 영유아의 성별 놀이 특징은 생물학적 차이에서 기인한다는 관점이다.

놀이에서 나타나는 영유아의 성별 차이는 사회 문화적인 영향으로도 해석될 수 있다. 프로이트의 정신분석이론의 관점에 의하면 영유아의 성역할 발달은 영유아의 부모의 성유형을 동일시하는 과정에서 형성되고, 사회학습이론의 입장에서 성역할은 부모로부터의 직접학습이나 관찰학습 즉, 모델링에 의에서 이루어지는 것으로 본다(정옥분, 2012). 이렇게 볼 때 영유아의 부모는 영유아의 성역할 발달에 영향을 주고 이는 곧 영유아의 놀이행동으로 나타난다고 가정할 수 있다. 부모 이외에도 영유아는 자신을 둘러싼 의미 있는 성인들의 영향을 받을 수 있다. 또한 오늘날 모든 현대인의 생활 속에서 점점 비중이 커지고 있는 인터넷과 텔레비전 등의 대중매체에도 영향이 있을 것이다.

영유아의 놀이에서 나타나는 성별 특징은 주의 깊게 해석되어야 하며, 개별 영유아의 특징들은 존중하되 성별에 의해 영유아의 고유한 잠재능력이 제한되지 않도록 지원되어야 한다.

3) 성격

성격이란 개인이 지닌 융합적이며 조직화된 특질로서 인지나 동기, 행동 등에 영향을 미치며 타인과의 다양한 상호작용을 통해 나타나고 형성된다(Ryckman, 2013; Santrock, 2012). 많은 연구들은 성격이 놀이의 종류나 형태, 놀이성에 영향을 주는 것으로 보고하고 있다. 영아기의 경우 성격이라는 용어보다는 기질이라는 용어를 사용되는데 토마스(Thomas. A.)와 체스(Chess. S.)는 연구를 통해 영아의 기질을 순한(easy), 까다로운(difficult), 느린(slow-to-warm) 유형으로 나누었다(정옥분, 2012). 이 세 유형은 활동성이나 규칙성, 새로운 자극에 대한 반응, 적응성, 반응의 강도, 반응을 위한 자극의 정도, 주의산만성, 지구력에서 차이를 보이는데 이들 유형과 놀이행동과의 관계를 연구한 김난실, 조혜진(2007)의 연구에서 기질은 놀이감 선택과 관련이 있고, 까다로운 영아들이 탐색놀이를 많이 하고 가작화놀이를 적게 하는 등 사회인지 놀이 유형에 차이가 있음을 보고하였다.

아동용 MBTI 성격유형검사를 사용한 최인숙, 전은영(2005)에 연구에 의하면 유아의 성격에 따라 자유선택활동 시간에 나타나는 유아의 인지적, 사회적 놀이형태가 차이가 있으며 또래놀이에서도 차이가 있다(최인숙, 천은영, 2005). 즉, 주의집중이나 에너지의 방향면에서 내향적 성향의 유아는 인지적 놀이 중 기능놀이를, 외향적 성향의 유아는 구성놀이를 더 많이 하는 것으로 나타났고 외부세계에 대한 태도와 생활방식에 있어서 상황에 보다 적응적인 인식형이 생활을 계획과 체계성을 선호하는 판단형보다 사회적 놀이 중 병행놀이를 더 많이 한다는 것이다. 또, 놀이 중 친사회적 행동은 외향형과 인식형에서, 위축형 행동은 내향형 유아들에게서 다른 유형보다 더 잘 나타난다는 것이다.

성격유형은 놀이성과도 관계가 있는 것으로 보인다(박화윤, 천은영, 2004; 최미숙, 박지영, 2014; Lieberman, 1977). 감정형 유아는 사고형보다 놀이성이 높고 특히, 신체적 자발성, 사회적 자발성, 인지적 자발성, 즐거움의 표현에서 높게 나타났다. 이밖에도 영유아의 놀이는 개인이 환경에 대해 인식하고 반응하는 인지양식(cogntive style)에 따라서도 영향을 받는다(신은수 외, 2011).

영유아의 발달특성상 정확한 검사가 쉽지 않고 영유아의 성격이 형성되고 발달해나가는 중이므로 특정한 성격유형으로 구분 짓는 일에는 주의할 필요가 있다. 부모와 교사는 영유아의 놀이에서 나타나는 개인차를 이해하고 개인이 가진 놀이 성향에 적합한 지원을 하는 것이 필요하다.

2 가정환경 요인

영유아에게 최초의 사회는 가정이며 놀이 대상은 양육자인 부모이다. 부모와의 관계, 부모의 양육태도, 놀이에 대한 태도 등 다양한 요인이 영유아의 놀이행동에 지속적으로 중요한 영향을 미친다. 형제자매의 유무나 가정의 놀이 환경도 유아의 놀이에 영향을 미치는 가정환경 요소이다.

1) 부모

부모와의 놀이는 그 자체가 놀잇감이나 구조화된 놀이 프로그램보다 효과적이다. 놀이에서 부모는 분명한 기대와 놀이 선택의 기회, 신뢰감, 도전의 제공 등으로 영유아에게 유익한 놀이경험을 줄 수 있다(Csikszentmihalyi, 1999). 부모는 영유아와의 놀이 속에서 영유아의 언어능력이나 상징적 표현, 탐구적인 행동, 사회적 관계 발달에 중요한 영향을 미친다(Haight & Miller, 1993).

부모의 영유아 놀이에 대한 태도나 놀이에 참여하는 정도는 영유아 놀이의 질에 영향을 미친다. 부모가 학습보다 유아의 놀이를 지지하는 경우 유아들의 놀이참여 시간이나 빈도, 놀이의 수준 등에 긍정적 영향을 미친다(이현지, 정혜욱, 2016). 부모의 놀이참여에 관한 최혜순, 김찬숙(2011)의 연구에서 부모의 놀이 참여 수준이 높을수록 그리고 유아와 놀이하는 시간이 많을수록 유아의 자기조절능력이 높게 나타났다. 또한 부모와의 놀이 시간은 영유아의 행복감에도 영향을 미치는 것으로 나타나(이현지, 정혜욱, 2016) 부모와의 유대감 형성이나 정서적 측면과도 관련이 있음을 알 수 있다.

영유아의 놀이 수준은 가정의 사회·경제적 수준과도 관련을 갖는다. 부모의 학력, 직업, 소득, 거주지 등 가정의 사회·경제적 수준에 따라 유아의 놀이참여나 놀이 유형, 놀이 수준에 영향을 미칠 수 있다. 연구에 따르면 사회·경제적 수준이 낮은 가정의 유아는 놀이에 참여하는 빈도와 사회 극놀이에 참여도가 낮고, 중상류층 가정의 유아는 연합놀이, 협동놀이, 구성놀이에 더 많이 참여하는 것으로 나타났다(Hughes, 1999; Saltz & Johnson, 1974; Rubin, Maiono & Hornung, 1976; Smilansky, 1968).

부모는 영유아 놀이의 중요성을 인식하여 적극적으로 영유아의 놀이를 지원하며, 교육현장에서는 사회·경제적 수준으로 인해 영유아의 놀이가 제한되지 않도록 면밀한 관찰과 지원이 이루어져야 한다. 또한 지역이나 가정의 문화적 배경을 고려한 놀이를 통해 영유아의 바람직한 발달을 지원해야 할 것이다.

2) 형제, 자매

영유아의 놀이에 영향을 미치는 중요한 가정환경 요인 중의 또 하나가 형제, 자매와의 관계이다. 형제, 자매는 부모와 다르게 함께 놀이하는 또래의 역할을 하며 즐거운 놀이 상대가 될 수 있고 놀이에 많은 제약을 두는 성인보다 상상놀이 등을 정교하게 전개할 수 있으며 흥미, 모험심을 길러줄 수 있다. 형제, 자매가 있는 유아들은 가정에서도 또래놀이와 다양한 놀이방법을 경험하므로 놀이를 통한 다양한 학습과 정서적 교류, 사회적 기술 습득에 외동아보다 쉽게 접근할 수 있다.

형제가 있는 유아들이 그렇지 않은 유아들보다 더 높은 수준의 사회놀이와 인지놀이를 하는 경향이 있으며(변형영, 정계숙, 2008), 또래관계에서는 모방행동이 놀이의 상호작용 유지를 위한 행동임에 반해 형제자매의 경우 학습의 기능이 있다(김상희, 1982). 형제, 자매의 서열에 따라서도 놀이의 참여도와 놀이방법이 다를 수 있다. 첫째아는 놀이를 이끄는 역할을 하게 되고 동생들은 형, 언니에게 놀이를 배우는 입장이 되므로 같은 놀이 안에서도 다른 놀이 경험을 하게 된다. 김언경과 엄정애(2013)는 형제자매 끼리 하는 놀이에서의 사회적 놀이 수준은 또래유능성과 관련이 있고 사회적 놀이는 여자형제들에게서 높은 수준으로 나타나는 등 형제구조에 따라 차이가 있다고 보고한 바 있다.

형제자매가 있는 유아는 가정 내에서도 또래관계에서와 유사한 놀이를 즐길 수 있고 손위 형제는 놀이를 이끄는 경험을 하고, 손아래 형제는 비고츠키가 말한 근접발달영역 내에서 능동적 발달이 촉진되는 등 이점이 많을 것이나, 현재 우리 사회는 과거와 달리 출산율이 낮고 외동아 비율이 높은 만큼 유아교육기관에서 유아들이 다양한 상호작용을 경험할 수 있도록 지원하고 가정에서도 다양한 방법으로 영유아에게 사회적 놀이경험을 풍부하게 제공할 필요가 있다.

3 사회 문화적 요인

영유아가 성장함에 따라 놀이는 부모와 형제 등 가정의 영향 이외에도 유아교육기관에서 만나는 교사와 또래집단에 영향을 받으며 대중매체 등을 통한 사회 환경의 영향을 받게 된다.

1) 교사

교사는 유아교육기관에서 영유아의 놀이의 질을 결정하는 데 가장 중요한 요소이다. 교사는 영유아의 발달을 이해하고 있기 때문에 적절한 놀이를 계획하고 적합한 놀이 환경 구성과 놀잇감을 제공하며 적절한 상호작용을 할 수 있다.

교사는 놀이를 계획하고 제공만 하는 것이 아니라 영유아가 놀이에 흥미를 가지도록 유도하며, 놀이에 개입하여 놀이방법을 가르쳐주거나 놀이에 함께 참여하여 놀이 상대자가 될 수도 있다. 교사가 놀이에 참여하여 함께 놀이하면 놀이가 정교해지면서 인지, 언어, 문제해결력, 창의성과 같은 발달에 효과적이며(최양미, 1989), 놀이의 시간이 지속되고 놀이의 질이 향상된다(박경애, 1991; 이현순, 1990). 또 교사와 영유아의 민감한 상호작용은 놀이를 방해하는 행동이나 갈등, 놀이를 하지 않거나 단절되는 행동들을 감소시킨다(최소영, 신혜영, 2015).

교사의 교수효능감도 영유아 놀이의 질에 영향을 미칠 수 있다. 교수효능감이 높은 교사일수록 놀이에 참여하는 빈도가 높고 놀이방법을 제시하고 원만한 상호작용을 이끌어 영유아 놀이의 질이나 지속시간, 내용, 놀이자료의 다양성에 긍정적인 영향을 미친다(신은수 외, 2005).

2) 또래집단

영유아는 성장함에 따라 또래와의 놀이를 즐기게 된다. 연구에 따르면 2~3개월 정도의 영아들도 또래와 의사소통을 하려고 하고 놀이를 위한 신호를 보내는 등 또래에 대한 관심과 반응을 분명하게 나타낸다(Fogel, 1979). 영유아는 놀잇감을 매개로 또래와의 상호작용을 시작하며 또래의 놀이행동과 놀이방법에 관심을 갖게 된다(Fontaine, 1996). 만 2세경부터 영아들은 또래와 친밀감을 형성하는데, 또래와의 결속력은 사회적 놀이의 빈도와 인지적 놀이 참여에 영향을 미쳐 또래와의 결속력이 높을수록 사회적 놀이에 많이 참여하고 상대적으로 높은 인지적 놀이에 참여하는 것으로 나타났다(Curry & Arnaud, 1985; Doyle, Connolly & Rivest, 1980).

따라서 교사는 영유아가 또래와 활발하게 놀이할 수 있는 놀이 환경과 놀잇감을 제공하는 한편, 또래와의 놀이를 즐기지 않거나 집단 놀이에서 소외되는 영유아의 경우 세심한 관찰을 하며 놀이지도를 하여야 할 것이다.

3) 문화

놀이는 문화적 환경에 영향을 받는다(Johnson, Christie & Wardle, 2005). 각 문화의 교육환경에서 놀이에 대한 가치나 조기교육에 대한 요구, 유아 스트레스 등에 미치는 영향들이 다르게 나타나며, 놀이에서 나타나는 인지양식이나 역할 수용 등이 문화마다 다르게 나타난다(deMarrais, Nelson & Baker, 1994; Pan, 1994). 한국과 미국 보육시설의 48개월 경 유아들의 놀이행동을 비교한 장상옥과 로레인 맥스웰(2009)의 연구에서 한국 유아들은 인지놀이 유형에서 구성놀이를 많이 하고 역할놀이는 적게 하는 반면, 미국 유아들은 기능놀이와 역할놀이, 교육적 놀이의 순으로 많이 하고 구성놀이는 상대적으로 적게 하는 것으로 나타났다. 또한 사회놀이 유형에서 한국 유아는 병행놀이를 많이 한 반면 미국의 유아들은 연합놀이나 협동놀이 형태를 더 많이 하였다. 이러한 차이는 각 문화의 놀이환경이나 운영방식의 차이 또는 문화적 차이로 볼 수 있다.

현대 사회는 미디어 문화의 시대라고 해도 과언이 아니며 미디어 매체는 TV, 컴퓨터, 스마트폰 등으로 다양하고 그 내용 또한 광범위하여 성인은 물론이고 영유아의 교육과 여가시간을 위해서도 많이 사용되고 있다. 그러나 사용 내용과 시간에 대한 적절한 통제가 이루어지지 않으면 영유아의 발달에 좋지 않은 영향을 미칠 수 있다. 미디어의 장시간 이용은 유아의 주의집중력과 언어발달과 신체발달, 정서발달, 도덕적 판단수준에 부정적 영향을 미치고 유아들의 놀이에 바람직한 영향을 미치지 못하는 것으로 나타나고 있다(김보라, 신혜원, 2019).

교사는 영유아를 둘러싼 사회문화적 환경 속에서 유아의 놀이를 이해할 필요가 있으며 유아의 발달에 바람직하지 못한 사회문화적 현상들에 대해 비판적으로 사고해야 할 것이다.

4 물리적 환경 요인

연령이나 성격, 성별 같은 개인적 요인과 부모나 형제자매, 또래, 교사 등 사회적 환경뿐만 아니라 놀이공간이나 놀이시간, 놀잇감과 같은 물리적 환경 요소 또한 영유아의 놀이에 중요한 영향을 미친다.

1) 놀이공간

영유아를 위한 교실은 쌓기나 역할, 언어, 미술, 음률, 수·조작, 과학영역 등 다양한 놀이영역으로 구성되는데 놀이영역의 구성은 놀이의 형태와 질에 영향을 미친다. 일반적으로 영유아 교사들은 각각의 놀이가 방해받지 않도록 교구장 등으로 놀이영역을 나누는데, 쌓기영역과 역할영역의 명확한 구분을 없앤 후 유아들의 놀이행동을 관찰한 결과 남아와 여아 혼성 형태의 집단놀이 빈도가 높아지는 것으로 나타났다(Kinsman, Berk, 1979). 또 놀이영역을 조용한 영역과 활동적인 영역으로 구분해 주었을 때 연합놀이가 증가하였으며(최영애, 1986), 놀이영역의 구분으로 놀이를 방해하는 행동이나 산만하게 뛰어다니는 행동이 감소하고 각 놀이영역에서의 놀이 지속 시간이 늘어나는 것으로 나타났다(이정미, 1986).

놀이공간의 밀도는 놀이 형태와 영유아의 상호작용에 영향을 미친다. 공간의 사회적 밀도가 높으면 영유아는 공통된 주제 놀이를 하는 경향이 높고 상상놀이 빈도와 사회놀이 빈도가 증가하는 것으로 나타났다(Peck & Goldman, 1978; 이선영, 1983; 김수진, 1995). 한편 지나치게 많은 영유아들이 좁은 공간에서 놀게 될 경우 갈등이 많아지고 공격성이 높아질 수 있다(Smith & Connolly, 1980).

현재 우리나라 유아교육기관 교실 면적은 유아 1인당 1.98m^2로 규정하고 있으나 미국의 경우 1인당 3.0m^2, 스웨덴의 경우 1인당 4.4m^2(김은설, 안재진, 최윤경, 2019)로 상당한 차이를 보이고 있는데 유아의 놀이를 촉진하고 지속하기 위한 적정한 공간 크기에 대한 고민이 필요한 시점이다.

출처: 안젤라유치원.

2) 놀이시간

영유아들이 놀이를 위해 놀잇감을 탐색하고 놀이 친구와 놀이 종류를 결정하며 놀이를 발전시키기 위해서는 충분한 시간이 필요하다. 이현순(1990)의 연구에 의하면 영유아들의 긴 놀이 지속시간은 높은 놀이 수준과 관련이 있다. 교사는 영유아가 방해받지 않고 놀이를 지속할 수 있도록 자유놀이 환경과 자유놀이 시간을 운영해야한다.

놀이시간은 영유아들이 예측 가능하도록 일정한 시간에 안정적으로 제공되어야 한다. 놀이시간이 빈번히 중단되거나 갑작스럽게 주어진다면 영유아는 놀이를 계획하기 어렵다. 현재 누리과정에서는 일과에서 바깥 놀이를 포함하여 유아의 놀이가 충분히 이루어지도록 편성할 것을 요구하고 있다(교육부, 2019). 현재 유아교육기관에 대한 평가지표는 1일 운영시간 4~5시간을 기준으로 1시간, 종일반의 경우 2시간을 최소 기준으로 요구하고 마찬가지로 실외놀이도 오전 오후 일과의 경우 각각 1시간씩 총 2시간 운영을 우수한 교육과정 운영으로 인정하고 있다(보건복지부, 한국보육진흥원, 2020). 특히 이러한 유아교육기관에서의 놀이시간은 연속적으로 제공되는 놀이시간에 대한 기준이며, 정리나 화장실 다녀오는 시간을 제외한 시간을 말하므로 영유아에게 놀이시간을 보장해 줄 것을 강조하는 것이라 할 수 있다.

3) 놀잇감

놀잇감은 영유아들의 놀이를 촉진하는 중요한 매개체다. 영유아는 자신을 둘러싼 다양한 사물을 탐색하며 놀이의 대상으로 삼는데, 반대로 다양한 사물이나 놀잇감이 영유아의 놀이를 자극하기도 한다. 놀잇감의 종류에 따라 조작놀이나 구성놀이, 역할놀이, 신체놀이 등이 진행되므로 교사는 놀이영역을 계획한 다음 놀이영역에 적합한 놀잇감을 비치하게 된다.

놀잇감의 구조성이란 놀잇감의 형태나 사용하는 방법에 있는 형식이라고 볼 수 있는데 구조성이 높은 놀잇감은 인지적 자극을 위한 수교구나 퍼즐, 보드게임 등을 들 수 있고 몬테소리프로그램의 교구가 대표적이다. 구조성이 낮은 놀잇감은 영유아가 자유롭게 구성하고 창조할 수 있는 여지가 높은 놀잇감으로, 나무나 플라스틱 블록으로 된 놀잇감, 미술영역의 재료들과 모래나 물 등의 자연물을 들 수 있다. 연구에 따르면 구조성이 낮은 놀잇감은 구성놀이나 상상놀이를 촉진한다(신동주, 1999; Dodge & Frost, 1986; Fontaine, 1996).

구조성이 높은 놀잇감을 수렴적 놀잇감, 구조성이 낮은 놀잇감을 확산적 놀잇감이라고 표현하기도 하는데 영유아가 수렴적 놀잇감을 가지고 놀 때는 병행-기능놀이, 집단-기능 놀이를 많이 수행하는 데 비해 확산적 놀잇감을 가지고 놀 때는 집단-구성 놀이, 병행-구성 놀이를 많이 하는 경향이 나타나는 등(김수진, 1995) 놀잇감은 인지적 놀이뿐만 아니라 혼자놀이나 집단놀이 같은 사회놀이 유형에도 영향을 미친다. 소근육을 주로 활용하는 놀잇감의 경우 영유아들의 놀이에서 혼자놀이, 병행놀이의 형태가 빈번하게 나타는데 반해 대근육을 주로 활용하는 놀잇감으로 놀 때는 연합놀이의 빈도가 높게 나타난다(Vandenberg, 1981). 영유아가 크기가 작은 놀잇감을 가지고 놀 때는 놀잇감 자체가 놀이의 초점이 되어 놀이 친구와의 상호작용이 감소하지만 큰 놀잇감은 상호작용을 촉진하는 것으로 보인다(Mueller & Brenner, 1977).

놀잇감의 수량이 부족하고 종류가 제한될 때는 놀이에서 유아들의 방관자적 행동이나 신체 운동 빈도가 더 높게 나타나는 등(김태연, 1984). 놀잇감의 수량 또한 유아들의 놀이행동에 영향을 미치는 것을 알 수 있다.

이와 같이 놀잇감은 영유아의 놀이에 다양한 영향을 미치므로 교사는 놀잇감의 선정과 놀이행동에 대한 세밀한 관심과 지도가 필요하다. 무엇보다 영유아를 위한 놀잇감은 영유아의 흥미를 끌면서도 안전하고 발달에 적합한 것이어야 한다.

영유아의 자유놀이를 기초로 한

놀 이 지 도

CHAPTER

07

놀이의 구조적 분류

1 비구조적 놀이

비구조화 놀이란 교사의 개입에 의해 놀이가 행해지기보다는 유아가 스스로 놀이의 주체가 되고 자발적인 요구에 의해 놀이가 자연스럽게 이루어지는 과정을 말한다. 비구조적 놀이에서 교사의 잠정적인 개입보다는 놀이가 확장되도록 준비된 장난감과 소품류, 예상되는 환경 등이 더욱 중요한 요소가 된다.

비구조화 놀이에서 교사는 유아의 놀이가 더욱 확장되고 심화되도록 비계 설정하는 것이 중요하며 다음 단계로 나아가도록 징검다리의 역할을 해 주어야 한다. 구조화의 정도에 따라 교육내용의 선정, 교육과정 내의 조직, 교육진도, 교육시간의 배정에 따라 교사와 유아의 통제력의 강도가 달라진다.

즉, 구조화의 정도가 강하면 교사와 유아의 의견이 반영되기 어렵고 구조화의 정도가 약하면 유아의 의견 반영이 더 쉽게 가능해진다는 뜻이다.

비구조화된 놀이를 소개하면 다음과 같다.

1) 물놀이

물놀이가 유아에게 주는 매력은 무형의 재료를 이용하여 자신만의 형태나 구성을 조직할 수 있고 물놀이를 통해 좌절감이나 완성도에 대한 강박관념을 해소할 수 있다는 것이다. 유아들이 싱크대나 욕탕에서 물놀이를 하고 있을 때 많은 학습과정이 생기는 것을 볼 수 있다.

유아들은 물놀이를 할 때 측정능력을 키울 수 있다. 넓은 볼이나 깔때기, 스포이트와 대롱그릇과 같은 갖가지 모양과 크기의 용기를 이용하여 붓기와 재기놀이를 한다. 큰 용기에서 작은 용기로의 이동을 통해 측량하고 용기의 모양과 크기에 따른 조절량도 가늠할 수 있다. 이러한 일련의 과정을 통해 유아는 측정의 개념과 더불어 액체보존에 관한 개념을 습득한다.

액체보존이란 크기, 모양, 용기에 관계없이 액체의 양은 추가되거나 감해지는 것이 없는 한 동일한 양의 액체가 남는다는 것을 말한다. 유아들은 물놀이를 통해 용기를 바꾸어 물을 부어 보는 과정에서 용기의 크기, 모양이 바뀌어도 액체의 양은 변화하지 않는다는 것을 알게 된다.

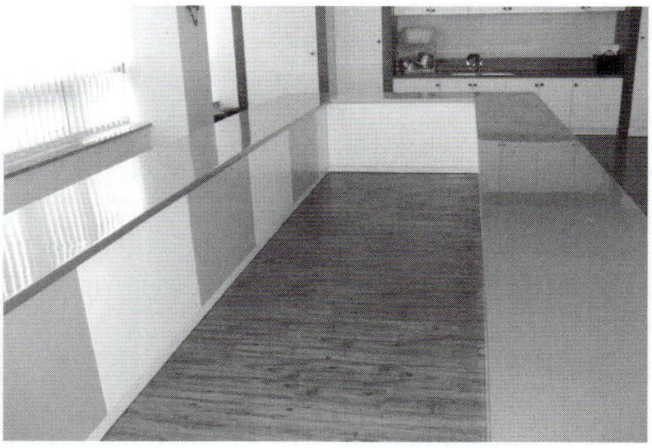

출처: 진명유치원(2018).

(1) 교육적 효과

- 대 · 소근육을 발달시키고 눈과 손의 협응력을 기른다.
- 감각을 활용하는 기술을 습득하고 감각능력을 기른다.

- 사회적 기술을 증진시키며 사회적 역할과 관계를 이해한다.
- 창의력과 탐구심을 촉진하고 증진시킨다.
- 문제해결능력을 기르고 긍정적인 마인드를 함양한다.
- 측정과 비교를 통한 기초적인 수학개념과 질량의 보존을 이해한다.

(2) 환경구성 및 자료

물놀이를 하기 위한 환경을 만들어 주기 위해 실내와 실외를 모두 선택할 수 있다. 수도시설이나 물이 가까이 있는 곳으로 영역을 선택하되 물 시설이 없을 경우 커다란 플라스틱 통과 양동이를 이용하여 물놀이 공간을 확보하기도 한다.

실내에서는 튜브나 넓고 큰 그릇을 이용하여 테이블이나 교실바닥에 배치하고, 물의 이용에 관한 규칙을 정하는 것이 중요하다. 또한, 물의 이동이나 배수를 고려하여 바퀴가 달린 플라스틱이나 가벼운 소재의 물놀이 대는 배수시설 장치가 부착되어 있어 유아가 물놀이를 할 때 수시로 물의 양이나 세척, 갈아 주는 것이 용이하도록 해야 한다. 물놀이의 영역 배치는 통로나 유아의 활동량과 동선을 고려하고 조용한 영역에서 떨어진 곳으로 배치하고 바닥에 물이 흐를 수 있으므로 미끄럽거나 젖어 스며들지 않는 바닥재가 필수다.

바깥 놀이영역에서는 물이 잘 빠지도록 배수시설이 잘 되어 있고 쉽게 마를 수 있는 곳이 좋으며, 잔디나 모래가 가까이에 있으면 더욱 확장된 물놀이를 할 수 있다. 특히, 물놀이 대에는 젖는 경우가 빈번하게 일어나므로 쉽게 입고 벗을 수 있는 작업복이나 마른 수건, 호스나 조리개 등 물놀이 도구가 비치되어 있어야 한다. 유아들은 이 영역에서 바다, 강, 시냇가를 구성하고 다리, 섬, 터널, 낚시터, 해저도시 등을 건설한다. 유아가 가진 경험의 정도에 따라 물놀이는 더욱 심화되어 경험의 재구성과 재창조를 통해 또 다른 놀이 세계를 형성한다.

다음으로 물놀이의 구성요소에 대하여 살펴보고자 한다.

- 물놀이 대나 물놀이 통은 가벼운 소재나 플라스틱을 이용한 다양한 크기의 통이 적당하다.
- 비닐 옷이나 물놀이가 용이한 옷으로 유아가 쉽게 입고 벗을 수 있어야 한다.

- 펌프가 달린 플라스틱 도구, 스포이트, 깔때기, 스프레이, 구멍 뚫린 통, 페인트 붓, 물레방아, 호스, 다양한 크기의 용기나 컵 등이 필요하다.
- 수도와 배수시설이 가까이에 있으면 좋다.
- 놀이 전·후 휴식할 수 있는 공간이나 닦을 수 있는 수건 거치대가 있어야 한다.
- 물놀이에서 만들어지는 작업물이나 유아의 창조품이 전시되도록 전시대가 있으면 좋다.

(3) 교수 및 지도방법

교사는 유아들이 즐겁고 흥미롭게 물놀이를 할 수 있도록 놀이소품이나 물놀이 도구를 미리 구비하여 주어야 한다. 교사의 환경구성에 따라 유아의 놀이세계는 다양하게 확장될 수 있음을 잊어서는 안 된다.

교사는 유아가 물놀이를 하는 동안 물놀이에 대한 주의사항과 도구에 대한 사용법을 시범보이거나 제시하며 놀이에 개입 여부에 따라 충분한 상호작용이 일어나도록 참여하는 것도 중요하다.

(4) 유의점

- 물놀이 대가 비치된 바닥이 미끄럽지 않도록 자주 확인하며 유아의 옷이 젖지 않도록 비닐 옷이나 작업복을 준비해 둔다.
- 물놀이 대의 물의 양을 적당하게 조절하고 수시로 교환한다.
- 물놀이 대에 이물질이 들어가지 않도록 뚜껑을 이용하여 관리한다.
- 물놀이 도구가 유아들의 분쟁의 소지가 되지 않도록 충분한 분량을 준비한다.
- 비눗물과 같은 물놀이 재료의 위험성을 확인한다.

(5) 교사의 역할

- 물놀이 대의 환경을 구성하는 교육목표를 세운다.
- 다양한 그릇과 물놀이기구를 구비한다.

• 만져 보기와 느껴 보기 등의 감각활동과 쏟기, 붓기, 측량하기 등 인지적인 활동이 일어나도록 한다.
• 놀이영역의 인원을 제한한다.
• 물놀이로만 끝내지 말고 과학놀이나 미술놀이로 연계가 되도록 다양한 자료와 활동을 제시한다.

2) 모래 및 흙 놀이

모래와 흙은 유동적인 놀이재료로 용도가 매우 다양하여 비구조적인 놀이다. 모래는 물과 같은 유동적인 재료로 물보다 통제가 가능하고 자연에서 쉽게 구할 수 있는 자료로 효율적이다. 또한, 흙이나 모래가 주는 안정감은 무정형의 성질로 유아가 마음대로 변형시키고 실험과 측정, 분류, 이동 등 다양하고 특별한 기술을 필요로 하지 않는다는 이유로 놀이치료의 재료로도 많이 활용되고 있다. 이러한 성질은 유아로 하여금 놀이의 실수에 대한 스트레스를 느끼지 않고 쉽게 접근할 수 있도록 하며 유아에게 정서적으로 만족감을 주는 놀잇감이다.

모래와 흙이 주는 장점은 정서적 안정감뿐만 아니라 재료의 특성이나 용도에 대하여 유아가 스스로 만져보고 느껴 보면서 감각능력과 촉감으로 인해 불안, 불만, 공격, 긴장감을 해소할 수 있다는 것이다. 또한 마음대로 놀이를 구성해 보는 가운데 성취감과 만족감을 느끼며 감정표현을 자유롭게 할 수 있다는 데 그 가치가 있다.

출처: 꿈나무유치원(2018).

(1) 교육적 효과

- 모래와 흙 놀이는 유아의 정서적 안정감에 도움이 된다.
- 모래와 흙 놀이는 수학적 개념 형성과 과학적 지식 습득에 도움을 준다.
- 모래와 흙 놀이는 유아의 언어 발달을 촉진시킨다.
- 모래와 흙 놀이는 자연물을 대상으로 놀기에 구조화된 상품성을 띤 놀잇감을 가지고 놀 때보다 더욱 개방적이고 자연스럽게 마음을 여는 기회를 제공한다.
- 모래와 흙 놀이는 유아의 다양한 상징놀이를 발달시킨다.

(2) 환경구성 및 자료

모래와 흙 놀이는 유아들이 장시간 놀이에 몰두하기 쉬운 재료이므로 그늘이 지고 통풍과 채광이 잘 되는 곳을 선택하는 것이 좋다. 유아의 놀이를 확장하기 위해 물이나 다른 자료를 유입하는 데 도움이 되도록 하수나 배수처리가 가능한 곳을 선택한다. 특히, 모래놀이나 흙 놀이는 유아가 직접 만지고 밟고 할 수 있으므로 안전의 문제가 고려되어야 한다. 유리 조각이나 날카로운 돌멩이, 파손된 자료 등을 미리 점검하여 제거하고 놀이도구는 도구함이나 선반을 이용하여 분류 보관하도록 해야 한다.

모래놀이와 흙 놀이영역을 위한 자료는 모래상자, 다양하고 깨끗한 모래, 다양한 흙의 종류, 모래놀이 도구나 흙 놀이의 자료 보관 상자나 함, 쉽게 입고 벗을 수 있는 놀이옷, 손을 닦을 수 있는 급수시설과 수건, 비누 등이 비치되어야 한다.

그 외에 확장이나 놀이의 촉진을 위하여 저울, 계량컵, 주걱, 다양한 양을 측정할 수 있는 숟가락, 깔때기 등의 측정도구, 돋보기, 물뿌리개, 모래 체, 모래 삽 등 탐색자료, 삽, 양동이, PVC호스, 다양한 PVC파이프, 대형비닐호스, 냄비, 컵, 여러 가지 모양 틀과 모양 컵, 다양한 크기의 모양 통, 장난감 트럭과 자동차 등 교통놀이 자료가 필요하며 생활주제와 프로젝트에 따른 소품과 생활용품이 활용될 수 있다.

(3) 교수 및 지도방법

모래와 흙 놀이는 교사가 주도하거나 지시하는 놀이보다는 유아의 관심과 흥미에 따라 자유롭게 이루어지도록 허용적인 분위기를 조성해 주는 것이 필요하다. 안전한 놀이를 할 수 있도록 사전지도가 필요하며, 유아가 스스로 놀이규칙을 정하게 함으로써 놀이의 주도성을 확보하도록 한다.

교사는 유아의 자유로운 놀이활동이 일어나도록 적절한 개입과 상호작용을 할 수 있어야 하며, 놀이에서 과학적 지식과 논리 수학적 태도를 기를 수 있도록 탐구활동을 위한 형식적인 놀이를 실시하는 기회도 제공할 수 있어야 한다.

(4) 유의점

모래 · 흙 놀이활동을 유아에게 제공하기 위해 교사가 알아두어야 할 사항을 소개하면 다음과 같다(지성애, 1985).

- 교사는 날씨와 시간에 따라 일어나는 여러 가지 가능성을 고려하여야 한다. 날씨가 따뜻하면 물을 첨가하여 놀이의 확장이 일어나도록 돕는다.
- 유아가 모래 형태를 주조할 수 있고 모래를 두드리기에 알맞을 만큼 습기가 있어야 함을 고려해야 한다.
- 더운 날씨일 경우 모래놀이영역에 그늘이 없다면 그늘막을 만들어 주어 유아가 시원하게 놀이를 할 수 있도록 준비하여야 한다.
- 날씨가 추울 경우 모래상자 주변 가장자리 나무 받침대에 앉아 놀게 함으로 놀이를 할 수 있도록 도와주어야 한다.
- 유아가 도착하기 전에 모래놀이에 필요한 장난감과 도구를 놀이영역에 비치하여야 하며 유아요구에 따라 도구를 공급하고 교환해 주는 것은 모래놀이에 흥미와 창조성을 유도할 수 있는 좋은 방법이 된다.
- 유아들에게 모래를 다른 유아에게 뿌리는 것이나 던지는 것은 위험하다는 것을 이해시켜야 한다. 또한 모래나 흙을 모래놀이영역 밖으로 가지고 나가서는 안 되며, 모래놀이 도구들은 모래 놀이활동에만 사용되어야 하며 친구들과 싸우는 무기가 되어서는 안 된다는 것을 지도해야 한다.
- 유아들이 서로 놀이를 하면서 그들이 무엇을 하고 있다는 것을 서로 이야기할 때마다 가능하면 상상력과 언어 발달을 촉진할 수 있는 방향으로 유도해야 한다. 수

용적인 교사는 유아와 함께 대화를 함으로써 어휘력을 확장시킬 수 있다. 방향과 위치에 대한 단어는 이야기를 이해하는 데 특히 중요하다(Beechick, 1979).

- 놀이 후에는 머리를 손질하고 옷과 신발 등에 붙은 모래를 털도록 한다.
- 넓은 운동장에서는 발달단계와 흥미에 맞춰서 모래상자를 두 곳으로 분리하여 한쪽에는 모래산 만들기 등의 활동을 하고, 한쪽에서는 쏟아붓고 틀로 만들기 활동을 하도록 지도하면 편리하다(Fowler, 1980).
- 모래상자나 흙을 사용하지 않을 때에는 덮어 두도록 하고, 너무 건조할 때에는 물을 뿜어 주어 먼지가 나는 것을 방지하고 때도 씻기게 한다. 일 년에 한두 번은 모래를 바꾸어 주어야 한다.
- 모래 대신에 옥수수 알갱이, 밀이나 여러 종류의 곡류, 작은 콩 등도 이용할 수 있다(Beechick, 1979).

(5) 교사의 역할

모래·흙 놀이활동에서의 교사의 역할은 유아들이 안전한 규칙을 지키면서 모래놀이를 통하여 상상력을 발달시키고 측정 등의 과학적 개념의 발달을 도울 수 있도록 적절한 모래놀이 도구를 제공해 주는 환경 조정자, 자료 제공자의 역할을 해야 한다(이숙재, 2004).

모래·흙 놀이영역에서 교사의 개입에 의해 질량보존개념과 상상력이 발달되었고 모래놀이 자료를 제공함으로써 사회, 인지적 측면에서 높은 수준의 놀이행동이 나타났다(김경연, 1999). 또한 물과 모래의 물리적 현상을 이용한 계획에 의한 교사의 개입이 과학의 과정과 개념변화를 습득시킬 수 있다고 한다(곽향림, 2004).

이와 같이 바람직한 개입을 하는 교사는 유아와 함께 활동하며 지적 갈등이나 호기심을 불러일으키는 환경 제공자, 반응적인 교사 등 언어적·비언어적 개입자로서의 역할을 의미한다.

3) 신체(몸짓)놀이

유아는 끊임없이 움직이며 활동한다. 유아의 생활 대부분은 놀이며 놀이의 대부분이 신체 활동과 관련된다. 몸짓놀이는 우리나라 고유의 전통몸짓을 이용한 신체놀이로 어린이의 인지, 정서, 사회, 언어, 신체발달을 촉진시키는 매우 중요한 역할을 한다.

출처: 상아유치원(2016).

몸짓놀이는 우리고유의 전통몸짓을 토대로 동양철학사상의 음양원리에 따라 자연의 모습을 모방한 동작이고 자연의 리듬에 인간의 리듬을 일치시키는 자연적인 움직임을 강조한다. 따라서 자연의 모습, 리듬을 모방한 전통몸짓을 몸짓놀이 프로그램으로 개발하였다(임재택, 하정연, 김정미, 김진경, 2004). 신체놀이는 크게 대 근육운동과 소 근육운동으로 나눌 수 있다. 유아들은 대근육이 소근육보다 먼저 발달하며, 놀이 전체에서 많은 부분이 대근육을 활용하는 놀이다.

이러한 신체활동을 놀이의 종류나 흥미를 잘 고려하여 적절하게 계획하여 지도하면 발달이 늦거나 아직 발달되어 있지 않은 신체기관을 사용하게 함으로써 발달을 촉진하고 도울 수 있다.

(1) 교육적 효과

① 신체발달을 돕는다

적절한 신체놀이는 신체 각 부분의 조화로운 발달을 조장할 뿐 아니라, 순환, 배설, 호흡 등의 기관 기능을 향상시키며 신체놀이를 통해 바른 자세를 형성할 수 있게 된다.

② 운동능력을 증진시킨다

유아는 뛰어다니거나 매달리기 등의 신체놀이를 통해서 신체의 균형, 협응력, 민첩성, 유연성과 같은 일반 운동 능력이 발달될 뿐 아니라 걷기, 뛰기, 점프하기, 구부리기, 밀고 당기기, 비틀기 등의 특수 운동능력도 개발될 수 있다.

③ 안전능력을 증진시킨다

유아가 일상생활에서 경험하는 사고나 재해에서 스스로를 지키기 위해서는 안전능력이 있어야 한다.

즉, 안전능력이란 위험을 조기에 발견하여 예방, 회피하거나 사고가 발생해도 재해를 피하거나 최소화할 수 있는 능력을 의미한다. 사다리를 오르내리고 자전거를 타고 달리며 흔들목마 등 여러 종류의 운동놀이를 통해 자기 자신을 위험에서 지킬 수 있는 능력이 자연스럽게 발달될 것이다.

④ 사회성발달을 돕는다

유아는 신체놀이를 하면서 여러 가지 풍부한 사회적 관계를 맺게 된다. 또래와 협동적인 관계와 경쟁적인 관계를 맺으며, 남의 의견을 존중하고 순서를 지키며, 서로 도와주는 경험을 하면서 사회성이 발달되는 것이다.

⑤ 지적 발달을 돕는다

유아기는 직접 행함으로써 학습하는 특징이 있다. 유아는 기어오름 대를 올라가면서도 높이와 거리, 방향에 대해서 학습하게 되고 터널 속을 기어 지나면서 공간 개념을 익히게 된다. 시소를 타면서 균형과 무게에 대해 배울 수 있는 등 신체놀이는 지적 발달과 불가분의 관계에 있다.

⑥ 정서발달을 돕는다

활발한 신체놀이는 유아의 건전한 자아개념형성에 큰 도움이 된다. 놀이를 통해서 땀을 뻘뻘 흘리며 신체놀이에 몰두하는 과정을 통해서 유아는 질투, 미움, 공격성, 불안 등과 같은 부정적인 감정을 발산할 수 있다. 어려운 과정을 극복했을 때에는 자신감과 성취감을 느끼게 되며, 재미있는 동작을 반복하면서 행복감을 느끼게 된다(이숙재, 2001).

(2) 환경구성 및 자료

신체놀이는 실내와 실외에서 이루어지게 되는데 종일반의 경우나 움직임의 요구가 강한 만 3세 이하 학급의 경우에는 실내에도 신체놀이영역을 배치해 주어야 한다.

실내에 신체놀이영역을 배치할 경우 다음과 같은 상황을 고려해야 한다.

- 신체놀이는 행동이 크고 활발하기 때문에 언어능력이나 조작놀이영역과 같이 조용한 영역에서 멀리 떨어진 곳에 설치한다.
- 낮은 오르기 기구, 미끄럼, 계단, 흔들 배, 평균대 터널, 밀고 당기는 놀이기구, 시소 등과 같은 고정시설을 배치한 영역과 달리기, 줄넘기 등의 놀이를 할 수 있는 개방영역으로 나누어 배치한다.

또한, 바깥 놀이에서의 신체놀이영역을 배치할 때는 다음과 같은 점에 유의해야 한다.

- 평균대, 그네, 오르기, 미끄럼틀 등을 할 수 있는 고정 놀이시설과 세발자전거, 스쿠터와 같은 바퀴 달린 장난감을 활용하는 놀이를 할 수 있는 개방영역으로 나누어 배치한다.
- 조용한 활동영역과는 조금 떨어져 위치하는 것이 좋으며, 사회적 역할놀이영역과는 인접하여 위치하는 것이 좋다.

신체놀이자료를 살펴보면 오르내리기 시설에는 미끄럼틀, 사다리, 전화선 감기, 정글짐, 밧줄 잡고 오르기 등이 있고, 기고 구르는 기구로는 뜀틀, 매트, 구름판, 플라스틱 관, 그물 등이 있으며 평균대, 시소, 징검다리, 그네, 타이어와 같은 균형 잡기 시설이 있다. 철봉, 회전 그네, 구름사다리 등은 근력 발달 기구에 속하며 자전거, 스쿠터, 유아용 자동차 등은 탈것으로 분류된다.

던지고 받는 자료로는 공, 원반, 팥 주머니, 풍선, 부메랑이 있으며, 치기, 차기의 자료로는 공차기, 샌드백, 오뚝이, 제기, 팽이가 있다. 그 밖에 기타 자료로는 줄넘기, 야구공, 아령, 곤봉과 같은 각종 운동놀이기구, 그리고 고무줄, 훌라후프, 풍선, 막대기, 발줄, 대형옷감(낙하산놀이) 등이 있다(나하나 외, 1998).

(3) 유의할 점

신체놀이를 지도할 때 교사가 유의해야 할 점은 다음과 같다.

- 흥미를 유발시키기 위하여 충분한 설비를 제공한다.
- 놀이시설을 친밀하게 이용할 수 있도록 동기를 유발시켜 준다.
- 어린이들이 놀이를 전개시킬 수 있는 충분한 시간을 준다.
- 놀이시설을 자주 점검하여 안전사고를 미리 예방한다.
- 놀이설비나 자료는 어린이들의 발달 수준에 맞아야 한다.
- 게임이나 규칙이 있는 신체놀이는 단순한 것에서 복잡한 형태의 놀이로 제시한다.
- 게임을 할 때는 지나친 경쟁의식을 갖지 않도록 지도한다.

(4) 교사의 역할

신체놀이 환경을 준비하는 데 있어서 교사의 역할을 살펴보면 아래와 같다.

- 안전한 놀이환경을 조성하기 위해 놀이기구와 시설물을 정기적으로 점검해야 한다.
- 생활주제, 계절과 관련된 놀이 자료를 준비한다.

4) 거칠게 뒹구는 놀이

거칠게 뒹구는 놀이(rough-and-tumble play)는 2명 이상의 유아들이 잡고 뒹굴며 몸을 부딪치고 거칠게 노는 놀이의 한 유형이다(Garvy, 1977). 학령전기에서 청년기까지 나타나며, 쫓아다니기, 뒹굴기, 발로 차기, 우스꽝스러운 전투, 거짓스러운 공격, 놀이 다툼, 힘겨루기 등을 말한다. 가상적 행동이나 환상적 행위들이 수반되곤 한다. 따라서 많은 연구에서 가상놀이로 정의되기도 한다(Pellegrini, 1987).

(1) 놀이의 특징과 개념

거칠게 뒹구는 놀이는 유아시기 동안 특히, 남아의 경우 중요한 발달적 기능을 한다는 것을 입증하고 있다. 남아들이 여아들에 비해 레슬링이나 함께 뒹구는 것과 같은 보다 가까운 신체적 접촉과 시끄러움이나 고함을 수반한 다소 과격한 활동을 한다. 남아들은 마당이나 지정된 놀이영역에서 큰 유동적 집단을 이루어 가장자리로 움직이는 경향이 있고, 여아들은 보다 제한된 영역에서 놀며, 교사나 놀이도구 가까이에 머무는 경향이 있다.

거칠게 뒹구는 놀이집단은 주로 동성으로 구성되며, 보다 어린 유아들은 다른 유아와 사납고 거친 놀이를 하기보다는 구경하는 데 많은 시간을 보낸다. 이미 진행되고 있는 학급에 새 유아가 적응하는 과정을 관찰한 결과, 거칠게 뒹구는 놀이는 다른 유형의 사회화 놀이보다 가장 나중에 나타났다. 이러한 사실은 거칠게 뒹구는 놀이가 고도로 사회적이며, 의도적인 공격적 행동과는 다른 것이라는 점을 뒷받침해 준다고 하겠다(Garvy, 1977; 지혜련 역, 1993).

휴스(Hughes, 1995)는 공격적 행동과 거칠게 뒹구는 놀이와의 차이점을 다음과 같이 제시하고 있다.

- 공격적인 행동은 공간이나 설비자원을 서로 사용하려는 유아들의 경쟁이 종종 원인이 되는 반면, 거칠게 뒹구는 놀이는 그런 경쟁은 없다.
- 공격적인 행동을 하는 동안에는 유아들은 심각하게 행동하는(서로 노려보기, 이맛살 찌푸리기, 울기) 반면, 거칠게 뛰고 구르는 놀이에는 미소와 웃음이 많이 있다.
- 진짜 싸우는 경우에는 두 명 이상의 유아가 포함되지 않는 반면, 거칠게 뛰고 구르는 놀이에서는 한 번에 많은 유아가 참여한다.
- 거칠게 뒹구는 놀이는 진짜 싸움처럼 한 사람을 밀어내어 분리시키는 것이 아니라

놀이자들을 끌어당기고 계속 관계를 유지한다.

• 거칠게 뛰고 구르는 놀이를 하고 있는 유아들은 힘을 있는 대로 다 사용하지는 않는다. 어떤 의미에서 말하면 거칠게 뛰고 구르는 놀이는 거짓공격이다.

출처: 상아유치원(2016).

(2) 교육적 효과

거칠게 뒹구는 놀이의 교육적 효과를 정리하면 다음과 같다(Johnson, et al., 1999).

• 유아들은 연습과 에너지 이완기회가 필요하므로 신체적으로 접촉하면서 놀이하는 것은 유아들에게 중요하다.

• 거칠게 뒹구는 놀이는 다른 유아들과 함께 행해지므로 사회적 의사소통의 한 형태가 된다.

• 거칠게 뒹구는 놀이는 감정조절의 학습도구가 될 수 있다. 유아들은 긍정적인 감정으로부터 부정적인 감정을 여과시키며, 집단에 적절히 참여하기 위해 충동 조절을 학습한다.

• 거칠게 뒹구는 놀이는 싸움놀이이지 실제 싸움은 아니다. 이 놀이의 한 가지 특별한 가치는 실제 싸움의 자극 역치를 넘지 않도록 신경을 쓰면서 놀이한다는 점이다.

• 거칠게 뒹구는 놀이가 실제 싸움이나 신체연습놀이와 구분된다면 더 긍정적으로

평가될 수 있으며, 통계적으로 의미 있는 부정적 행동을 이끄는 것으로 보이지는 않는다.

- 거칠게 뒹구는 놀이는 또래 간의 우정을 형성하고 유지시킴으로써 또래와의 연대감을 형성하도록 도와준다.
- 유아로 하여금 집단 내 위계적 질서 안에서 순위를 유지시키고 증진시켜 준다.

(3) 유의할 점

휴스(Hughes, 1994)는 거칠게 뒹구는 놀이기능에 대해 다음과 같은 문제를 제기함으로써 거칠게 뒹구는 놀이지도를 위한 기초 방안을 마련해 주고 있다.

- 유아들의 신체적인 훈련을 위한 기회를 제공해 주는가?
  거칠게 뛰고 구르는 놀이는 전체 신체놀이의 15%를 차지하기 때문에 운동기능을 길러 준다고 말하기는 어렵다.
- 성인이 되어서 이용할 수 있는 기술을 연습할 기회를 제공해 주는가?성인에게 필요한 기술연습이라기보다는 자기와 힘이 비슷한 또래들과의 놀이로 해석할 수 있다.
- 사회적 위계질서 속에서 자신의 위치를 결정할 수 있는 기회를 제공하는가?
  유아들의 사회적 위계는 거칠게 뛰고 구르는 놀이능력보다 다른 기준에 기초하고 있다. 지도자 유형의 유아들은 결코 어떤 종류의 뛰고 구르는 놀이에도 참여하지 않는다.

(4) 교사의 역할

휴스(Hughes, 1994)는 거칠게 뒹구는 놀이가 다른 유형의 놀이처럼 그 교육적 가치가 높다고 평가하기에는 여러 가지 제한점이 많음을 보여주고 있다. 그러나 교실 안에서 거칠게 뒹구는 놀이를 하지 못하도록 막는 것은 유아로 하여금 어른들에게 자신의 흥미를 감추어야 하며, 힘과 통제, 선과 악, 그리고 그 밖의 것들에 대해 관심을 갖는 것은 잘못이라는 메시지를 주는 것이다. 그 결과 교사들은 유아들로 하여금 힘을 적절히 사용하는 것과 폭력에 대하여 그리고 사회적 공동체에서의 개인적 욕구를 조절하는 것에 관한 유아들의 생각에 영향을 미칠 좋은 기회를 잃게 될 수 있다.

거칠게 뒹구는 놀이를 못 하게 할 때 우리는 친숙하고 겉으로 드러나는 실제 맥락 속에서 학습할 수 있는 강력하고 가치로운 기회를 무시해 버리게 된다. 따라서 모든 교육자들은 대상 유아와 그들의 욕구에 대한 많은 정보에 기초하여 이러한 놀이유형이 어느 정도의 수준에서 수용 가능한지 아닌지, 어떠한 지원을 할 것인지 결정하여야 할 것이다.

존슨(Johnson, 1990) 등은 거칠게 뒹구는 놀이가 몇몇 차원에서 가치가 있음에도 불구하고 다음과 같은 이유로 조심스럽게 접근하여야 할 놀이라는 점을 밝히고 있다.

- 거칠게 뒹구는 놀이가 실제 싸움으로 전환될 수 있는 분위기를 제공하지 않아야 한다. 사고는 쉽게 일어나며, 유아는 딱딱하고 날카로운 물건에 부딪혀서 상처를 입을 수도 있으며, 본인의 의도와는 관계없이 다른 유아에게 상처를 입힐 수도 있다. 따라서 거친 신체놀이의 강도가 증가하면 곧 심각한 싸움이 시작될 수 있기 때문에 교사의 세심한 관찰이 요구된다.
- 거칠게 뒹구는 놀이가 공격성에 좀 더 자연스럽고 보편적으로 만들 수 있다. 이는 교실에 모형권총이나 칼을 금하는 것과 같은 이유로 이러한 행동과 물건은 폭력에 둔감하게 될 수 있으므로 유아는 이러한 환경에 노출되어서는 안 된다. 뿐만 아니라 이것은 대중매체의 폭력적인 행동에 유아의 노출을 승인하지 않는 것과 같은 이유이다.

따라서 거칠게 뒹구는 놀이는 장려하되 놀이상황과 유아의 정서상태 등을 고려하는 것이 더 현명할 수 있음을 밝히고 있다.

2 반구조적 놀이

반구조적 놀이는 비구조 놀이와 구조적 놀이의 중간 정도의 놀이형태로 놀이의 주도성과 교사의 개입에 따라 분류가 된다. 비구조 놀이에서는 놀이의 주도권이 유아의 자발성에 의해 이루어지며 구조적 놀이는 교사의 주도권에 의해 이루어진다고 본다. 구조적 놀이는 놀이의 규칙이 분명하며 성인의 지원과 비계설정이 필요하다.

반구조적 놀이는 유아의 자발성에 의해 이루어지고 교사의 계획적인 놀이의 개입과 참여자와의 합의된 규칙이 필요한 놀이로 조작놀이, 블록놀이, 목공놀이, 사회극놀이 등이 이 놀이형태에 속한다.

1) 조작놀이

조작놀이(manipulative play)는 퍼즐이나 구슬 꿰기, 도미노 게임판과 게임카드 등과 같이 유아가 개별적으로 책상 위에서 손과 손가락의 소근육을 사용해서 가지고 놀 수 있는 교구 및 놀잇감과의 상호작용을 통한 활동을 의미한다.

즉, 유아가 눈과 손의 협응력을 발달시키고 소근육, 수 개념, 모양, 크기의 차이 등을 습득하고 장난감을 맞추고, 분리하고 재배열하는 등 여러 가지 방법으로 다루는 놀이를 말한다(이숙재, 1999).

출처: 꿈나무유치원(2018).

(1) 교육적 효과

조작놀이에서는 유아의 개별적인 탐색이 많이 일어나는 곳으로 다른 놀이에 비해 다소 정적이고 탐색적인 특징을 볼 수 있다. 유아의 흥미와 자발적인 활동이 일어나며 스스로 문제를 해결하는 과정에서 집중력과 지구력 및 자신감을 발달시킨다.

조작놀이의 교육적 효과는 다음과 같다.

- 소근육 및 눈과 손의 협응력 발달을 돕는다.
- 문자터득과 다양한 어휘습득을 할 수 있어 언어 발달과 기본적인 생활에 필요한 기술을 반복 연습할 수 있다.
- 다른 사람과의 상호작용 능력의 발달을 가져온다.
- 수 개념과 사물의 형태, 크기, 무게 질감에 대한 개념 발달 및 탐구력 발달로 논리적 수학적 사고를 계발한다.
- 자발적 활동을 통해 자신감, 유능감, 자율성을 획득할 수 있다.
- 문제 상황의 탐색과 해결을 통해 창의적 사고와 전략을 계발시킨다.

(2) 환경구성 및 자료

조작놀이영역은 건조하고 정적인 영역에 배치하여 유아들이 산만하지 않게 놀이에 집중할 수 있도록 해야 한다. 조작놀이자료는 쉽게 활용할 수 있도록 개방된 선반에 유아의 눈높이에 맞게 진열하며, 작은 조각들이 많으므로 바구니나 쟁반에 담아서 보관하는 것이 효율적이다.

유아들이 서로 방해받지 않을 정도의 공간이 필요하며, 카펫이나 개인 깔개 천에 앉아서 활동할 수도 있고 책상을 이용할 수도 있다. 놀이가 활발히 일어나도록 수학 영역이나 쌓기놀이영역과 통합하여 구성하기도 하는데, 조작놀이 자료에는 다음과 같은 자료들이 필요하다.

- 쌓기 및 포개기 자료(크기가 다른 상자, 용기, 깡통, 실패, 나무 원반 등)
- 퍼즐(나무, 우레탄, 플라스틱, 조이 등 상품화된 것 외에 달력, 책, 잡지, 포스터, 광고 화보 등의 그림 활용 가능)
- 끼우기와 실 꿰기 자료(구슬, 빨대 자른 것, 마카로니 물들인 것 등을 여러 가지 끈으로 끼워 팔찌와 목걸이 만들기, 실패, 조개껍데기, 단추, 구멍 낸 병뚜껑, 옷감 등에 끈 꿰기)

- 꽂기 판(peg board: 나무못 판), 지오보드(geo board: 기하학)
- 구성 자료(레고, 구슬, 단추, 작은 블록류)
- 과학 관련 자료(배터리, 전구, 전선, 자석, 금속, 고무, 스펀지 등)
- 수학 관련 자료(세기 막대, 저울, 자, 측정 컵 등)
- 몬테소리 교구(감각훈련 교구, 일상생활훈련 교구 등)
- 자연물(나뭇잎, 열매, 돌, 조개껍데기 등)
- 일상생활용품(자물쇠, 열쇠, 병과 병뚜껑, 지퍼, 단추와 단추 구멍, 스냅, 끈, 실, 수저, 삽, 부엌용품, 미용실용품, 슈퍼놀이용품 등)
- 바느질 자료(재단, 수예, 아플리케, 퀼트 등)
- 상품화된 게임 자료(카드, 공 넣기, 낚기 등)

(3) 유의할 점

조작놀이는 유아들의 자발적인 욕구 활동과 문제 상황과 극복하는 과정을 통한 문제 해결에 큰 가치가 있으므로 교사의 지시나 감독이 없더라도 스스로 활동이 가능하도록 준비해 준다.

- 유아의 연령과 발달 수준을 고려하여 조작놀이 자료의 크기와 수량을 다르게 준비하여 제공한다.
- 단순한 활동에서 복잡한 활동으로 확장되고 연결되도록 한다.
- 지시 카드를 통해 자료의 활동 방법을 안내해 주는 것이 좋다.

(4) 교사의 역할

조작놀이가 활발하게 일어나도록 교사는 유아의 흥미 정도, 발달 수준, 진행되고 있는 교실의 주제에 따라 시기적절한 자료를 제공해야 한다.

- 교사는 유아가 다양한 탐색을 할 수 있도록 편안하고 안락한 놀이공간을 조성해 준다.
- 다른 사람의 방해를 받지 않는 충분한 시간을 할애해 주어야 한다.

- 교사는 특정한 개념의 학습을 강조하기 위해 유아의 놀이행동을 언어로 표현해 주고 비계설정을 해준다.
- 유아가 조작놀이에 참여하지 않거나 참여해도 늘 같은 수준의 놀이를 한다면, 교사는 적극적으로 놀이에 개입해서 유아가 새롭고 좀 더 복잡한 놀이를 하도록 제안하거나 시범을 보여야 한다. 그러나 이와 같은 개입은 유아의 조작놀이를 격려하고 안내해 주는 정도에 그쳐야 한다.
- 조작놀이 자료는 내구성이 부족하여 잘 파손되거나 너무 조잡할 경우 유아들이 흥미를 잃고 오히려 욕구불만이 생길 수 있으므로 좋은 재질을 사용하여 견고하게 제작하도록 한다.
- 조각들을 잃어버릴 경우를 대비하여 주머니나 통 같은 것을 사용하여 놀이 후 유아 스스로 손쉽게 정리하도록 하고, 같은 자료끼리 묶어 두거나 색깔 등으로 표시해 둔다.
- 자료의 일부가 파손되거나 분실되었을 경우 여분의 자료로 채워 넣거나 빠른 시일 내에 대체하여 유아들이 실망과 불신감을 가지지 않게 유의한다.

2) 블록(쌓기) 놀이

블록은 적목, 쌓기 장난감 등의 용어와 혼용되어 함께 사용되고 있다. 적목이란 단단하고 직각으로 잘려 있으며 나무로 만들어져 쌓기놀이를 할 수 있는 장난감을 말한다. 즉, 나무로 만들어지고 쌓기기능 만을 가지고 있었던 초기의 블록을 말한다(이재선, 1990; Cartwright, 1974). 그러나 우리 유아들이 가지고 노는 현재의 블록은 나무 외에도 플라스틱, 우레탄, 스펀지, 종이 등의 다양한 재료로 만들어지고 있으며 쌓기 외에 끼우기, 맞추기 기능을 가진 경우도 있으므로 적목, 쌓기 장난감보다 더 큰 의미를 가진다.

블록이 이처럼 다양한 재료를 이용하여 생산되고 다기능의 놀이 형태를 제공하는 데에는 유아들이 손쉽게 구할 수 있는 놀이자료로 유아교육에 주어지는 최초의 놀잇감이라는 인식과 많은 형태의 보급에도 그 의의가 있다.존슨

존슨(Johnson, 1984)은 쌓기놀이의 발달 단계를 7단계로 나누었다.

- 1단계: 블록을 이리저리로 옮기는 단계로 2세 이하의 유아가 이에 속한다. 탐색단계로서 블록을 이리저리 나르거나 모아두고 옮기는 과정이 특징으로 보인다. 그러나 때때로 블록을 가지고 불규칙적이고 불안전한 형태로 쌓기를 하는 경우도 보인다.

- 2단계: 구조물을 만들기 시작하는 단계로 2~3세 유아가 이 단계에 속하는 탑 쌓기와 줄짓기를 하거나 두 형태가 혼합되기도 한다. 이와 같은 단순한 형태의 블록 구조물을 반복하여 만드는 가운데 블록의 특성을 이해하고 쌓기에 필요한 기술을 익히게 된다.

- 3단계: 다리를 만드는 단계로 쌓기 경험이 축적되면서 더 복잡한 구조물을 만든다. 3세 유아가 이에 속하며 다리 만들기와 같은 형태를 만들거나 여러 가지 방법으로 블록을 연결할 수 있다. 다리 만들기를 통해 균형, 공간, 눈과 손의 협응력이 발달되며 블록의 길이에 대한 인식이 싹튼다.

- 4단계: 3~4세 유아가 속하는 단계로 폐쇄공간을 만드는 단계다. 공간의 안과 밖, 넓이, 기하학적 모양을 발견하게 되어 몇 개의 블록으로 형태나 하나의 폐쇄된 공간을 만들 수 있다. 면적, 도형개념을 갖게 되며 블록을 극화놀이에 활동할 수 있다. 그러나 아직 자신이 만든 구조물이나 형태에 어떤 이름이나 명칭을 붙이지 못한다.

- 5단계: 장식적 패턴이 나타나는 시기로 4세 유아가 속하며 일정한 패턴을 구성할 수 있다. 몇 개의 블록을 연결시키거나 대칭, 균형, 패턴을 형성하며 폐쇄공간을 더 정교하고 장식적으로 구성할 수 있다. 블록의 용도를 유감없이 발휘하고 훌륭한 구조물을 만들어 낸다.

- 6단계: 4~6세 유아가 이에 속하는데 구조물에 이름을 붙이는 단계로 블록구성에 표상이 나타난다. 구성물을 명명할 수 있으며 실제 사물 구조를 재생하고 상징화한다. 구조물을 극화놀이에 이용하기도 한다. 하지만 구조물의 형태나 기능이 유아가 붙인 명칭과 연관성이 있지는 않다.

- 7단계: 블록에 의한 표상이 활발한 단계로 5세 이상이 이 단계에 속하며 실생활의 구조물을 그대로 또는 상징적으로 만들어 내는 특징을 나타낸다. 역할놀이의 보조

역할로 이용하고 생활의 구조물을 그대로 상징적으로 만들기 시작한다(홍미연, 2001). 이 단계의 영유아들이 만들어 낸 구조물에는 아직 반복적인 요소가 많으나 풍부한 디자인 요소와 상징적 요소가 개입되기도 하고 때로는 비율의 개념이 적용된 흔적이 보이기도 한다.

출처: 상아유치원(2016).

(1) 교육적 효과

① 언어 발달을 돕는다

블록을 수직이나 수평으로 쌓으면서 형태에 대한 변별과 인지를 하게 되어 읽기, 쓰기의 기초 능력이 형성된다. 유아들이 서로 협동하여 구성하거나 블록을 나누어 갖기도 하고 서로의 구성물에 대해서 이야기하는 상황에서 의사소통 능력이 길러진다. 또한, 블록의 모양에 대해 인식하고 이야기하게 되면서 삼각형, 원기둥 등과 같은 수학적 어휘나 도형 이름에 대해서도 알 수 있게 된다(윤영심, 1998).

② 인지발달을 도와준다

블록은 수학적 비율에 의해 만들어졌으므로 구조물의 균형, 안정성, 촉감, 물리적 지식을 형성하며 크기와 모양에 따라 조작해 봄으로 분류능력이 발달하고 무게, 차원 구별, 공간 지각, 방향개념, 대칭, 1:1 대응, 수 보존 개념, 길이, 면적, 부피의 보존 개념 형성, 상상력, 창의력이 향상된다(Moffitt, 1983; Reifel, 1984; Timber/ Haber-maass Corp., 1995).

이 중에서 공간 지각 개념의 발달은 이후에 지리, 도시 계획, 건축 설계에 대한 개념 학습에 도움이 된다. 미국의 한 유명한 건축가는 회고록에서 유년기에 프뢰벨(Froebel)의 은물을 가지고 놀면서 색, 형태, 패턴 등에 대한 개념이 길러졌다고 말하고 있다(Eugene, 1983).

블록놀이를 통해 수학적 개념이 발달하게 되는데 구조물의 길이를 재어보면서 측정 개념이 형성되고 같은 종류끼리 쌓거나 세우고 덜고 더해 가면서 분류, 유목화, 서열 개념, 덧셈, 뺄셈, 나눗셈의 개념이 발달해 간다(이재선, 1990; Lundberg, 1983). 또한 자신이 만든 구조물을 관찰하고 비교하고 인과관계를 예측하고 해석하는 과정을 통해 과학적 소양을 기를 수 있다.

③ 사회성발달을 돕는다

함께 만들기를 계획하고 다른 친구의 생각을 인정해주고 공유하고 협동하기 등의 사회적 기술을 습득할 수 있다. 즉, 상대방의 구조물을 무너뜨리지 않도록 조심하기, 필요한 블록을 빌리고 빌려주면서 상대방의 입장에서 생각하고 양보하기, 협동놀이를 할 때 차례를 기다리기, 책임감을 가지고 사용한 블록을 정리하기 등의 행동을 통해 사회성이 길러진다(Brody, 1981).

블록놀이 시 실제 생활이나 경험을 재생산하고 극화놀이를 해보게 됨으로써 자아 중심성을 탈피하게 된다(이숙재, 1990).

④ 정서발달을 돕는다

유아가 자유롭게 구성할 수 있는 장난감이기 때문에 유아는 긴장이 없는 상태에서 놀이하게 되고 쉽게 성취감을 맛볼 수 있게 되며 자신감과 긍정적 자아개념이 형성된다(Brody, 1974; Moffit, 1983). 이렇게 거리낌 없이 구조물을 만들고 블록을 쌓고 다시 무너뜨리는 과정에서 유아는 에너지를 발산하고 평소 억압되었던 좌절, 공포, 분노, 질투심 등의 감정을 해소하고 정서적 이완을 경험할 수 있다.

⑤ 신체발달을 돕는다

블록놀이는 많은 신체적 활동을 요구한다. 블록을 균형에 맞게 놓거나 모서리를 맞추는 등의 동작을 통해 눈과 손의 협응력, 양손협응력, 손과 손가락의 조작력, 시지각력, 대・소 근육발달이 이루어진다(박현주, 1999; Hirsh, 1974). 또한 위, 아래, 공중, 밑바닥, 꼭대기 등의 공간 지각력이 발달하고 여러 구조물을 통해 시각적 변별력도 향상된다. 놀이 외의 정리정돈 시에도 많은 신체적 움직임이 이루어져서 쌓기놀이의 과정이 신체발달과 연결되어 있다.

(2) 환경 구성 및 자료

블록놀이는 자유롭게 꾸미고 구성하는 조금 시끄럽고 소음이 나는 활동이다. 나무토막, 플라스틱, 우레탄 등 비교적 단단하여 깨지지 않는 재질로 만든 블록들을 가지고 구조물을 만들었다가 무너뜨리고 다시 쌓는 등의 과정을 경험하는 활동이므로 이 놀이영역은 바닥에 큰 카펫이나 깔개 천을 깔아서 소음을 방지하도록 한다.

유아가 구조물을 구성할 때 방해받지 않고 활동에 몰두할 수 있도록 영역의 둘레를 막아 주거나, 카펫 등으로 경계를 구분 지어 주고 다른 간섭이나 방해를 배제시킨다. 유아들의 통행이 적은 장소에 배치하며 역할놀이영역 가까이에 배치하여 쌓기 장난감을 활용하여 놀이를 더욱 확장할 수 있게 한다.

또한, 블록을 최대한 활용하여 공간지각능력, 구성능력들을 블록을 통해 확장해 볼 수 있도록 충분한 공간을 마련해야 한다. 블록놀이영역의 경우 남아들이 주로 놀이를 하는 경우가 많다. 이와 같은 것을 막기 위해 블록놀이영역과 극화놀이영역을 연결하는 방법이 권장된다(Dodge, 1979). 즉, 두 영역을 통합했을 경우 장난감의 기능과 유아들의 활동이 확장되는 것을 알 수 있다.

(3) 유의할 점

- 유아가 만든 구조물에 대해 관심을 가지고 격려해 주며 존중해 준다.
- 소음이 생기기 쉬우므로 놀이가 진행되는 장소에 부분 카펫을 깔아 소음을 방지해 준다.

- 다른 유아가 만든 구성물을 허락 없이 무너뜨리거나 방해하지 않게 한다.
- 블록은 필요한 만큼 마음대로 사용하되, 놀이가 끝난 후에는 다시 제자리에 가져다 놓도록 한다.

(4) 교사의 역할

- 손이 닿기 쉬운 낮고 개방된 선반을 비치해 준다.
- 블록의 수는 활동하는 유아의 수와 공간의 정도에 따라 충분하게 제공해 준다.
- 블록놀이를 할 수 있는 충분한 시간을 제공해 준다(45~60분).
- 자동차나 동물과 같은 보조 자료를 제공해 준다.
- 한 눈에 볼 수 있도록 블록을 둔 선반의 이름을 적어 두고 분류해 둔다. 이러한 표시는 유아들이 놀고 싶은 블록을 빨리 찾을 수 있고 분류 능력을 키울 수 있으며 정리 정돈도 잘 할 수 있게 해준다.

교사는 장난감 선택, 놀이지속 시간, 또래관계, 흥미를 보이는 장난감들이 어떤 것들이 있는지 유아들의 놀이를 관찰함으로써 유아들의 놀이를 확장시켜 줄 수 있는 방안에 대해 늘 고민하고 연구해야 한다. 유아의 흥미, 주제와 관련된 소품을 분류하여 정리할 수 있도록 해 주고 놀이를 통해 자신의 생각을 자유롭게 표현해 볼 수 있도록 한다. 블록놀이에서 교사의 기본적인 역할은 유아의 놀이를 지켜보는 것이다. 허쉬(Hirsch, 1974)는 교사의 존재 자체가 블록놀이 지도의 한 가지 요건이 된다고 했다.

3) 목공놀이

영유아들은 목공놀이를 하면서 망치, 볼트, 스페너 등의 도구를 사용하게 된다. 도구를 조작해 보면서 감각적인 즐거움과 대·소근육의 발달은 물론 눈과 손의 협응력을 키우고 증진시킨다. 또한, 두드리고 박아 보기를 통하여 부정적인 감정 해소 및 공격적인 충동을 발산시킬 수 있는 기회를 갖는다.

목공놀이의 발달단계를 살펴보면 다음과 같다.

- 1단계: 영아기에 나타나는 단계로 단순히 두드리고 박는 행위를 좋아한다.
- 2단계: 만 3~4세 유아에게 나타나는 단계로 특정한 것을 만들겠다는 구체적인 계획 없이 두 개 이상의 조각을 붙이고 못을 사용하여 연결한다.
- 3단계: 만 5세의 유아에게 나타나는 단계로 도구를 다루는 데 익숙해지면 자신이 만들고 싶은 구조물을 구상하고 계획하여 활동한다.

출처: 꿈나무유치원(2018).

(1) 교육적 효과

목공놀이(Hammering)는 스티로폼, 나무 등 여러 가지 재료와 각종 도구를 사용하여 노는 가운데 실제 세계를 재창조하는 활동으로 유아의 발달에 많은 도움을 준다. 무거운 망치나 못, 톱 등을 사용하므로 목공놀이가 유아에게 위험하다고 반대하는 의견이 있으나, 다음과 같은 목공놀이의 교육적 가치 때문에 유아교육 현장에서 많이 활용되고 있다.

- 감각적 즐거움, 대 · 소 근육운동 및 눈과 손의 협응력 발달을 돕는다.
- 재료와 도구, 작업 방법에 관한 어휘 확대 및 의사소통 능력 증진을 돕는다.
- 다른 사람과 협동하며 질서를 지키는 사회성발달을 돕는다.
- 수 세기, 1:1 대응, 비교, 분류, 서열화 개념, 물건의 부분과 전체, 거리와 방향 및 문제해결력과 입체구성능력, 사물의 인과관계 이해력 등의 발달을 돕는다.
- 성취감, 자신감, 창의성의 발달을 돕는다.

(2) 환경 구성 및 자료

목공놀이영역은 소음이 많으므로 다른 영역에 방해가 되지 않도록 별도의 장소나 공간을 확보하는 것이 좋다. 항상 설치해 두기보다 유아의 흥미, 발달 수준, 교육내용에 따라 상황적으로 설치 운영하도록 한다. 특히 위험한 연장이 사용되므로 안전을 위하여 유아들의 통행이 빈번하지 않고 교사가 쉽게 관찰할 수 있는 위치에 설치해야 한다. 활동하는 유아의 수는 4~5명으로 제한하도록 한다.

목공 놀이대는 유아의 키에 맞는 크기와 높이의 것으로(작업을 하면서 몸무게를 이용하여 누르는 경우도 있으므로 낮게 설치하는 것이 필요) 표면이 단단한 것을 준비해 주고, 작업대가 움직이지 않도록 고정시켜 놓는 것이 안전하다. 톱질이나 망치질을 처음 시도하는 유아에게는 안전을 위해 충분한 작은 작업 공간이 필요하다. 놀이에 사용하는 연장은 튼튼한 것으로 마련해 주며, 특히 자석을 준비해서 못이나 압정, 나사 등을 엎질렀을 때 집어 올리게 하는 것이 필요하다.

보관 시 편리하도록 각종 도구와 연장의 그림이나 이름을 서랍이나 도구정리장에 부착하여 정리정돈이 습관화되도록 해야 한다. 만약 안전과 감독에 문제가 있다고 생각될 경우에는 이동 분리대를 만들어 목공놀이시간 외에는 한쪽 벽면으로 고정시킬 수 있도록 한다. 만든 작품을 전시할 수 있는 전시대, 미완성 작품을 보관할 수 있는 보관대도 마련한다. 목공놀이에 필요한 재료와 도구는 탐색하기에서부터 시작하여, 단순한 활동에서 점차적으로 복잡한 활동으로 나가도록 한다.

자료를 살펴보면 다음과 같다.

① 나무

재질이 연한 나무(벗나무, 미루나무, 백송 참피나무 등)의 크기가 다양한 토막들을 준비한다. 흠이나 구멍이 없이 깨끗하고 잘 다듬어진 것으로, 목공소나 가구 재료상 등에서 쉽게 얻을 수 있다. 모든 나무는 결을 가지고 있는데 단단한 나무일수록 나뭇결은 조밀하게 되어 있다. 나뭇조각들은 크기별로 분리하여 상자에 모아두는 것이 좋다. 나무 대신에 초기에는 스티로폼 조각을 활용할 수도 있다. 나뭇조각, 나무뿌리도 좋은 재료다.

② 도구

유아에게는 실물의 도구를 주어야 한다. 크기는 성인용 중에서 작은 크기로 주면 되지만 도구의 성능은 좋아야 한다. 장난감 도구는 유아들에게 좌절감을 주므로 목공놀이에는 효과적이지 않다. 연장은 튼튼하고 안전하며 질이 좋고, 크기 및 두께가 유아들이 다루기 쉬운 것으로 준비한다.

망치(300g이나 500g), 톱(25~30cm 길이), 짧고 굵은 드라이버, C-cramp(고정을 위한 도구), 대패, 스패너, 펜치, 송곳, 드릴 등이 있다.

③ 부자재

- 못(박기 쉽도록 머리 부분이 큰 것, 길이와 두께의 크기가 다양한 것)을 각 종류별로 투명한 용기에 담아 두면 쉽게 찾을 수 있어 좋다. 유아들에게는 못의 머리가 평평한 것이 대체로 좋다. 머리가 없는 못은 유아들이 두드리는 데 어려움을 느끼기 때문이다. 못은 두 개의 판을 고정시킬 수 있는 적당한 길이가 가장 좋다. 너무 짧으면 판이 떨어지고 너무 길면 못이 튀어나와 다치게 되는 경우가 있기 때문이다.
- 나사
- 철사(다양한 길이와 두께)
- 볼트, 너트
- 경첩
- 압정
- 모래 종이(다양한 종류)
- 각종 접착제
- 칠할 재료: 물감을 가루에 섞은 것, 페인트(수성, 유성), 에나멜, 붓
- 기타: 자(30cm, ㄱ자, T자, 줄자), 연필, 셀로판테이프, 면장갑, 끈, 자석, 천 조각, 플라스틱, 필름, 캔 등 다양하고 생활 주변에서 사용되는 많은 자료를 제공하는 것이 좋다.

(3) 유의할 점

목공놀이는 유아의 안전에 유의해서 지도해야 한다. 그러므로 지도 시 유의할 점을

알아보고 교사가 미리 대처할 수 있는 소양과 안전교육에 대한 인식을 점검하고 사전 교육을 해야 한다.

- 목공놀이를 시작하기 전에 놀이도구의 올바른 사용법과 주의해야 할 점을 알려 준다. 일어날 가능성 있는 위험한 일에 대해 유아에게 잘 설명해 준다.
- 반드시 교사의 지도와 감독 아래에서만 목공놀이를 하도록 한다.
- 너무 많은 유아가 동시에 목공놀이를 하지 않도록 유아의 수를 제한한다.
- 유아들이 스스로 만들도록 유도한다.
- 처음부터 복잡한 목공놀이를 시키지 말고 간단한 것에서부터 시작한다.
- 무엇인가 기대하거나 꼭 만들도록 강요하지 말아야 한다.
- 목공놀이 도구는 목공놀이 할 때에만 사용하도록 한다.
- 도구를 사용한 후에는 반드시 안전한 장소에 보관한다.
- 유아에게 적당한 크기, 무게, 형태의 목공놀이 도구를 준비하고, 유아활동 범위가 작은 곳에 작업대를 설치한다.
- 목공놀이 도중 유아가 상처를 입었을 경우 즉시 응급조치를 취할 수 있게 교사는 준비를 해두어야 한다. 가시가 박혔을 때에는 핀셋이나 바늘로 가시를 뺀 후 비누로 깨끗이 씻어 주며, 긁히거나 작은 상처가 난 경우에는 소독을 한 후 1회용 반창고를 붙여 주고, 멍이 들었을 때는 얼음찜질로 통증을 덜어준다.

(4) 교사의 역할

목공놀이 지도 시 교사는 다음과 같은 사항을 고려해야 한다.

- 유아의 발달 수준, 시기 등을 고려하여 목공놀이영역을 마련한다.
- 목공놀이활동 전에 제재소, 목공소 등을 방문하는 사전활동을 계획한다.
- 올바른 도구를 사용하는 방법을 소개해 주고, 참여인원을 제한하며(4~5명) 유아들의 목공놀이를 지도 및 감독하여 안전지도를 철저히 한다.
- 목공놀이의 첫 단계는 협응력과 인내심을 기르는 것으로 충분하며 작업의 성공가능성이 높게 계획하는 것이 중요하다. 교사는 유아의 안전과 격려 차원에서 활동 초기에 유아의 도구 사용을 도와준다.

- 기본활동으로 모래종이(사포)로 나뭇결 다듬기, 접착하기, 못질하기, 구멍 뚫기, 나사 돌리기, 톱질하기, 볼트 · 너트 돌리기, 대패질하기 등이 있다.
- 유아에게 제공되는 연장 및 도구들은 최대한 안전한 것(초기에는 나뭇조각 대신 스티로폼 조각)으로 준비해야 한다. 다른 물건에 도구를 사용하지 않도록 하며 사용 후 반드시 있었던 자리에 보관하도록 한다.
- 유아들의 활동을 관찰하고 새로운 아이디어로 창의적 활동이 일어나도록 교사는 적절한 제안과 자극으로 격려해 주어야 한다.

4) 역할놀이

역할놀이는 영유아가 자기 주변에서 본 사건이나 경험한 것을 이용하여 사회적 지식과 함께 실제 놀이를 통해 표현해 보는 것을 의미한다. 역할놀이는 극놀이(dramatic play), 상상놀이(imaginative play), 상징놀이(symbolic play), 사회극놀이(sociodra-matic play) 등과 거의 유사한 용어로도 사용된다.

역할놀이는 연령별로 발달 수준의 차이를 보인다. 즉, 다른 유아들과 함께 상호 작용을 하는 수준, 놀이의 규칙과 방향성을 협의하고 타인의 관점을 수용하는 능력, 놀이를 주도하고 참여하는 기술의 측면에서 연령별로 차이가 있다. 이러한 역할놀이는 유아들의 정서발달, 인지발달, 사회성발달, 언어발달 등 여러 측면의 발달을 도모한다.

출처: 꿈나무유치원(2018).

역할놀이의 발달단계를 살펴보면 다음과 같다.

- 1단계: 2세 정도의 영아들은 가정에서 일어나는 일상생활의 단면을 모방하여 놀이를 한다(예: 전화놀이, 우유 먹이기, 인형 머리 빗기기 등).
- 2단계: 3세 유아들은 가정생활과 관련된 엄마아빠놀이를 즐겨 하며, 2세 때보다 계획적이고 사전에 역할을 분담해서 놀며 놀이내용의 연결성도 보인다(예: 생일잔치, 피크닉, 회사놀이 등).
- 3단계: 4~5세의 유아들의 관심은 가정 밖으로 확대되면서 역할놀이의 내용도 다양하고 실제적이다. 영아기에 즐겼던 가정 중심 주제에서 벗어나 매스미디어와 책을 통해 영웅적 인물이나 사건을 놀이에 재현한다(예: 우체국놀이, 소방서놀이, 가게놀이, 세탁소, 뽀로로 놀이 등).

유아들은 이 시기 동안 역할놀이를 즐긴다. 자기 주변 가족들의 역할에서부터 지역사회에서 경험하는 많은 사건들을 다양하게 역할놀이해 보는 것을 즐기며 나아가 가상적인 세계에 대한 상상놀이를 즐긴다. 이러한 놀이는 다양한 측면의 발달을 촉진시키므로 교육적 가치가 높다.

(1) 교육적 효과

유아들은 역할놀이를 통해 다른 사람에 대한 관점을 이해하고 적절한 역할, 행동, 태도에 대한 사회적 지식을 발달시켜 나간다. 여러 사람들과 대화해 나가는 동안 언어의 형태를 탐색하게 되며 자신이 맡은 인물의 감정을 표현하기 위해 몸동작과 말(언어)을 사용하고 언어적 상호작용 능력을 발달시킨다.

의사결정을 할 수 있도록 자신의 과거·현재의 경험을 창의적으로 활용한다. 여러 가지 상황에서 만나는 문제를 해결할 기회를 갖고 다양한 역할을 표출하게 된다. 사람들과의 관계와 사회 속에 실제로 존재하는 작은 상황을 설정하여 역할을 해나가는 동안 사회를 살아가기 위해 필요한 기다림, 돕기, 함께 나누기 등과 같은 여러 가지 사회적 기술을 발달시킨다.

즉, 영유아들은 역할놀이 과정 중에서 일어나는 의미 있는 대화, 사물에 대한 표상 경험을 또래와 함께 공유하면서 사회, 인지, 정서, 언어 발달을 이루게 된다.

- 영유아의 인지적 발달을 촉진시킨다.
- 영유아의 사회성발달과 연관이 깊다.
- 언어함양과 정서발달을 확장시킨다.

(2) 환경구성 및 자료

교사가 놀이영역을 구성하더라도 유아들은 다양한 방식으로 자료를 사용할 수 있다. 놀이의 주제를 주고 한계를 설정해 줌으로써 유아들에게 의미 있는 방식의 새로운 지식을 스스로 키워 나가도록 도울 수 있을 것이다.

역할놀이를 위한 환경구성 시 다음 요소를 고려할 수 있다.

- 다양한 직업에 따른 의상과 상상력을 자극하는 의상과 소품 제공
- 역할놀이를 위한 주제, 새로운 사건들
- 대형 거울
- 여러 가지 동물의 가면, 꼬리, 뿔, 털
- 각종 인형

(3) 구성 요소

스밀란스키(Smilansky, 1968)는 놀이훈련연구에서 역할극(사회극) 놀이목록은 성숙한 수준의 집단 극놀이 수행능력으로 특징지어지는 다섯 가지 요소로 구성된다고 한다. 유아들의 역할극놀이에 이러한 요소가 나타나는지 나타나지 않는지를 관찰함으로써 유아들의 놀이 수준을 파악할 수 있다.

다섯 가지 구성요소를 구체적으로 정의하면 다음과 같다.

① 역할 수행(Role playing)

유아가 역할을 맡으면 역할에 맞는 언어와 적합한 행동을 할 수 있도록 역할에 대해 전달을 한다.

② **가상 전환**(Make-believe transformation)

물체 사용이나 언어적으로 창의적 가작화를 하는 등 상징을 사용한다.

③ **사회적 상호작용**(Social interaction)

최소한 2명 이상의 유아들이 놀이 에피소드와 관련하여 직접적으로 상호 작용하도록 한다.

④ **언어적 의사소통**(Verbal communication)

놀이 에피소드를 하는 동안 유아들 간에 초 의사소통과 역할에 맞는 대화하기의 두 가지 언어적 상호작용이 일어난다.

의사소통이란 사물에 가상적 성질을 부여하고 역할을 지시하고 이야기의 흐름을 계획하고 부적절한 역할 행동을 지적하는 것을 말한다. 역할에 맞는 대화하기란 유아들이 놀이 속의 인물이 되어 자신의 역할에 맞는 적절한 대화를 하는 것을 말한다.

⑤ **지속성**(Persistence)

유아가 놀이에 계속해서 참여할 수 있어야 한다.

(4) 교사의 역할

교사는 교육과정의 활동주제와 연결하거나 확장놀이를 할 수 있는 아이디어를 제공하기 위해 역할과 관점을 제시한다. 교사의 생각을 열기 위한 도움이 될 만한 몇 가지 아이디어를 제시하지만 적용의 가능성은 무한하다. 교사는 각 활동별로 유아들이 놀이하기 전에 미리 환경을 구성하여 유아들과 함께 놀이방법에 대해 토의하여 놀이 과정에서 정해진 사항을 토대로 놀이를 이끌어 갈 수 있도록 지원한다.

또한, 놀이 후에 환경과 놀이방법을 다시 토의하고 재구성할 수 있다. 중요한 것은 놀이에 필요한 모든 아이디어는 유아들의 흥미, 욕구, 경험에 기초하여 선택될 수 있어야 한다.

3 구조적 놀이

반구조적 놀이에 비해 구조적 놀이는 규칙적인 논리가 형성되는 유아기에 볼 수 있는 놀이형태로 집단이나 그룹을 토대로 이루어지며 달성해야 할 목표를 향하는 과정에서 즐거움을 느끼며 일정한 규칙에 따라 참여자들이 서로 상반되거나 상호의존, 협력적인 역할을 수행하고 자신들이 지닌 능력을 최대한 발휘하여 게임에 이기려고 노력하고 일정한 기준에 따라 승패를 결정하는 활동이라고 할 수 있다(이정환, 1993).

이 장은 규칙을 가지고 있는 게임이나 발달단계에 따른 놀이의 중요성과 관점을 이해하는 데 도움을 주도록 구성되어 있다.

1) 규칙이 있는 게임

게임은 참여자들과 함께 즐기는 놀이이므로 자기중심적 사고단계에 머물러 있는 유아에게는 그 교육적 의의가 크다. 더욱 집단게임은 활동목표, 상대방이나 활동참여자 인식, 놀이규칙, 놀이조직성, 상대방에 대한 경쟁성, 승패인식과 같은 구조적 특성을 가지고 있다.

피아제(Piaget, 1962)는 유아들의 사고가 논리적으로 발달함에 따라 삶을 규칙에 의해 지배되는 논리적이고 질서정연한 것으로 보게 된다고 하였다. 즉, 규칙 있는 게임을 문명화된 인간의 주요 놀이활동으로, 사고의 질서정연함이 깃들어 있는 것이라고 보았다. 전 조작단계의 유아에게 논리적 사고를 직접 가르칠 수 없기 때문에 게임이라는 상황 속에서 흥미를 지속하고 동기화될 수 있으며 지적 추론을 연습할 수 있는 상황을 제공해 주는 것이다.

규칙에 따르며 서로의 생각을 교환하면서 탈중심화하고 남의 의견에 조율되고 협의하는 것이다. 이와 같이 타인의 의견에 협응되는 것은 놀이적 사고발달에 공헌하는 인지적 과정이다. 유아는 타인의 의도와 조망을 파악하는 데 더욱 능숙해질 수 있고 자기중심성에서 점차 벗어날 수 있다(Piaget, 1970).

비고츠키(Vygotsky, 1976)에 의하면 유아의 규칙 있는 게임에는 성인의 지원과 비계설정이 필요하다고 한다. 6~7세경의 어린 유아들도 게임 활동에 참여한다고 알려져 있으나 시작단계에서 요구하는 최소의 규칙, 기술, 전략을 사용하며 단순한 규칙을 수행하게 된다. 사고발달로 구체적 조작 사고단계의 유아들에게는 인지적 · 사회적 요구를 수반하는 복잡한 전략 계획, 협동 등이 중요한 놀이 요소로 간주된다(신은수, 2001).

규칙 있는 게임은 구슬이나 공놀이, 술래잡기, 숨바꼭질, 돌차기놀이, 까막 잡기, 공기놀이와 같이 감각운동적인 것이 대부분이나 체커나 카드, 판 게임 같은 것들도 이에 속한다. 규칙 있는 게임의 특징은 반드시 2명 이상의 놀이 참여자 사이에 경쟁을 포함하고 사전에 모든 참여자들이 찬성한 규칙에 의해 이루어진다는 것이다.

출처: 상아유치원(2016).

피아제(Piaget, 1932)는 그룹게임의 발달단계를 4단계 수준으로 분류하였다.

- 1단계: 운동적이며 개인적인 놀이단계(0~2세)
  유아가 혼자 노는 단계로 게임이라고 부를 수 없는 놀이형태다.
- 2단계: 자기중심적인 놀이단계(2~5세)
  나이가 더 많은 유아를 모방하지만 대개 혼자놀이를 하며 다른 유아와 놀아도 이기려 하지 않는 놀이형태를 말한다.
- 3단계: 초기 협력적 놀이단계(7~8세)
  유아는 놀이에서 이기려고 하며 이기기 위해 규칙을 지키는 데 협력하는 놀이형태다.

- 4단계: 규칙을 만들어서 노는 놀이단계(11~12세)
  유아들은 규칙을 통일하려는 시도에 협력하며 모든 가능한 상황을 예견하며 적용하고 복잡한 규칙을 만들기도 한다는 놀이형태다.

(1) 교육적 효과

자기중심적 사고단계에 머물러 있는 유아에게는 게임은 사회 도덕적, 정치적, 인지적 및 정서적 발달에 도움을 준다. 또한 유아들도 게임을 하기 전에 게임 방법이나 규칙을 집단토의를 통하여 정하는 과정을 가진다.

정진 외(2004)는 게임의 교육적 가치를 다음과 같이 제시하고 있다.

- 유아들 스스로 만든 규칙을 지키며, 문제가 발생했을 때 문제해결방법을 스스로 찾아보는 가운데 지적 자율성을 기르게 된다.
- 집단게임 시 상대방과의 타협이 필요하며, 성공적인 게임결과를 얻기 위해서는 상대방의 전략을 이해해야 하므로 자기중심적인 사고에서부터 탈중심화 사고를 할 수 있게 된다.
- 유아들은 규칙을 만들고 그 규칙에 따라 행동하고 질서를 지키고 옳고 그름을 판단하는 기회를 경험함으로써 사회·도덕적 발달이 이루어지며, 이는 민주시민으로서의 기초가 된다.
- 게임을 통해 각종 기본 개념에 관한 것(수, 공간, 위치, 속도, 거리, 색깔, 모양 등)을 이해하고 문제해결 기회를 가짐으로써 인지발달을 도모할 수 있다.

이상에서 제시한 게임의 교육적 의의는 주로 유아들에게 요구되는 긍정적인 측면과 관련된 것이므로 그 가치가 크다고 하겠다. 그러나 유아들은 게임을 통해 긍정적 덕목뿐만 아니라 부정적인 점들도 내면화한다. 그러므로 교사는 게임을 통해 유아가 습득하는 덕목을 교육적으로 활용하여 지도해야 할 것이다.

(2) 유의점 및 교사의 역할

교사는 게임에서 형성되고 습득되는 여러 가지 덕목을 유아의 연령이나 발달단계에 적절하게 적용하여 유아가 자신의 생활을 조절하고 책임을 가질 수 있도록 도와야 한다. 게임을 통해 가장 바람직하게 습득될 수 있는 긍정적인 덕목은 사회화이다.

유아들은 놀이를 협의하여 결정하는 과정을 통해 창의적 생각하기, 상황에 알맞은 규칙 정하기, 민주적 의사결정하기 등을 습득한다. 게임 실시과정에서 적극적으로 게임에 참여하기, 공동의 목표를 위해 최선을 다하기, 정해진 게임 방법과 규칙 준수하기, 반칙 시 다시 하기, 같은 편에 협력하기, 맡은 역할 완수하기 등을 습득한다. 마지막으로 게임이 끝난 후에는 이긴 편 축하해 주기, 진 편 위로해 주기, 놀이활동에 대해 점검하기, 반성하기 등을 습득할 기회를 가질 수 있다.

반면, 이러한 긍정적인 덕목과 함께 교사가 의도한 것은 아니었으나 바람직하지 않은 점들도 습득하는 경향이 있다. 유아들은 주된 게임 유형인 편을 나눠 실시하는 릴레이식 게임에서 상대편 유아 특히, 남아와 여아들 간에 반감과 적대감을 나타낸다. 그 외에도 승부에 집착하여 반칙하기, 게임 수행능력이 낮은 유아에게 면박주기와 편에서 제외시키기, 판정결과에 문제제기하기, 자신의 잘못 인정하지 않기 등 자기중심적 태도를 더욱 강하게 나타낼 수 있다. 따라서 유아기에 경쟁적 요소가 포함된 게임을 실시할 경우 교사는 협동적 게임의 활용과 승패기준에 있어서 다양한 방법을 제시하거나 적절하고 타당한 판정 방법을 활용하는 것이 좋다.

(3) 게임의 종류

유아들이 타인을 이해하고 탈 중심화가 일어나는 구체적 조작 사고단계에 접어들면서 놀이의 형태는 단순한 규칙을 이용하는 게임에서 벗어나 목표나 승부에 관심이 생기며 구체적인 조직성이 필요한 다양한 규칙과 아이디어가 활용된다. 표상하는 능력 등도 다양하게 발달한다.

피아제는 게임의 종류를 다음과 같이 분류하였다(Kamii & DeVries, 1987).

표 7-1 게임의 종류

유형분류	종류	가치
목표물 맞히기	구슬치기, 고리 던지기, 콩주머니 던지기, 피구, 눈싸움, 과녁 맞히기	공간개념, 원인과 결과와의 관계, 지각과 운동능력과의 협응력, 수직에 대한 표상능력, 계산능력
경주 게임	숟가락이나 국자로 나르기, 불어서 나르기, 다리 묶고 달리기, 의자 뺏기, 손수레 경기, 콩 자루 나르기	서열, 분류, 공간개념, 다른 사람 생각 알기, 언어발달, 협동하기, 1:1대응하기
알아맞히기 게임	비밀주머니 물건 찾기, 숫자 알아맞히기, 듣고 알아맞히기, 부분 보고 알아맞히기	분류, 공간개념, 다른 사람 생각 알기, 사물에 명칭 붙이고 추론하는 능력
쫓기 게임	손수건 달리기, 여우야 여우야 뭐하니, 고양이와 쥐, 꼬리치기, 앉은뱅이 치기	분류, 서열, 공간개념, 다른 사람 생각 알기, 언어 발달
숨기기 게임	숨바꼭질, 깡통 찾기, 보물찾기	다른 사람의 생각 알기, 공간, 속도, 거리 개념
지시 게임	코코코, 가라사대, 다리 세기, 줄넘기	지시에 따라 행동하기, 다른 사람의 생각 알기, 어휘력
카드 게임	합해서 숫자 만들기, 징검다리 건너기, 도둑 잡기, 낚시게임, 도미노게임	수·공간개념, 도형에 대한 인식, 지각 운동적 협응 능력, 분류, 비교, 추론, 다른 사람과의 상관관계
판 게임	윷놀이, 줄다리기, 집 찾아가기, 트랙 경기	예측, 논리 수학과 판단, 수개념, 공간 개념

이렇듯 게임의 유형은 사고의 발달 수준에 따라 수학적이고 논리적인 것, 타인의 조망수용이 필요한 것, 상관관계나 공간개념이 용이한 것, 추론하고 표상하는 능력 등 다양하게 발달하는 것을 알 수 있다.

영유아의 자유놀이를 기초로 한

놀 이 지 도

CHAPTER

08

다양한 놀이의 유형

영유아 놀이의 유형은 놀이 공간이 실내인지 실외인지에 따라서 또는 놀이 방법이 있는지 없는지, 어디서 유래되었는지, 무엇을 소재로 하는지에 따라 다양하다. 영유아가 놀이에서 삶을 배우고 자연스럽게 지식을 쌓아간다고 할 때 영유아들이 다양한 놀이 경험을 하는 것은 매우 중요하다.

본 장에서는 바깥 놀이, 전래놀이, 생태놀이, 다문화놀이 등 다양한 영유아들의 놀이 유형에 대해 알아보고자 한다.

1 바깥 놀이

영유아들의 바깥 놀이는 놀이하는 장소에 따라 그 놀이활동의 폭이나 놀이내용의 질이 매우 다르게 나타난다. 유아의 바깥 놀이에서 공간의 의미는 놀이의 장으로서의 가치뿐만 아니라 놀이의 유형과 또래집단 간의 놀이패턴, 놀이와 문화의 융합 등 다양한 의미를 가진다.

그러므로 필자는 바깥 놀이의 공간에 대해 어린 시절의 놀이공간을 상기하여 우리나라의 문화·사회적인 배경에 의해 네 가지로 구분하고 명명하여 분류해 보고자 한다.

1) 골목놀이

현대의 유아들은 시간과 공간의 제약으로 유아다움과 진정한 놀이를 많이 잃어버리고 있다. 유아들이 충분한 공간에서 느끼고 만날 수 있는 자연적인 환경은 인성과 감성을 여유롭고 자유롭게 형성하는 데 도움을 준다. 특히, 바깥 놀이는 신체를 이용하여 놀이에 참여하므로 놀이자의 수나 놀이방법, 절차, 놀이하는 계절에 따라 매우 다양하다.

골목은 큰길에서 들어가 동네 안을 이리저리 통하는 좁은 길이라는 사전적 정의가 있듯이 유아들에게 골목 안에서의 놀이는 아늑하고 작은 공간에서 행해지는 것이다. 그러므로 골목놀이는 공제적 문화(共祭的 文化)로서 또래끼리 자연적으로 발생된 골목유치원에서 배운 또래문화이다(유안진, 1997).

골목놀이의 종류에는 공기놀이, 까치야 까치야, 두껍아 놀아라, 깨금발 싸움, 동전치기, 사방치기, 망차기, 땟공치기, 비석치기, 산가지놀이, 소꿉놀이, 칠교놀이, 팔씨름, 풀각시놀이 등이 있다(이은화, 2000).

출처: 상아유치원(2016).

2) 뜰 놀이

유아에게 놀이공간은 자신의 주변을 넘어 또래나 놀이참여자의 상호작용으로 많은 즐거움과 행복감을 준다. 자신의 움직임이 좀 더 활발해지면 넓어지는 세상으로 이동은 당연한 일이기 때문이다. 골목이나 좁은 공간에서 놀던 유아가 조금 더 넓은 집안의 앞과 뒤, 좌우에 가까이 딸려 있는 뜰로 놀이의 확장을 보인다.

출처: 상아유치원(2016).

뜰은 사전적 정의로 집안의 앞뒤에 위치한 빈터로 화초나 나무를 가꾸기도 하고 푸성귀를 심어 생활과 자연현상의 이해에 직접적인 도움을 주는 가까운 텃밭의 역할을 한다. 뜰 놀이의 주요 환경구성은 자연 친화적인 공간으로 유아는 자연과 더불어 뜯고 모으고 긁는 방법을 놀이에 활용하기도 한다.

뜰 놀이의 종류는 소꿉놀이, 역할놀이, 집짓기 놀이, 성 만들기 놀이 등과 같은 유아 생활놀이와 고리잡기, 고을 모둠, 고누, 무더기 공기놀이, 과녁 맞히기, 망 차기, 두꺼비집 짓기, 봉사놀이, 원 놀이, 윷놀이, 팽이치기, 제기차기, 투호놀이 등이 있다(이은화, 2000).

3) 마당놀이

우리나라에서 마당의 의미는 민족적으로 매우 흥미롭고 특색이 있다. 마당을 가지고 있는 가옥의 구조가 다양하고 지역적으로 마당에서 할 수 있는 놀이의 형태도 다양하다. 한편 '마당놀이'라 하여 각 지방마다 축제적인 놀이가 있고 전통과 지역의 화합정신으로 연계되면서, 놀이에 필요한 도구를 만들고 마련하는 과정에서 갖가지의 기능을 연마하고 마을 사람들의 함께 협동하고 이끄는 애향적인 이미지가 흥미롭다.

마당의 사전적 의미는 집의 앞이나 뒤에 평평하게 닦아 놓은 땅으로 뜰보다 넓고 대문의 밖에 위치한 곳이다. 도구 없는 놀이에서 도구 있는 놀이로, 신체만을 이용한 놀이에서 돌, 열매, 흙 등을 사용하는 놀이로 공간이 넓어지고, 전통생활문화의 접목이 놀이에 응용되면서 마당놀이는 집단적인 성격을 갖게 되고 규모나 놀이의 형태가 커진다. 더욱이 놀이의 공간에서 주는 자유로움과 해방감은 남아적인 놀이의 성향을 높이는 효과가 있다.

마당놀이의 종류로는 가마싸움, 닭다리 싸움, 돌차기, 자치기, 씨름, 투호 던지기, 탈놀이, 대문놀이, 널뛰기, 덕석놀이, 줄넘기, 잰부닥불 놀이, 말뚝받기, 진지 놀이, 꼬리잡기, 기와놀이, 격구, 돌아잡기, 땅재먹기, 승경도 놀이, 줄다리기, 달맞이 등이 있다 (이은화, 2000).

출처: 상아유치원(2016).

4) 동네놀이

유아가 자신의 주변을 탐색하고 신체를 이용하며 또래들과 어울려 놀이규칙을 만들고 자신의 생각과 행동을 조절하고 따르는 과정을 통해 상호 의존과 존중의 가치를 깨닫듯이 놀이의 유형도 공간의 크기와 놀이 참여자, 계절 등에 따라 많은 변화가 있다.

동네놀이는 유아들이 주변에서 만날 수 있는 가장 큰 공간으로 집과 집이 모여 있는 부락의 개념이며 집의 근처에서 산과 들이 있는 곳으로 확대되어 놀이의 확장을 극대화시키며 상상의 단계에서 현실의 세계를 넘나드는 놀이의 유형을 볼 수 있다. 우리나라는 전통적으로 놀이를 통해 일상생활의 단조로움을 벗어나 정서적으로 위안을 받으며 마을 공동체의 한 구성원으로서 공감대를 형성한다고 보았으며 신앙적인 성격과 전투적인 목적으로 전략을 구조화하는 놀이가 다수임을 알 수 있다(교육부, 1993).

동네놀이의 종류를 살펴보면 다음과 같다. 군사놀이, 기와 밟기, 눈싸움, 연날리기, 달 따기, 달집태우기, 대말타기, 못 치기, 술래잡기, 동네 한 바퀴, 다방구놀이, 쥐불놀이, 진지 빼기 놀이, 쫓기 접시, 활쏘기 등이 있다(이은화, 2000).

놀이의 유형을 살펴보면서 놀이의 공간적 의미를 부여한 바깥 놀이의 구분을 통해 유아는 발달과 놀이의 특징에 따라 놀이의 변화와 놀잇감의 선호도 및 환경이 변화하는 것을 알 수 있었다. 특히, 놀이유형을 통해 놀이하는 환경과 놀잇감의 단계별 제공은 유아기의 놀이발달을 적절하게 유도하므로 유아교사는 발달과 특징에 따른 놀잇감에 대한 이해가 필요하다고 본다.

출처: 상아유치원(2016).

2 전래놀이

전래놀이 혹은 전통놀이는 한 사회가 추구하는 이념과 가치를 담고 있으며, 놀이전수를 통해 고수하고 이어져 내려온 문화유산 중의 하나이다. 전통놀이는 수많은 세대를 거치면서 오락성을 벗어나 공동체 의식과 시대적 삶의 모습을 엿볼 수 있는 교육적 가치를 담고 있다. 이은화(1990)는 전래놀이 32종의 놀이를 카미와 드브리스(Kamii & DeVries, 1980)의 집단놀이 유형에 포함시켜 분석하였다.

표 8-1 전래놀이 종류

놀이유형	놀이종류
목적물 맞추기	비석치기, 구슬치기, 팥주머니 던지기, 눈싸움, 자치기
경기	그네뛰기, 널뛰기, 땅따먹기, 제기차기, 팽이치기, 줄다리기, 연날리기, 공기놀이, 굴렁쇠놀이
쫓기	꼬리잡기, 술래잡기, 앉은뱅이, 봉사놀이, 수건돌리기
숨기	숨바꼭질, 깡통차기, 보물찾기, 풀묻기
알아맞히기	글씨 및 그림찾아내기, 풀싸움
언어적 지시	이름대기, 다리세기, 소꿉놀이, 줄넘기
판 게임	고누, 윷놀이, 돌차기

유안진(1981)이 영유아발달단계에 따라 분류한 전통놀이를 이영미, 조수경(2011)이 재정리한 전통놀이 내용은 다음과 같다.

표 8-2 영유아별 전통놀이

영아 전통놀이	유아 전통놀이
도리도리, 짝짜꿍놀이, 죔죔, 고네고네, 따로따로, 목말타기, 단지팔기	까막잡기, 신발뺏기, 땅따먹기, 투호놀이, 돼지씨름, 제기차기, 고누놀이, 사방치기, 고리던지기, 비석치기

이러한 놀이의 가치와 문화적 계승을 고려해야 하며 영유아의 발달 시기에 따른 적절한 놀이 경험을 제공할 필요가 있다.

출처: 다문화지원센터(2020).

3 생태놀이

영유아에게 자연은 살아있는 모든 생물들의 움직임을 관찰할 수 있는 가장 좋은 교육환경이다. 풀, 돌, 흙, 나뭇가지, 나뭇잎 등의 자연물을 토대로 탐색과 수많은 놀이를 만들고 즐길 수 있는 창의적인 사고의 연속이다. 생태놀이는 영유아가 살아 움직이는 자연을 접하고 나비, 지렁이, 개구리, 새 등을 관찰하기 위해 다양한 감각을 활용하게 만든다. 숲에서는 나무와 흙이 주는 선물을 받기도 한다. 도시화에 길들여진 아이들이 받는 질병이 치유되는 곳이기도 하다. 생태놀이를 통해 집중력이 향상되고, ADHD 증상도 완화되며 긍정적인 정서와 스트레스 해소로 정서적 안정감을 제공한다. 숲이라는 요소는 살아있는 실물교육의 공간이며 생생한 교육 현장이다.

우리는 봄, 여름, 가을, 겨울이라는 계절의 특성에 따라 변화되는 다양한 자연을 교육적 요소로 활용할 수 있다. 숲이라는 거대한 공간에서 나무와 꽃, 곤충과 동물, 하늘과 땅, 숲과 수학 등으로 구분하여 자연과 관계 맺기를 할 수 있다(곽노의, 이신영, 2015).

표 8-3 계절별 생태놀이

봄	여름
• 꽃 피우기 놀이 • 버섯놀이 • 거미줄 놀이 • 자연물 짝꿍 찾기 • 꽃시장놀이 	• 나무 키 재기 • 매미의 프러포즈 • 철새놀이 • 꼭꼭 숨어라. • 물방울 놀이  
가을	**겨울**
• 나무 실로폰 만들기 • 귀뚜라미와 곱등 • 새 둥지 만들기 • 다람쥐와 청솔모 • 숲속 빙고놀이 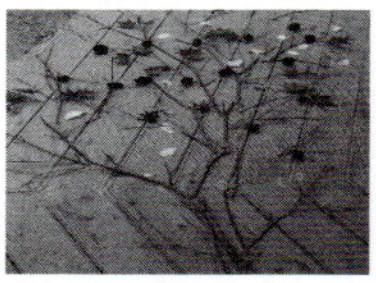	• 솔방울아 날아라. • 숲속 만다라놀이 • 동물의 겨울잠 자기 • 흙집 만들기 • 숲속 브레멘 음악대  

4 다문화 속의 공통된 놀이

우리는 각자 성이나 능력, 사회적 계층, 가정의 형태, 종교와 신념, 가치관 등에서 서로 다르며 그에 따른 다양한 문화를 가지고 있다. 우리 안에 있는 이러한 다양성을 서로 인정하고 존중하며 서로 협력하는 것은 다문화사회를 살아가는 우리 모두에게 요구된다. 영유아를 위한 다문화 교육의 목적은 영유아에게 각기 다른 인종, 성, 언어, 계층 등을 이해하고 존중하게 함으로써 영유아 자신과 자기 가족의 삶을 긍정적으로 이해하고, 다양한 문화 속에서 공동의 목표를 향해 생활하고 의사소통하는 지식, 태도, 기술을 준비하는 데 있다(김영옥, 2002). 다양한 문화가 가진 공통점을 이해하는 것은 영유아 다문화교육의 중요한 요소로 영유아로 하여금 타문화에 대해 친근감을 느끼게 한다. 놀이는 모든 문화와 어린이들의 공통된 현상으로 놀이를 통해 영유아들은 타문화를 가깝게 느끼는 경험을 할 수 있다. 특히 다양한 문화 속 유사한 형태의 놀이들은 영유아들이 쉽게 친근감을 느끼게 할 것이다. 다음의 〈표 8-4〉는 다양한 문화 속에서 찾아볼 수 있는 유사한 형태의 놀이들을 소개한 것이다.

표 8-4 다문화 속의 공통된 놀이

뛰어넘기 놀이			뒤돌아보기 놀이		
 여러 가지 고무줄, 대나무 등을 뛰어넘는 놀이			 술래가 벽을 보고 구호를 외치다가 뒤를 돌아보고 움직이는 사람을 잡는 놀이		
한국	인도네시아	필리핀	한국	일본	중국
고무줄놀이	롬빳 딸리	티니클링	무궁화 꽃이 피었습니다	다루마 상가 고론다	이, 얼, 싼

<table>
<tr><th colspan="3">돌차기 놀이</th><th colspan="3">제기놀이</th></tr>
<tr><td colspan="3"> 땅에 작은 돌멩이를 던져놓고 도형 사이로 뛰어 돌멩이를 다시 가져오는 놀이</td><td colspan="3"> 추에 깃털이나 술을 달아 놀잇감을 만들고 땅에 떨어뜨리지 않고 차는 놀이</td></tr>
<tr><th>한국</th><th>중국</th><th>일본</th><th>한국</th><th>중국</th><th>필리핀</th></tr>
<tr><td>사방치기</td><td>티아오 팡 즈</td><td>켄파</td><td>제기차기</td><td>티찌엔즈</td><td>씨빠</td></tr>
<tr><th colspan="3">빙빙 돌리기 놀이</th><th colspan="3">손놀이</th></tr>
<tr><td colspan="3"> 여러 모양의 팽이를 손이나 끈을 이용하여 돌리며 노는 놀이</td><td colspan="3"> 작은 물체 여러 개를 바닥에 놓고 던지며 잡는 놀이</td></tr>
<tr><th>한국</th><th>일본</th><th>베트남</th><th>한국</th><th>필리핀</th><th>몽골</th></tr>
<tr><td>팽이치기</td><td>코마 마와시</td><td>꽈이</td><td>공기놀이</td><td>잭스톤</td><td>샤가이</td></tr>
</table>

출처: 박준석(2017)

영유아의 자유놀이를 기초로 한

놀 이 지 도

III

PART

놀이의 환경 및 평가

유아에게 놀이가 중요한 성장과 발달의 매체이듯 유아주변의 놀이환경은 매우 중요한 자극적 요소가 된다. 질적으로 우수한 놀이환경은 적극적인 탐구와 탐색을 자극하며 유아들의 상호 간의 의사소통을 증진시킨다.

그러므로 놀이환경의 여건에 따라 유아의 성장과 발달에는 의미가 있으며 유아의 놀이형태와 태도, 놀이의 지속시간을 다르게 할 수 있다. 이에 이번 Part에서는 놀이의 환경구성과 교사역할 및 놀이평가를 다루어 보고자 한다.

CHAPTER

09

놀이와 환경구성

놀이환경에서는 유아들을 위한 다양한 놀이시설과 기구들이 제공되어야 한다. 놀이시설물은 바깥 놀이터 바닥에 고정으로 설치된 것을 뜻하고 놀이기구는 바깥에서 사용되는 이동이 가능한 기구를 의미한다.

놀이환경에서 '어떤' 놀이시설과 기구를 '얼마만큼' 제공할 것인가를 결정하는 것은 대단히 중요한 문제이다. 그러므로 본 장에서는 놀이환경의 중요성과 바깥 놀이 시설과 기구의 구체적인 용도와 종류, 유의점들에 대하여 살펴보겠다.

1 놀이환경의 중요성

유아들에게 놀이환경은 관심과 흥미를 어떻게 지속시키고 발달시키는지에 대한 질문과 같다. 놀이공간과 놀잇감, 그리고 놀이공간의 위치와 배열 등 유아의 놀이가 확장되고 지속하도록 지원하는 것이 바로 놀이환경의 바로미터라 할 수 있다.

유아의 놀이를 살펴보면 누구와 어디에서 무엇을 하고 어떻게 놀이를 하느냐에 따라 놀이공간이 크기와 장소가 다르게 구조화되어야 한다. 그러므로 놀이공간에 대하여 살펴보고자 한다.

1) 놀이공간과 배열의 적합성

유아의 놀이공간의 적합성은 '공간밀도'라고도 한다. 놀이공간에서 한 명의 유아가 차지하는 넓이를 나타내는 지표를 뜻한다. 맥그루(McGrew, 1972)는 놀이공간 밀도를 사회적 밀집도와 공간적 밀집도로 구분하였다. 사회적 밀집도는 공간의 크기를 일정하게 유지하면서 유아의 수를 조절하는 것을 말하며 공간적 밀집도는 유아의 수를 일정하게 유지하면서 공간의 크기를 조절하는 것을 의미한다.

즉, 밀집도가 높을수록 유아들 간의 신체적 접촉이 증가하고 이로 인해 서로 간의 놀이에 방훼요소가 되어 공격적 행동이나 갈등이 더욱 증가하는 경향이 보인다는 것을 말한다. 반면, 밀집도가 낮은 경우는 유아들의 놀이공간에 대한 스트레스가 적으며 놀이의 방훼요소가 적으므로 갈등이 적게 발생하고 넓은 공간에서 할 수 있는 놀이형태가 다양하게 구성되며 활동적인 놀이선택이 더 많아진다는 것을 알 수 있다. 이렇듯 유아들의 놀이공간에 대한 적합성은 놀이의 직속성이나 놀이유형의 변화 등 유아놀이에 영향을 준다.

그러나 유아교사의 효율적인 놀이공간의 활용에 따라 주어진 공간의 위치나 배치 및 놀잇감의 수 등 다양한 변화요인을 있을 수 있다. 이에 동일한 면적과 복잡한 상황 안에서도 유아교사의 적극적인 놀이구조의 제안과 개입에 의해 유아의 놀이전략을 사용할 수 있음을 인식해야 할 것이다.

또한, 놀이공간의 배열은 유아의 행동과 관련하여 유아자신이 자신의 행동에 집중하면서 움직임이나 이동이 원활하게 이루어지도록 해야 한다. 놀이공간의 배치가 어떻게 이루어지느냐에 따라 유아는 좀 더 자유롭고 편리하게 자신의 놀이를 확장할 수 있다.

존슨 등(Johnson, et al., 1999)에 의하면 놀이 환경구성에 따라 유아의 놀이의 질과 유형이 달라진다고 하였고 공간을 영역별 구분하여 배치해야 한다고 밝힌다. 공간의 분류 및 분할은 공간 확보와 놀이하는 유아의 수에 따라 다르지만 공간의 분할은 놀이유형이나 놀이의 질로 구분하여 볼 수 있다. 작고 분할된 공간이 크고 개방된 공간보다 질적으로 향상된다는 것이다.

또한, 놀이공간의 분류와 놀잇감의 특성에 따라 놀이의 질을 분석해 볼 수 있다. 제공되는 놀잇감의 종류와 형태를 비롯하여 놀잇감의 통합적인 사용도 놀이의 질을 향상시킬 수 있다. 이에 놀잇감의 적합성도 고려해야 한다.

2) 놀잇감의 적합성

놀이에 제공되는 놀잇감은 유형과 놀이방법 및 놀잇감의 양과 형태에 따라 다르게 영향을 준다. 유아교사는 유아들의 놀이유형이나 놀이주제를 분석하고 놀이에 참여하는 유아의 수를 파악하여 놀이가 지속적으로 구성되도록 해야 한다. 또한, 놀이공간에 적절한 놀잇감을 배치하고 놀잇감을 어떻게 구조화하고 조작하는지를 살펴보아야 한다.

이를 통해 유아와 놀잇감의 관계는 얼마나 복잡한가와 구조화하는가에 따라 놀이가 다르게 지속된다. 즉, 놀잇감이 덜 구조적이고 복잡할수록 유아의 놀이는 다양한 방법으로 유도되고 놀이시간이 지속된다는 것이다.

특히, 놀잇감의 양은 유아들 간의 사회적 협동놀이에 영향을 준다. 놀잇감의 수가 유아의 수와 비례하는지 놀이가 지속되는지에 따라 놀이의 질이 향상된다. 따라서 영아에게는 같은 놀잇감을 영아 수만큼 비치하여 제공하고 유아들은 다양하고 복잡한 놀잇감을 풍족하게 제공해야 한다.

놀이의 질과 향상을 위해 유아들이 사용하는 놀이시설과 기구에 대하여 바깥 놀이를 중심으로 살펴보고자 한다.

2 놀이시설

놀이시설은 큰 기구들을 이용할 수 있고 좀 더 넓은 공간에서 놀이가 가능하기 때문에 영유아들의 대소근육 등 신체를 발달시키며 친사회적 행동을 발달시킨다는 장점을 갖는다(최석란, 이경희, 이상화, 서원경, 2006).

놀이시설은 바닥에 고정되어서 이동이 불가능한 것을 의미하는데 한 번 설치하면 재배치가 어려우므로 시설물의 특징, 활용도를 고려하여 배치하도록 한다. 따라서 바람직한 바깥 놀이 환경이 지녀야 할 요인들이 있는데, 본 장에서는 이러한 특징과 놀이시설의 종류 등에 대해 살펴보고자 한다.

1) 바깥 놀이 환경과 놀이시설 종류

페르스콧(Perscott, 1984)은 바람직한 놀이시설이 갖추어야 할 요건을 7가지로 들고 있다.

첫째, 개방성과 폐쇄성으로, 놀이 중에는 쌓기놀이나 모래놀이와 같이 놀이방법이 다양한 개방적인 놀이와 퍼즐 맞추기처럼 놀이방법이 고정된 폐쇄적 놀이가 있는데 이 두 가지가 모두 놀이환경에 포함되어야 한다.

둘째, 단순성과 복합성으로 놀이환경에 제공된 놀이시설물이나 놀잇감은 교사가 적극적으로 조작하고 변경시킬 수 있는 가능성의 정도에 따라 한 가지 용도로만 활용되는 단순설비, 두 가지 서로 다른 놀잇감이 제공된 복합설비, 세 가지 이상의 놀잇감으로 활용되는 수퍼설비 등 세 가지 종류로 분류될 수 있다.

셋째, 활동성과 비 활동성으로 놀이에는 뛰기, 자전거타기와 같이 대근육을 많이 움직이는 놀이와 퍼즐 맞추기, 구슬꿰기와 같이 소근육만 움직이는 놀이가 있는데, 놀이환경 구성 시 이런 점이 같이 고려되어야 한다.

넷째, 집단놀이와 단독놀이로 유아의 놀이는 사회적 구성에 있어서 혼자서 노는 단독놀이와 여러 유아가 함께 참여하는 집단놀이로 나누어지는데, 유아들에게는 이 두 가지 경험이 모두 필요하다.

다섯째, 부드러움과 딱딱함으로 놀이환경이 유아에게 제공하는 경험에는 딱딱함과 부드러움이 포함되어야 한다. 촉각적으로 느끼는 자극의 차이를 주어야 하며 환경적 감각도 부드럽고 거침을 병행해야 한다.

여섯째, 접촉과 은둔으로 유아들은 극 놀이처럼 사회적 접촉이 빈번한 놀이에서는 유아 간의 상호작용을 많이 하지만, 때때로 책상 밑이나 구석진 장소 등에 은둔하여 자신만의 놀이 세계에 몰입하는 것도 좋아한다.

일곱째, 도전과 안전으로 놀이환경이 유아의 안전을 보장하도록 구성되어야 한다. 그래야만 유아가 다양한 도전을 안전하게 해낼 수 있기 때문이다.

2) 놀이시설의 종류

놀이시설은 유아들에게 도전과 정서순화 및 사회화 등을 유도할 수 있는 지속가능한 환경으로 놀이터나 유희장에 고정화된 놀이설비를 지칭한다. 놀이시설의 특징으로 놀이장소나 환경을 초기 유아교육기관을 설치할 때 구성하는 사례가 많으므로 다각적인 관점과 유아의 놀이특징을 고려하여 설치하여야 한다.

(1) 정글짐(기어오름 대)

유아가 기어서 오르내리는 놀이를 할 수 있는 놀이시설물을 의미하며 기어오름 대의 모형은 육면체, 둥근 지붕이나 원형, 또는 탑 모양 등 형태가 다양하다. 기어오름 대는 주로 유아의 왕래가 많지 않은 곳이 적절하며, 바닥에 모래를 깔아서 안전사고에 대비해야 한다.

기어오름 대의 높이는 최대 2.5m 이하로 해야 하며, 유아가 손으로 잡고 오르는 가로대의 직경은 3.5~4.5cm로 하여 잡기 편하게 한다(Esbensen, 1987). 특히, 기어오름 대의 모서리는 뾰족하거나 날카롭지 않게 한다.

출처: 진명유치원(2016)

(2) 그네

그네는 앞뒤로 흔들어 움직임을 즐기는 놀이시설물이다. 그네를 타면서 유아는 리듬적인 움직임과 스릴을 즐길 뿐 아니라 신체 조절 능력을 발달시킨다. 그네는 주로 유아의 왕래가 많지 않은 장소에 설치하며, 움직이는 시설물이기 때문에 그네의 앞, 뒤, 좌, 우로 충분한 간격을 두고 설치하도록 한다. 또 그네의 앞, 뒤로 3m쯤 떨어진 곳에 낮은 나무 울타리를 만들어 다른 유아가 그네와 부딪치는 일이 없도록 배려한다(Esbensen, 1987).

출처: 진명유치원(2016)

(3) 시소

유아가 시소의 양쪽에 앉아서 올라가고 내려가는 움직임을 반복하는 운동놀이용 시설물이다. 시소에는 2인용 시소, 다인용 시소가 있다. 시소를 설치할 때는 시소가 땅에 닿는 부분에 타이어를 묻어 주거나 모래를 많이 깔아서 유아의 안전에 유의해야 한다. 손잡이를 부착하여 유아가 붙잡고 안전하게 탈 수 있도록 한다.

출처: 진명유치원(2016)

(4) 미끄럼틀

미끄럼틀은 경사진 판을 미끄러져 내려오는 놀이를 할 수 있도록 제작된 고정 놀이 시설물이다. 미끄럼틀을 설치할 때에는 유아의 왕래가 빈번하지 않은 장소가 적절하다. 특히, 미끄럼판이 바깥 놀이터 통로와 마주치지 않도록 배치해야 한다. 미끄럼틀은 재료뿐 아니라 크기나 형태를 다양하게 만들 수 있는데 놀이공간이 넓은 경우에는 미끄럼판을 직선형태 이외에 꼬불꼬불하게 변형시키거나 밀폐된 통으로 만들어서 유아가 모험을 즐길 수 있도록 한다.

미끄럼틀의 꼭대기에는 가로막을 만들어 계단을 올라온 유아가 미끄럼틀을 타기 전에 안정된 자세를 취한 후 미끄럼틀을 타게 한다. 또한, 가로막에는 보호벽을 만들어서 유아가 떨어지는 것을 방지한다. 보호벽의 높이는 1~3세는 60cm, 3~6세는 70~80cm가 안전하다.

출처: 꿈나무유치원(2018)

(5) 흔들다리

흔들다리는 공중에 매달려 있는 다리를 균형을 잡으며 걷거나 뛰어서 건너는 고정 시설물이다. 흔들다리는 공중에 매달려서 흔들거리기 때문에 유아가 몸의 균형을 잡기 어려워 공포심이 생길 수도 있다.

흔들다리의 높이가 너무 높거나 많이 흔들거리지 않도록 설치해야 하며 바닥은 밑이 내려다보이거나 유아들의 발이 빠지지 않게 제작해야 한다.

출처: 꿈나무유치원(2018)

(6) 복합놀이 시설물

복합놀이 시설물은 유아가 기어오르고 매달리고 미끄럼을 타는 등 여러 가지 운동을 할 수 있도록 제작된 복합 기능을 갖춘 놀이시설이다. 복합놀이 시설물에는 미끄럼틀, 그네, 철봉, 놀이집, 구름다리 등 여러 놀이기구가 연결되어 있어서 넓은 공간을 필요로 하므로 바깥 놀이터의 면적을 고려하여 복합놀이 시설물의 규모를 결정한다.

복합놀이 시설물에 설치하는 놀이기구는 용도에 따라 적절한 위치에 배치하며, 유아가 한 놀이기구에서 다른 놀이기구로 안전하고 편리하게 이동할 수 있도록 효율적으로 연결한다.

출처: 꿈나무유치원(2018)

(7) 모형놀이 시설

여러 가지 모형이나 동물모형을 제작한 것으로 유아가 올라타고 다양한 상상놀이를 할 수 있는 놀이 시설물이다. 유아가 좋아하는 자동차, 배 또는 여러 가지 동물들의 형태로 제작이 된다. 유아의 흥미를 유발시키기 위해서 실제 형태와 유사하게 제작한다.

출처: 진명유치원(2016)

(8) 놀이 집

유아에게 밀폐된 공간을 제공하여 유아가 다양한 운동놀이를 할 수 있도록 제작된 시설물이다. 놀이집은 복합 기능을 할 수 있도록 그물망, 수직사다리, 층계, 미끄럼 판 등을 부착하여 제작되어 있으며 놀이집 주변이나 바닥에 모래를 깔아 두면 유아 안전에도 도움이 되며, 모래놀이에 활용될 수도 있다.

출처: 진명유치원(2016)

(9) 모래밭

바깥 놀이터에 설치된 모래밭은 유아들이 집짓기, 물길 만들기, 모래 음식 만들기 등 여러 가지 놀이를 할 수 있는 고정 시설물이다. 모래밭은 배수가 잘 되며 그늘이 적당히 생기고 동적 놀이영역과 조금 떨어진 위치에 설치하는 것이 바람직하다. 모래밭은 바깥 놀이터의 공간 특성에 따라 다양하게 설치할 수 있다.

출처: 꿈나무유치원(2016)

(10) 물놀이 시설

바깥 놀이터에 설치된 물놀이 대에서 그릇에 물 담기, 배나 공 띄우기, 계단식 폭포놀이 등을 한다. 물놀이 시설은 배수가 잘 되는 모래밭 가까이에 배치한다. 또한, 모래 때문에 물놀이 시설의 하수로가 막히는 경우가 생기므로 주의시킨다.

출처: 상아유치원(2016).

3 놀이기구

바깥 놀이에서 유아가 사용하는 놀이기구는 유아의 사회적 능력과 더 많은 활동영역을 촉진시켜야 한다. 그러므로 유아들에게 사회적인 상호작용을 촉진하고 자신의 대근육 기술을 적용해 볼 수 있는 자전거, 손수레와 같은 탈것을 제공하는 것이 적절하다. 또한, 소근육 기술을 개발할 수 있는 놀잇감, 즉 모래놀이판, 물놀이 대, 블록과 같은 놀이기구가 필요하다(신화식 외, 2006).

여기서 바깥에서 사용하는 놀이기구란 특정 장소에 고정적으로 설치된 것이 아니라 어느 장소로도 이동이 가능한 놀이기구를 의미하는 것으로 놀이시설과는 다르며, 놀이기구는 장소이동이 가능하고 다목적용으로 변형시킬 수 있기 때문에 제한된 바깥 놀이 환경을 효율적으로 사용할 수 있게 해 준다. 그리고 바깥에서 놀이기구를 제공함으로써 고정된 놀이시설물을 더욱 다양하게 활용할 수 있다. 이러한 놀이기구를 선택할 때는 유아의 놀이를 좀 더 확장할 수 있는 것이어야 한다.

유아의 바깥 놀이기구를 선택하는 데 유의해야 할 사항이다(최석란, 이경희, 이상화, 서원경, 2006).

첫째, 바깥 놀이기구는 유아발달에 적합한 것이어야 한다. 색이 밝고 화려해서 유아의 흥미를 끌기가 쉽고 갖고 놀기에 재미있는 것을 선택해야 한다.

둘째, 바깥 놀이기구는 안전하고 견고한 것이어야 한다. 바깥 놀이기구는 흔들고, 던져도 괜찮아야 하며 유아가 입에 넣거나 삼키기 쉬운 작은 놀이기구는 삼가야 한다.

셋째, 바깥 놀이기구는 유아의 능력으로 잡거나 조작하는 것이 완전하게 되는 것이어야 한다. 유아교사는 유아들이 사용하는 놀이기구의 크기, 무게, 안전성을 고려해야 한다.

놀이기구에는 운동놀이용, 상상놀이와 구성놀이용이 있는데, 바깥 놀이기구의 종류를 구체적으로 소개하면 다음과 같다.

1) 받침용 사다리, 받침대, 널빤지, 사다리

① 용도: 널빤지나 사다리를 받쳐 주는 받침대로 활용되며 때로는 이 사다리 자체를 기어오르고 내려오는 놀이를 할 수도 있다.

② 형태: 받침용 사다리는 크기가 다양하고, 알루미늄이나 쇠파이프로 만들 수 있다.

2) 받침대(saw horse)

① 용도: 널빤지나 사다리의 받침대로 활용된다.

② 형태: 형태는 삼각형, 사각형 등이 있으며 목재나 쇠파이프로 제작할 수 있다.

3) 널빤지

① 용도: 받침용 사다리나 기어오름 대 등에 걸쳐 놓거나 비스듬히 놓아서 미끄럼판, 또는 시소, 놀이용 마루판으로 사용할 수 있다.

② 형태: 널빤지는 직사각형으로 다양한 크기로 만들 수 있다. 널빤지 뒷면의 양끝과 가운데에 작은 나무 조각을 덧붙여서 사다리나 기어오름 대에 널빤지를 고정시키는 걸쇠의 역할을 하도록 한다.

4) 사다리

① 용도: 높은 곳에 오르내릴 때 사용하거나 게임에서 장애물로 사용한다.

② 형태: 나무 사다리, 알루미늄 사다리가 있다.

5) 평균대

① 용도: 유아가 올라서서 몸의 균형을 유지하면서 앞으로 걷기, 빨리 걷기, 뒤로 걷기 등을 할 수 있다.

② 형태: 높이 조절이 가능한 평균대, 직선이나 지그재그 등 형태를 변경시킬 수 있는 평균대 등이 있다.

6) 터널

① 용도: 유아가 기어가는 놀이를 할 수 있다.

② 형태: ㅡ자형, Y자형, T자형이 있다.

7) 모래놀이판

① 용도: 모래를 담아서 놀이를 한다.

② 형태: 좌식용과 입식용이 있다. 용도와 형편에 따라 여러 가지 크기로 제작할 수 있는데 길이 80~180cm, 폭 60~70cm, 두께 5~20cm, 높이는 좌식용 20cm, 입식용 50~60cm(3세아: 50~55cm, 4~5세아: 55~60cm)이다.

8) 물놀이 대

① 용도: 물을 담아 여러 가지 물놀이를 한다.

② 형태: 정사각형이나 직사각형 또는 계단식 모형으로 물이 흘러내리게 제작할 수 있다. 크기는 길이 90~120cm, 높이 50~60cm 정도이다(3세아: 50~55cm, 4~5세아: 55~60cm).

9) 자전거

① 용도: 유아가 타고 페달을 밟고 운전하며 달리는 놀이기구이다.

② 형태: 세발자전거, 두발자전거, 외발자전거 등이 있다.

10) 축구골대와 농구골대

① 용도: 공을 던져 넣는 농구대, 발로 차 넣는 축구대로 사용된다.

② 형태: 여러 가지 형태로 제작할 수 있다.

11) 블록

① 용도: 바깥에서 쌓기 놀이를 하는 데 사용된다.

② 형태: 나무로 제작된 속이 빈 블록이나 대형 플라스틱 블록(예: 대형 와플 블록) 등이 있으며 콜라를 담는 플라스틱 박스를 활용할 수 있다.

CHAPTER

10

놀이지도와 안전

현대의 유아들은 TV, 비디오, 컴퓨터 게임을 즐기는 등 예전보다 앉아서 지내는 시간이 늘어나고, 비만과 같은 신체적 조건을 가진 유아들이 늘어나면서 신체적 운동기술을 발달시키고자 하는 요구가 증가하고 있다(김수영, 김수임, 김현아, 정정희, 2007).

따라서 놀이시설에서의 놀이활동의 증가가 필연적으로 있어야 하나, 안전이 보장되지 않는 놀이는 위험할 수 있기 때문에, 놀이시설의 안전을 위해 노력을 기울여야 한다. 이에 가장 먼저 고려되어야 할 것은 놀이기구(시설)의 일정한 놀이기능과 시설을 유지하면서 시설이 지닌 불안전 요소를 최대한 제거해야 한다는 것이다.

1 놀이지도

놀이는 유아가 주도하는 시간으로 유아교사는 놀이의 선택이나 놀잇감의 선택시간이나 기회를 충분히 주어야 한다. 놀이시간이나 놀이의 선택은 유아들에게 하루일과의 중요한 시간이므로 개별적인 흥미, 요구와 관심, 발달 수준 등을 고려하여 놀이지도를 하여야 한다. 이에 놀이지도의 가치를 살펴보고자 한다.

1) 놀이지도의 가치

놀이는 영 유아에게 있어서 신체적, 인지적, 언어적, 사회적, 정서적으로 중요한 발달과 성장의 요인으로 밝혀지고 있다. 영 유아에게 놀이는 삶의 목적이요, 생활의 전반을 이루는 중요한 매개체로서 일상생활에서 적응, 사회성의 발달과 정서적 관계형성을 증진시킨다.

(1) 정서적 요인의 가치

현대의 유아들은 가정에서의 한정된 공간과 유아교육환경과 같은 '관리 공간'에 익숙해져 있다고 한다. 또한, 집안에서 대중매체를 손쉽게 작동하면서 느껴지는 즐거움에 만족하며, '엄지족'이라는 신조어가 말해주듯이 손가락의 터치만으로도 작동이 가능한 전자매체에 많은 시간을 할애하면서 수동적이고 타율적인 유아로 변하고 있다.

좁은 실내에서 생활하는 시간이 많아지면서 유아들은 신체를 이용하는 규칙적인 운동을 하지 않아 소아비만이나 성인병에 노출되고 정신건강에까지 위협을 받고 있다. 이렇듯 환경적, 정서적인 요인에서 보면 유아를 대상으로 하는 바깥 놀이에 대한 적극적인 시간 할애가 중요하다고 할 수 있다.

(2) 사회적 요인의 가치

사회적 요인으로 우리사회의 가치관과 여성인력의 사회참여로 인해 가족 형성이 변하고 있다는 것이나 소규모 가정개념이 팽배해지면서 외동아 출생이 늘어나고 있다는 것을 들 수 있다. 이러한 현상은 유아들이 형제와의 관계에서 얻을 수 있는 다양한 경험을 얻기 어렵게 하고, 지식중심의 교육현장에서 학습이나 인지적인 프로그램을 어린 나이부터 접하게 함으로써 유아시기에 달성해야 하는 신체를 이용한 놀이와 발달과업의 가치를 희석시키게 한다.

밖에서 놀 수 있는 시간의 부족과 또래와의 관계형성 기회를 박탈하는 사회요인은 참고 양보할 줄 모르는 이기적인 유아를 양산하게 되는 것이다. 심지어는 늦은 시간까지 학원이나 센터를 다니는 '올빼미 유아'가 생기고, 유아를 대상으로 하는 교육 프로그램의 난립은 정신적인 스트레스로 정신 클리닉 센터를 찾는 유아를 증가시키는 사회 병폐를 낳기도 한다.

(3) 환경적 요인의 가치

유아들을 '유아답게', '아이다움'으로 다시 찾아가도록 '밖으로 밖으로' 내보내는 것이 우리 성인들의 역할이요 바깥 놀이의 목적이다. 유아들은 부모나 교사의 지도 아래 아이다움으로 탄생할 수 있다. 밀폐된 교육환경에서 밖으로 내보내는 바깥 놀이 환경의 형성과 동시에 바깥 놀이 프로그램의 적용은 유아들에게 안전하고 행복한 어린 시절의 건강함과 놀이의 진정한 의미를 찾게 할 것이다.

바깥 놀이는 자연 속에서 자신의 오감을 이용하여 보고 듣고 느끼고 만끽하면서 다양한 감각경험과 학습경험을 가능하게 할 수 있다. 또한, 바깥 놀이는 감각적인 반응에서 좀 더 다양해지고 복잡해지는 신체의 움직임을 통해 규칙과 질서를 익히고 자신의 몸을 통제하는 데 중요한 역할을 한다. 즉, 바깥 놀이의 가치는 매우 다양하고 긍정적인 영향을 미친다는 것을 알 수 있다.

유아가 자신의 신체를 긍정적이고 자유롭게 통제함에 따라 신체적, 정서적 긴장을 해소하고 눈과 손의 협응력을 촉진시킨다는 연구결과는 유아를 밖으로 내보내야 하는 충분한 이유가 될 것이다. 유아들은 '바깥'에서 놀기를 원한다. 밖에서 뛰어노는 유아들의 모습에서 '아이다움'을 찾을 수 있다. 오늘을 살고 있는 어른들이 해야 할 과제는 유아들에게 밖에서 안심하고 뛰어놀 수 있는 공간과 시간, 친구를 되돌려 주는 일이다.

유아들이 놀기에 충분한 공간을 마련해 주고 학원공부와 학습지에 소요하는 시간을 줄여 주는 것이다. 길가나 공터에서 온 동네 유아들이 모여서 어울려 놀 수 있는 세상을 되돌려 주는 것이다. 그것마저 힘든 일이라면, 우선 유치원이나 어린이집에서라도 교실에 가두어 두는 시간을 줄이고 '밖으로, 밖으로' 데려나가 마음의 해방감을 맛보도록 도와주는 것이다. '밖'이라는 확대된 공간에서 그들이 지닌 개념과 경험을 자유롭게 펼칠 수 있는 시간을 주는 것이다.

유아들은 몸 · 마음 · 영혼이 건강해진다. 답답한 교실에서 벗어나 넓은 공간에서 흙과 물과 돌, 햇빛, 바람 그리고 풀과 벌레들과 함께 뛰어놀다 보면 몸도 건강해지고 마음과 영혼도 맑아진다. 바깥의 자연 속에서 유아들은 자신의 오감을 이용하여 보고, 듣고, 주무르고 만져 보면서 다양한 감각경험과 학습경험도 할 수 있다. 다양한 연령대의 유아들과 같이 어울려 놀면서 여유로운 인간관계를 맺을 수 있다는 점에서 유아들의 사회성에도 긍정적인 영향을 미칠 수 있다.

이렇듯 유아기에 바깥 놀이를 통해서 얻어지는 놀이의 가치는 발달과 성장에 많은 영향을 주며 유아에게 강력한 학습수단이 되고 있다. 프뢰벨, 프로이트, 아이작스, 듀이 등(Froebel, Freud, Isaacs, Dewey, et al.)은 놀이를 인식하는 것은 쉬운 일이나 놀이를 정의하는 것은 어려움이 있다고 할 정도로 놀이는 다양한 개념을 함축하고 있다. 그러나 그들은 유아의 바깥 놀이를 보는 관점에서는 갇힌 공간에서의 해방, 신체의 자유로움과 정신적 이완 등을 공통적으로 말하고 있다.

2 놀이안전

유아는 놀이를 통해 사물을 이해하게 되고, 사회의 질서 및 규칙을 알게 된다. 또 놀이는 유아들이 자신의 정서를 마음껏 표출할 수 있는 수단이 되기도 한다. 유아의 놀이행동과 물리적 환경과의 관계에 대한 연구들에 의하면, 바깥 놀이 환경은 놀이공간이 크기 때문에 유아에게 보다 확장된 자유를 제공해 주고 신체운동 발달을 자극할 뿐만 아니라, 활발한 신체 활동을 통해 긴장과 격한 감정을 해소할 수 있게 한다.

또한, 자연과의 직접적이고 다양한 경험을 제공해 주며, 사회적 상호작용을 촉진시키는 보다 가치 있는 놀이활동을 제공해 준다. 위와 같이 유아의 발달에 있어 중요한 역할을 하는 바깥 놀이가 활발히 이루어지기 위해서는 유아의 연령 및 흥미에 맞게 철저하게 준비된 환경 속에서 유아가 자신의 능력과 요구에 적합한 활동을 선택할 수 있도록 해야 한다.

1) 놀이환경의 안전성

유아기는 안전사고의 위험성이 가장 높은 시기이다. 유아들은 발달 특성상 주변의 사물이나 환경에 대한 호기심과 탐구심이 급속하게 발달하는 것에 비해 운동능력이나 균형을 유지하는 능력 등의 신체 기능 발달은 미숙하기 때문이다(최경숙, 박영아, 2005). 또한, 자기 조절 및 상황에 대한 인식 능력이 부족하기 때문이기도 하다.

바깥 놀이 공간은 유아들이 마음껏 움직이며 모험심을 발휘할 만큼 자유롭고, 매력적이긴 하지만 그만큼 안전사고의 위험성이 잠재되어 있는 공간이기도 하다. 유아들은 '놀이'를 즐기며 특히 '바깥 놀이'를 좋아한다. 바깥 놀이 환경은 유아들이 놀이를 통해 많은 것을 학습하도록 도와주지만 이러한 바깥 놀이 환경의 유용성은 그 환경이 안전할 때 충분한 효과를 발휘할 수 있다.

따라서 바깥 놀이 환경의 안전은 그 교육적 효과나 즐거움에 우선하여 고려되어야 한다. 또한, 바깥 놀이 공간은 기본적으로 충분한 공간이 확보되어야 하고(1인당 4.5㎡ 이상) 놀이시설을 배치할 때도 충분한 간격을 유지하여야 한다(홍길회, 2005). 놀이기구 주변의 바닥은 충격을 흡수할 수 있는 것으로 이루어져야 하며, 놀이기구들은 정기적으로 점검 및 손질을 해 주어야 한다. 또한, 동물이나 식물 등은 독성이 없으며 무해한 것으로 선택하여 재배·사육해야 한다. 이러한 것들이 바깥 놀이 환경의 안전성을 유지하기 위한 노력이라 할 수 있다.

바깥 놀이터는 그곳에서 놀이하는 유아의 수에 따라 적절한 면적이 확보되어야 안전하다. 유아 1인당 필요한 이상적인 바깥 놀이 공간의 면적에 대한 의견은 연구자에 따라 다르나 아동의 수, 토양의 형태, 자연환경의 특성, 필요한 건물구조의 유형 등에 따라 정해진다. 대개 4~8세의 경우 유아 1인당 필요한 이상적인 면적은 4.5~9㎡이다.

2) 바깥 놀이 안전사고의 예방

놀이시설과 관련된 사고의 원인은 다음과 같이 나누어 설명할 수 있다(신동주, 2001).

첫째, 건축과 구성의 결함에서 발생한다.
둘째, 부적당한 시설의 설비 및 유지에 기인한다.
셋째, 사람들의 부주의한 활동과 관련되어 위험이 나타난다.

실제로 바깥 놀이 공간에서 일어나는 유아의 안전사고는 유아의 연령, 신체 크기, 능력을 제대로 고려하지 않고 부적절하게 시설을 설치하였을 때, 설비를 유지하기 위한 안전점검이 미비했을 때, 어른들의 지도가 부족하였을 때 발생하는 경우가 대부분이다. 바깥 놀이 공간이 안전기준에 적합한 방향으로 조금씩 수정되어 가고 있기는 하지만 아직까지도 개선되어야 할 부분은 여전히 남아 있다.

바깥 놀이 환경의 안전에 대한 조건을 요약하면 다음과 같다.

- 바깥 놀이 공간은 가까이 있는 위험한 곳을 차단시키고 안정감을 주기 위해서 최소한 120cm 이상의 담이나 벽에는 유아들이 올라갈 위험이 있는 계단이나 돌출부가 없어야 한다.
- 그네, 미끄럼틀, 오르기 기구 등과 같은 고정 놀이시설은 땅바닥에 단단히 고정되어 있어야 하고, 이러한 놀이시설들이 설치된 곳의 바닥은 모래나 부드럽고 탄력이 있는 자재로 표면이 드러나지 않도록 덮어서 유아들이 안전하게 놀이할 수 있도록 처리하여 항상 보수가 되어 있어야 한다.
- 놀이기구의 크기는 유아의 연령에 적합해야 하며, 모든 오르기 기구의 높이는 1.8~2.5m 이하로 제한되어야 한다.
- 바깥 놀이 공간 전체에는 적절한 배수시설이 있어야 하며 유리 조각이나 깡통, 뾰족한 돌 등 위험한 물질이 없어야 한다.
- 바깥 놀이 시간에는 항상 유아의 놀이를 감독하는 사람이 있어야 하고, 유아와 영아는 다른 시간에 실외놀이 시간을 가지도록 하여 서로의 놀이에 방해되지 않도록 해야 한다.
- 바깥 놀이 공간에는 위험하거나 독성이 있는 식물들이 없어야 하며, 잔디와 정원수들이 가꾸어져야 한다. 잔디 깎기나 기계의 사용은 유아들이 없는 동안에 이루어져야 한다.

- 유아의 안전에 위협 요인이 될 수 있는 잔디 깎는 기계, 트랙터, 그 밖의 기계는 바깥 놀이 공간에서 치워져 있어야 한다.
- 놀이시설의 모든 나사나 조임 쇠 등은 안전 캡이나 안전장치로 덮어야 한다.
- 바깥 놀이기구(특히 고정시설)와 나무는 담, 벽, 건물에서 450cm 이상 떨어져야 하며 놀이기구(특히 고정 놀이시설)들 간의 거리는 최소한 30cm 이상이 되어야 한다.
- 바깥 놀이 공간에 있는 문은 모두 잠글 수 있어야 하며 그 열쇠는 감독자가 지니고 있어야 한다.

결론적으로 바깥 놀이 환경이 안전하게 제공되기 위해서는 유아의 신체발달 상태를 고려하여 유아들이 사용함에 있어 안전하도록 만들어지고 공간을 적절하게 배치해야 할 뿐만 아니라, 유아들이 실외놀이 시설물을 적절하고 안전하게 사용할 수 있도록 지도하여야 할 것이다.

3) 놀이시설 안전

놀이시설물과 관련된 유아 안전사고의 대부분은 유아의 연령, 신체크기, 능력을 제대로 고려하지 않은 부적절한 시설·설비, 시설유지를 위한 안전점검의 미비 및 어른들의 지도 부족으로 일어나게 된다(Frost, 1992).

유아들은 놀이기구를 접하게 될 때 자신의 발달적 능력과 연결된 적절한 범위 내의 도전감을 느낄 수 있어야만 계속적으로 그 놀이에 흥미를 가지게 되며, 이러한 유아들의 특성은 놀이시설과 관련된 안전사고의 원인이 되기도 한다.

(1) 놀이시설물 안전사고의 유형

① 추락사고

추락사고는 미끄럼틀, 복합놀이 시설, 그네 등에서 빈번하게 발생하는데, 미끄럼틀에서 일어나는 추락사고는 주로 유아들이 미끄럼틀을 거꾸로 올라가다가 넘어져서 추락하거나, 미끄럼틀 플랫폼 위에서 다른 유아가 밀어서 추락하거나, 바른 자세로 미끄럼틀을 타지 않거나 미끄럼틀을 걷거나 뛰어서 내려오다가 추락하거나, 미끄럼틀의 플랫 홈에 설치되어 있는 난간에 장난으로 매달렸다가 추락하는 경우 등이 많다.

복합놀이시설에서의 추락사고는 주로 놀이시설물 사이의 연결 부분 및 오르기 기구에서 발생하였는데, 연결 부분에 많이 설치되는 흔들다리의 경우 손으로 잡는 밧줄 부분이 엉성하거나, 발판 사이의 간격이 너무 넓을 때 유아들이 순간적으로 당황하여 몸을 균형을 잃고 추락하는 사례가 많다.

오르기 기구의 경우에는 밧줄 타고 오르기를 하다가 손의 힘이 빠져 추락하거나, 사다리 오르기를 하다가 발이 빠져 추락하는 경우가 많다. 그네에서의 추락사고는 유아 스스로 그네의 흔들림 및 속도를 조절하지 못하거나 그네의 줄을 제대로 잡지 않아 추락하거나, 그네를 타고 있는데 앞뒤에서 친구들이 미는 경우 당황하여 추락하는 경우가 많다. 또한, 놀이상황에 대한 정확한 인식이 없어 그네가 흔들리고 있는데도 내리다가 추락사고를 당하는 경우도 많다.

정글짐에서는 유아들이 정글짐에 올라가다가 다리를 헛디뎌 추락하는 경우가 많으며, 놀이집의 경우에는 지붕 위에 올라갔다가 미끄러져 추락하는 경우가 많다. 실내외 놀이공간에 설치되어 있는 계단에서도 유아들이 계단을 뛰어 내려가거나 난간에 매달리다가 추락하는 경우가 있다.

추락사고의 경우 유아들은 얼굴이나 머리 부분에 열상, 찰과상 및 타박상을 입거나, 이가 부러지거나, 팔 또는 다리 부위에 골절상을 많이 입는다. 한 유아의 경우에는 회전 미끄럼틀에서 엉덩이를 들고 내려오다가 옆으로 추락하여 사망하기도 하였다.

② 충돌

놀이시설에 부딪히거나 유아들끼리 충돌하는 사고는 그네와 미끄럼틀에서 자주 발생하는데, 그네의 경우에는 유아가 그네를 타고 있는 상태에서 다른 유아가 주변을 지나다가 그네에 부딪혀서 눈 주위, 이마, 턱, 입 등이 찢어지거나 팔 등에 골절상을 입는 사고가 많다. 또한, 그네 주변에서 탈 순서를 기다리다가 그네의 활동 반경을 제대로 인식하지 못해 충돌하는 경우도 있다.

미끄럼틀의 경우에는 미끄럼틀을 타고 내려오는 유아와 미끄럼틀을 거꾸로 올라가는 유아가 서로 부딪혀서 코피가 나는 사고가 많이 발생하며, 복합놀이 시설에서는 오르기

기구를 오르고 있던 유아와 위에서 뛰어내리는 유아가 서로 부딪히는 경우가 많다.

또한, 유아들이 뛰어다니다가 서로 충돌하거나 놀이시설 및 기구에 부딪혀 얼굴에 찰과상이나 타박상을 입는 경우도 많으며, 심한 경우에는 쇄골에 금이 가는 경우도 있다.

③ 찢김

놀이시설의 튀어나온 부분이나 날카로운 모서리에 찔리거나 찢기는 사고는 복합놀이 시설, 미끄럼틀 등에서 주로 발생하는데, 복합놀이 시설의 경우에는 오르기를 하던 유아가 밧줄을 놓치거나 떨어지면서 주변의 모서리나 기구의 튀어나온 부분에 부딪혀 찢기거나, 복합놀이 시설에 설치되어 있는 터널 내부의 마무리가 잘 안 된 부분에 손이 걸려 찢기기도 한다.

미끄럼틀의 경우에는 유아들이 미끄럼틀을 거꾸로 타다 얼굴이 모서리에 부딪혀서 찢기거나, 미끄럼틀 활강면 주변에 튀어나온 못이나 마무리가 잘 안 된 활강면 손잡이의 날카로운 부분에 다리나 손이 걸려 찢기는 경우도 있다.

또한, 모래놀이터에 묻혀 있던 유리 조각이나 깡통에 손을 찢기는 경우도 있으며, 놀이시설물의 모서리나 흔들리는 놀이기구에 얼굴을 부딪쳐 찢기거나 실외 놀이터의 나무에 얼굴을 긁히는 사례도 많다.

④ 틈새 낌

놀이시설의 틈새에 유아의 신체 일부가 끼는 사고는 복합놀이 시설, 그네, 미끄럼틀에서 많이 발생하는데, 복합놀이 시설의 경우 터널과 터널을 지탱하는 구조물 사이에 유아의 머리, 발, 다리, 목 등이 끼거나, 흔들다리의 발판 사이에 다리가 빠지거나 끼어서 다치는 사례가 많다.

또한, 오르기 기구에서는 오르기 발판 사이의 틈새에 팔 또는 다리가 끼거나 줄에 목이 감기는 사고도 있었으며, 복합놀이 시설에 설치된 난간 사이에 유아의 머리나 몸통이 빠지면서 끼는 경우도 있다.

그네의 경우에는 그넷줄에 손가락이 끼는 사고가 가장 많이 발생하며, 그네 좌석과 그넷줄과의 연결 부분에 팔이나 발이 끼어 골절상이나 타박상을 당하기도 한다.

미끄럼틀의 경우에는 미끄럼틀과 플랫폼, 기둥 사이의 연결 부분 틈새에 유아의 손가락, 손, 머리가 끼는 사고가 많이 발생했으며, 미끄럼틀 계단 발판 사이의 틈에 발이나 몸통이 끼는 경우도 있다.

또한, 뺑뺑이와 같은 회전시설에서는 축이 부러져 유아가 회전시설의 발판과 지면 사이에 끼는 사고도 발생하며, 회전시설의 축과 발판 사이의 틈새에 발이 끼는 경우도 있다. 뺑뺑이가 돌고 있는 상황에서 타거나 내리다가 넘어져서 발판과 지면 사이에 발이 끼는 사고도 있으며, 손잡이 부분의 틈새에 손이 끼는 경우도 있다. 흔들말과 흔들배의 몸통과 지지대 사이의 틈새에 발이 끼는 사고도 자주 발생하며, 4인용 그네와 지지대 사이에 몸통이 끼는 사고도 발생한다.

⑤ 이물질 유입

신체의 일부에 이물질이 들어간 사고는 모래놀이터에서 가장 빈번하게 발생하는데, 주로 유아들이 다른 유아들에게 모래를 던져 눈이나 입으로 모래가 들어가는 경우가 많으며, 모래놀이터나 그네 주변에 깔려 있는 모래에서 발견한 작은 돌멩이 등과 같은 이물질을 콧속이나 귓속에 넣는 경우도 있다.

⑥ 매달림

놀이시설에 아동의 옷 등이 걸리거나 끼어 매달리는 사고는 미끄럼틀에서 많이 발생하는데, 미끄럼틀의 모서리가 잘 정리되어 있지 않거나 고리 모양을 하고 있는 부분에 옷이나 가방이 걸려 유아들이 미끄럼틀에 매달리면서 목이 졸리는 사고가 많다.

또한, 미끄럼틀과 플랫폼 또는 손잡이나 기둥의 틈새에 옷이 끼면서 유아들이 매달리는 경우도 있다. 복합 놀이시설에서는 난간에 유아의 옷이 걸리거나 오르기 발판 틈새에 옷이 끼어 매달리는 사고가 있으며, 정글짐이나 바깥 정문 위의 뾰족하게 된 부분에 유아가 올라갔다가 옷이 걸려 매달리는 사고도 있었다.

3 위급상황 시 응급처치

유아들은 발달 특성상 자기중심적으로 생각하고 행동을 한다. 특히 바깥 놀이 상황에서는 폭넓은 동작 활동을 하기 때문에 많은 위험상황에 처하게 된다. 이러한 경우 교사는 유아의 안전을 위해 위급상황 발생 시 응급처치를 해야 한다. 본 장에서는 교사들이 위급상황 시 행동해야 할 기초적인 응급처치에 대해 알아보도록 하겠다(응급처치법에서는 대상별 구분을 성인, 어린이, 영아로 구분하지만, 본 장에서는 어린이를 유아로 명명하여 구성하였다.).

1) 위급상황 시 행동요령

유아들에게 위급상황이 발생하게 되었을 때 교사는 무조건 무엇인가를 해야 된다는 생각으로 유아에게 다가가 어떤 조치를 하기 쉽다. 하지만 이러한 조치가 오히려 유아의 상태를 악화시킬 수 있다는 것을 알아야 한다. 위급상황이 발생하였을 때에는 3C(Check, Call, Care)를 기억하여 행동하여야 한다.

(1) 현장조사(Check)

유아교사는 부상당한 유아를 돕기 전에, 그 상황이 나와 다른 주위 유아들에게 안전한가를 확인해야만 한다. 또한, 부상당한 유아는 신음하거나, 울거나, 다른 소리를 낼 수도 있다. 부상당한 유아를 안심시키기 위해서 또는 무슨 일이 일어났는지 알기 위해서 유아에게 말을 걸어 확인해야 한다.

① 현장은 안전한가?

어떤 것들이 그 상황을 더 나쁘게 만들지 않을까를 확인해야 한다. 예를 들어, 불, 나쁜 날씨, 놀이시설의 노후 등, 만약 이런 것들과 다른 위험요소들이 위협하고 있다면, 부상당한 유아 근처에 가지 말고 안전거리를 유지하라. 그리고 119나 1339와 같은 응급의료기관에 즉시 전화해야 한다.

만약 곧 일어날 위험이 없다면, 심하게 부상당한 유아를 옮겨서는 안 된다. 물론 적당한 처치를 하기 위해 유아를 이동시킬 필요가 있을 때는 가능한 한 빠르고 신중하게 하고, 만약 위험이 없다면, 유아를 움직이지 말아야 한다.

② 무슨 일이 일어났는가?

무슨 일이 일어났는지 확인을 해야 한다. 위급상황을 일으킨 증거들과 유아가 어떻게 부상을 당했는지 증거를 찾아야지만 추후 병원에서 신속하게 치료를 하는 데 도움이 된다.

③ 주위에 도움을 받을 수 있는 사람이 있는가?

주위에 도움을 받을 수 있는 사람이 있다면 도움을 받아야 한다. 그러나 도움을 받을 성인이 없다면 교사는 부상당한 유아 곁에 있고 다른 유아에게 다른 교사나, 원감, 원장에게 알리라고 해야 한다. 특히 유아들은 응급상황에서 당황하거나 돌발상황이 일어날 수 있으니 주의해야 한다.

(2) 응급의료기관에 연락(Call)

도움을 청하기 위하여 전화하는 것은 응급상황에 있는 유아를 돕기 위하여 취할 수 있는 가장 중요한 행위이다. 응급전화는 119와 1339(응급의료정보센터)가 있다. 119나 1339에 전화할 때, 전화상담원에게 환자의 상태를 설명해야 한다. 전화상담원이 전화를 끊기 전에 전화를 끊지 말아야 한다. 왜냐하면 전화상담원이 제공하는 중요한 어떤 정보를 빠뜨릴지도 모르기 때문이다. 가능하면, 주위 사람에게 전화해 달라고 요청하라. 만약 당신이 그 상황에 있는 유일한 사람이라면, 도와 달라고 소리쳐라. 만약 아무도 오지 않는다면 119나 1339에 먼저 전화한 후 처치해야 한다. 의식이 없고 생명을 위협하는 상황에 있는 환자를 위해 가장 중요한 것은 응급의료기관에 전화하는 것이다. 빨리 전화하고 환자에게 가야 한다. 가능하면 다른 사람에게 전화하도록 부탁해야 한다. 당신과 전화를 건 다른 사람은 다음 4단계를 따라야 한다.

첫째, 응급의료기관에 즉시 전화하라.

둘째, 전화상담원에게 필수적인 정보를 주어라. 전화상담원이 물어보는 질문에 대답하라.

셋째, 전화상담원이 전화를 끊을 때까지 전화를 끊지 말아라. 전화상담원이 환자를 처치하는 최상의 방법을 이야기해 줄 수도 있다.

넷째, 전화를 걸고 난 후 돌아와서 환자 처치를 계속하라.

(3) 처치와 도움(Care)

만약 유아가 의식이 있고 말을 할 수 있다면, 응급처치를 하기 전에, 유아의 허락을 받아야만 한다. 허락을 얻기 위하여, 유아가 누구인지, 어떻게 도울 것인지를 유아에게 말해야 한다. 의식이 있는 유아는 처치를 하도록 허락할 수 있다.

의식이 있는 환자가 유아라면, 처치의 허락을 부모나 보호자로부터 얻어내야 한다. 생명이 위험한 상황이고, 부모나 보호자가 없다면, 허락은 묵시적 동의일 수밖에 없다. 만약 부모나 보호자가 동의하지 않는다면 처치를 하지 말고 119나 1339에 전화를 한다. 만약 의식이 없거나 반응을 할 수 없는 유아를 만났다면, 허락은 또한, 묵시적 동의일 수밖에 없다. 그 유아가 반응을 했다면 처치에 동의했을 것이라고 생각한다.

다음으로 유아에게 음료, 자세, 보온을 해야 한다. 기본적으로 유아에게 음료는 주지 않는 것을 원칙으로 한다. 하지만 유아가 음료를 간절히 원한다면 깨끗한 손수건이나 거즈에 물을 적시어 입술만 축이게 해준다. 자세는 평지에 눕히는 것을 기본으로 상체에 상처가 있을 경우 상체를 30도 정도 높여주고, 하체에 상처가 있을 경우 하체를 30cm 정도 높여주어 심장에 무리가 가지 않게 한다. 마지막으로 보온은 체온을 유지한다는 의미로 더운 여름에는 그늘진 곳으로 옮긴 후 옷의 단추를 풀어주고, 겨울에는 따뜻하게 담요 등을 덮어주어 체온을 유지하게 한다.

2) 일반적인 상황에서의 처치

(1) 벌레에 물리거나 쏘였을 때

벌레의 침은 고통스럽지만 치명적이진 않다. 하지만 소수의 사람들은 벌레 침에 대하여 심한 알레르기 반응을 보인다. 이 알레르기 반응은 구조 호흡이 필요한 응급상황을 초래할 수도 있다. 만약 어떤 사람이 벌레에 쏘였다면 침을 제거하라. 손톱이나 플라스틱 카드 또는 핀셋을 사용해서 침을 제거하라. 만약 핀셋을 사용한다면 독물이 아닌 침을 꽉 잡아야 한다. 비누나 물로 그 부위를 씻고 깨끗이 유지하기 위해 상처 부위를 드레싱 하라. 통증과 붓는 것을 감소시키기 위해 그 부위에 냉찜질을 해야 한다.

알레르기 반응의 증상이 있는지 주목해야 한다.

(2) 상처(Injuries)

① 짓눌린 상처

피부조직과 혈관에 손상이 가해지면 피부 아래 출혈이 일어난다. 조직은 색깔이 바래고 붓는다. 처음에는 빨갛게 보이다가 검붉은 색이나 자주색으로 변한다. 심한 타박상은 조직 깊숙이 큰 손상을 일으킨다.

② 긁힌 상처

가장 일반적인 상처다. 피부가 스치거나 벗겨져서 생긴다. 피부의 외피층이 벗겨져서 신경의 끝부분이 노출되므로 고통스럽다. 먼지나 다른 물질이 상처 안으로 쉽게 들어갈 수 있으므로 깨끗하게 해야 한다. 더러워지면 쉽게 감염된다.

③ 베인 상처

베인 상처는 끝이 들쑥날쑥할 수도 있고 부드러울 수도 있다. 상처는 주로 칼, 가위, 깨진 유리와 같이 끝이 날카로운 물건 때문에 생긴다. 깊은 상처는 신경, 큰 혈관, 다른 피부조직에 손상을 입힌다. 상처에서 보통 피가 많이 나오며, 깊은 상처는 출혈이 심각할 수도 있다. 만약 신경을 다쳤다면 고통을 느끼지 못할 수도 있다.

④ 찢긴 상처

피부조직이 부분적, 혹은 전체적으로 찢어져서 생긴 상처이다. 피부조직이 부분적으로 찢겨서 축 늘어진 채 매달려 있을 수도 있다. 때로는 신체 부분이 완전히 찢기기도 한다. 조직 깊숙이 손상되므로 출혈을 막는 것이 중요하다. 신체 부분이 완전히 찢겼을 때는 조직이 부상 부위에서 혈관을 닫아 버리므로 출혈을 조절하기가 쉽다.

⑤ 찔린 상처

칼, 깨진 유리, 못같이 끝이 날카로운 물건으로 찔려서 생기는 상처이다. 찔린 상처는 피를 많이 흘리지 않아 쉽게 감염된다. 만약 날카로운 물건이 중요한 혈관과 내부기관에 손상을 입힌다면 출혈이 심각할 수 있다. 상처에 남아 있는 물건은 이물질이라 한다. 신체 부분을 관통한 물건은 들어가는 곳과 나오는 곳 모두 상처를 입힌다.

(3) 흔히 일어나는 급한 병에 대한 응급처치

① 딸꾹질

- 증상: 딸꾹질은 횡격막의 경련성 수축에 의하여 생기며, 경련 상태에 있는 기관 속으로 공기가 급하게 끌려 들어감으로써 딸꾹질에서 보이는 이상스러운 소리가 나는 것이다. 때로는 먹은 음식물이 딸꾹질의 원인이 되기도 하고 신경성 원인에 의하는 수도 있다.

- 처치: 가벼운 것은 한참 동안 숨을 멈춰 횡격막의 경련을 멎게 함으로써 낫게 할 수 있고 냉수를 조금씩 천천히 마시든가 혀를 1~2분 동안 자기의 손으로 앞으로 빼내고 있음으로써 낫는 수가 있다. 여러 가지 방법으로도 낫지 않고 계속되면 의사에게 보인다.

② 두드러기

- 증상: 갑자기 피부에 울긋불긋한 것이 돋는 일종의 피부병이다. 두드러기가 갑자기 일어난 곳은 보통 그 주위의 피부색보다 더 붉고 가려움이 심하다. 대개 특정한 음

식물에 대하여 특이한 체질을 가진 사람에게 이런 현상이 나타난다.

• 처치: 두드러기가 돋는 부분에 냉찜질을 하거나 소독약을 바르면 가려움이 가라앉는다.

③ 귓속의 이물

• 증상: 유아들의 귓속에 콩, 팥, 작은 돌멩이 등 이물이 들어가는 수가 있다. 콩, 팥 등은 귓속의 습기를 받아 부풀면 빼내기가 곤란해진다. 이밖에도 파리 또는 벌레들이 귓속에 들어가는 수도 있다.

• 처치: 귓속의 이물은 바늘이나 철사 같은 것으로 빼내려고 하면 귀를 손상시킬 위험이 크므로 그런 행위는 하지 않아야 한다. 귓속에 벌레가 들어갔을 경우에도 귓속에 들어간 이물은 의사만이 빼내도록 한다.

④ 귀의 통증

• 증상: 귀의 통증은 대개 귀와 통한 코 및 인후로부터의 감염으로 발생되며, 코를 세게 푸는 것은(특히 양쪽 콧구멍을 동시에 막고 코를 풀면) 이관에 압박을 주어 통증을 일으킨다.

• 처치: 귀의 통증은 대개 아픈 쪽 귀를 따뜻하게 해 주면 멎는다. 즉, 따뜻한 소금주머니나 물주머니를 댐으로써 멈출 때도 있다. 귓병은 아무리 가볍거나 또는 잠시 아픔이 없더라도 꼭 의사의 진찰을 받는다.

⑤ 유아 경련

유아 경련은 흔히 급성 소화불량증, 열, 비타민D 결핍 등이 원인이 된다.

• 증상: 발작은 대개 예고 없이 일어나며 불안과 짜증으로부터 출발하여 눈과 얼굴의 근육이 경련하기 시작한다. 온몸의 근육이 움직이며, 발작 중에는 신체가 뻣뻣해지는 경우도 있다. 처음에는 얼굴색이 창백하며 후에 파랗게 변한다. 경련은 반시간 이상 계속되는 경우는 드물고 그 후에는 정신을 잃어 거의 죽은 것 같은 상태에 빠지게 된다.

• 처치: 옷깃을 느슨하게 해 주고 경련이 금방 멈추지 않으면 더운 물수건을 대어 준다. 유아의 옷을 전부 벗기고 체온과 비슷한 더운물에 넣어서 큰 타월이나 헝겊으로 몸을 싸 준다. 이때 응급처치 교사는 자신의 주관절(팔꿈치) 안쪽에서 잠시 물수건을 대어 온도를 조절한다. 동시에 유아의 이마에 찬 물수건을 대준다. 또한, 경련 끝에 유아의 얼굴색이 파랗게 질리고 호흡이 잠시 중단되는 때가 있는데 이 상태가 계속되면 구조 호흡을 실시한다. 움직이면 다시 경련이 일어날 수 있으므로 되도록 빨리 환자를 의사에게 보이도록 한다. 열로 인한 경련 시는 옷을 벗기고 열을 식혀 준다. 심장 부위를 차게 하면 심장마비를 일으킬 수 있으므로 주의한다.

CHAPTER

11

놀이와 교사

유아교사의 교수방법 중 가장 먼저 수행해야 할 것은 유아를 관찰하여 놀이환경을 구성하는 것이다. 놀이에서 유아교사가 어떻게 환경을 구성하고 제공하느냐, 놀이장면에서 개입을 언제 하느냐 등 다각적인 관점에서 유아와의 관계를 살펴보아야 한다.

이에 본 장에서는 놀이에서의 교사의 개입을 살펴보고 놀이지도 시 교사의 역할을 비롯하여 놀이개입의 전략을 고찰해 본다.

1 놀이에서의 교사개입

유아놀이에서 유아교사의 놀이개입에 대한 필요성은 1960년대 이후 스밀란스키(Smilansky)와 비고츠키(Vygotsky) 등 학자들에 의해 제기된다. 유아교사의 놀이개입이 유아들의 놀이장면에서 놀이를 확장시키고 각 영역으로 발달을 촉진시킨다는 관점에서 중요하다고 보았다. 유한나와 엄정애(2014)의 연구에서도 유아교사의 놀이개입은 긍정적이고 필수적인 것으로 밝히고 있다.

그러나 최근연구에서 토빈(Tobin, 1997)은 유아교사의 수업수행에서 일어난 일을 파악하고 유아의 일상을 항상 감독하는 것이 과연 바람직한 것인지에 대한 의문을 제기하였다. 즉, 교사의 놀이개입에 대한 부정적인 관점과 긍정적인 관점을 이해하고 얼마나 유아교사가 개입해야 하는지에 대한 것보다 어떻게 유아놀이에 개입해야 하는지에 대한 제기라 할 수 있다.

이에 유아교사는 놀이상황을 민감하게 관찰하고 분석하여 적절한 시기에 어떠한 개입전략과 기술을 갖고 놀이에 개입하여야 성공적인지에 대한 이해와 인지가 필요하다는 것이다. 유아교사가 유아들의 놀이를 존중하고 놀이를 좀 더 적극적이고 복잡성을 갖고 발전적인 방향을 수행되도록 지도해야 한다는 것이다.

2 놀이개입의 전략

유아교사의 놀이개입 전략은 크게 놀이 개입시기와 놀이개입의 유형에 따라 다르게 나타난다. 먼저 놀이개입의 시기는 교사가 의도적으로 개입을 하는지와 유아의 초청에 의해 놀이에 투입되는지에 따라 구분할 수 있다.

유아의 놀이장면이나 상황에 따라 교사가 어떻게 개입하는지를 살펴본다.

1) 유아가 놀이에 참여하지 않고 방황하거나 생활지도가 필요할 시

유아교실에서는 놀이에 참여하지 않고 방황하거나 물끄러미 놀이장면을 응시하는 유아를 볼 수 있다. 이럴 경우 유아교사는 놀이참여를 무조건 요구하기보다는 놀이에 참여치 않는 다양한 변인이나 원인을 찾아 분석할 필요가 있다.

먼저, 유아의 건강상태나 정서적 안정상태를 비롯하여 놀이에 대한 생각이나 놀이참여자에 대한 변인을 상호작용하며 무리한 개입이나 권유를 삼가야 한다. 즉, 적절한 조치와 휴식을 취한 후 유아가 놀이장면에 참여할 수 있도록 배려해야 한다.

다음으로 놀잇감과 활동수준을 파악해야 한다. 유아의 개인적인 발달과 인지수준 및 흥미의 차이가 있을 수 있으므로 유아는 놀이에 참여하지 않을 수 있다. 그러므로 놀이수준이 너무 어렵거나 쉬운 활동인지 살펴보고 유아의 개인차를 고려하여 다양한 놀잇감을 제시해야 한다.

또한, 사회성이나 사회적 기술이 부족하여 놀이참여에 두려움이나 어려움을 가질 경우 놀이내용을 설명하고 참여의지를 갖도록 놀이를 참여하는 수준을 적절하게 수용하여 교사와 함께 놀이에 개입하여야 한다. 이럴 경우 유아가 다른 유아와의 관계도 분석하여 협동적으로 상호작용을 못 하는지, 혹시 주변 유아들에게 따돌림을 받는지 등 세심한 관찰이 필요하다. 이때 교사는 다른 유아들과의 상호작용을 중심으로 놀이참여와 놀이수준 등 놀이개입에 필요한 중재자의 역할을 해야 한다. 놀이수준의 확장 및 놀이발전을 위한 개입을 시도해야 한다.

2) 유아가 놀이장면에서 초대할 시

유아들은 간혹 자신들의 놀이장면에 교사를 초대하거나 타인을 개입시킬 때가 있다. 이럴 때 유아교사는 즐겁게 놀이친구로 참여하며 놀이상황이 유지되고 확장될 수 있도록 상호작용을 촉진하는 개입이 필요하다. 그러나 또래와의 관계나 상호작용이 원만하지 않거나 관심의 대상으로 교사를 유도하려는 경우에는 놀이가 지속될 수 있도록 격려하고 개입을 줄여야 한다.

3) 비계설정이 필요할 시

비고츠키는 유아가 성인이나 유능한 또래의 지원으로 학습자의 수준에 맞는 도움을 준다면 발달을 더 향상시킬 수 있다는 것을 비계설정으로 설명한다. 각 유아에게 맞는 비계설정은 유아들로 하여금 높은 성취감과 높은 단계를 시도해 보고자 하는 욕구와 흥미를 갖게 한다는 것이다. 이러한 관점에서 유아들에게 새로운 개념이나 방법을 제시할 경우 교사는 유아들의 놀이장면에 개입할 수도 있다.

어떠한 일이 복잡하거나 문제 상황이 생겨 갈등이나 해결방법을 찾을 때 교사는 새로운 문제를 찾을 수 있는 제안이나 단서를 제공하고 다양한 방법이나 문제 해결책을 제시하는 것이 능동적인 개입이라고 할 수 있다. 그러나 유아가 스스로 구체적이고 생산적인 방법으로 놀이에 몰입하고 있을 때 교사의 개입은 오히려 방해요소가 될 수 있으니 주의해야 할 것이다.

3 놀이지도 시 교사의 역할

놀이는 유아의 사회적, 정서적, 인지적 발달을 위한 중요한 수단일 뿐만 아니라 유아의 발달을 반영하는 수단이다(NAEYC). 또한, 유아에게 발달에 적합한 학습기회를 제공하고 자신의 경험을 재구성할 수 있는 재현의 장을 마련해 주는 것이다.

이와 같이 유아교육에서 놀이가 유아의 학습수단과 발달의 중요요인으로 대두되면서 효율적인 학습과 발달을 위해 교사의 역할과 기능은 더욱 중요해졌다. 그러나 놀이에 대한 교육적 가치는 바깥 놀이를 밖으로 나가는 놀이, 실내의 공간에서 오는 협소성을 차단해 주는 단순한 휴식시간, 바깥을 이용하여 자유롭고 단순하게 몸을 움직이는 활동 등으로 보는 교사의 입장과 교육적 효과가 미비하다는 오해로 인해 교육 현장에서 다소 축약되거나 생략되는 경우가 발생되기도 한다.

시대의 흐름에 따라 유아의 놀이를 보는 관점이 바뀌듯이 바깥 놀이를 교육의 한 활동으로 인식하게 되는 시기는 1960년대 이후이다. 피아제나 비고츠키의 인지이론이 대두되면서 바깥 놀이가 유아의 인지적 · 사회적 발달을 가져온다는 주장이 일어났다. 따라서 유아놀이에 성인이 개입하는 것을 긍정적으로 인식하게 되었다. 더욱이 유아들의 바깥 놀이에 대한 교사의 개입은 유아들의 바깥 놀이를 보다 풍부하게 해주고 유아의 인지적 · 사회적 · 언어적 발달에 긍정적인 영향을 미친다는 것이다.

현대 유아놀이의 이론적 견해는 교사가 유아의 놀이지도에 관여해야 한다는 입장에 있다. 그러나 교사가 지나치게 유아놀이를 구조화하여 통제하거나 학업성취와 같이 다른 목적을 위한 수단으로 놀이에 개입하는 것은 오히려 놀이를 방해할 수도 있으므로 적절한 선에서 교사의 놀이지도가 이루어져야 할 것이다. 유아놀이지도의 의의는 다음과 같다(유효순, 조정숙, 2004; 지성애, 2000; Johnson, Christie, & Yawkey, 1999).

1) 놀이 인정

유아가 놀이를 받아들이는 관점은 교사의 태도와 관련에 따라 다르게 인식된다. 그러므로 교사가 유아놀이에 관심을 보이거나 함께 참여하면 유아들은 자신들의 놀이를 교사가 인정하는 것으로 여기며 놀이의 확산과 집중에 의미를 가진다. 이러한 인정은 유아가 자신의 놀이가 가치 있는 활동이라는 것을 인식하게 한다.

2) 친밀감 형성

교사가 유아의 놀이에 참여하여 유아와 긍정적인 상호작용을 하면 교사와 유아는 더 안정된 친밀감을 갖게 되고 더 쉽게 친근감을 형성하게 된다. 교사의 비언어적, 언어적 상호작용의 횟수와 질에 의해 유아의 행동과 자신감에 많은 효과가 나타남은 이미 알려진 것으로 유아와 교사의 상호작용은 바깥 놀이 지도의 필수요건이 된다.

3) 놀이지속과 주의집중 시간의 증가

교사가 유아의 놀이에 참여하므로 유아의 놀 시간을 더 길게 지속시킬 수 있다. 유아의 놀이지속시간이 길어지므로 놀이의 질이 향상되고 주의집중력이 신장되어 이후의 학습태도와 학습능력에 긍정적인 영향을 미치게 된다. 또한, 교사의 적극적이고 긍정적인 참여는 놀이의 확산에도 중요한 요인이 된다.

4) 정교하고 성숙된 놀이

교사가 유아들의 놀이에 참여하여 유아들의 놀이를 더 정교하고 성숙된 놀이로 이끌 수 있다. 브루너(Bruner, 1980)는 유아들이 또래집단과의 놀이활동을 하는 것보다 교사가 유아들의 놀이에 참여하고 지도할 때 더 높은 단계의 놀이로 전환된다고 하였다. 특히, 4~5세의 유아는 교사와 상호작용하면서 놀 때 인지적으로 더 복잡한 형태의 놀이가 나타나는 경향이 있다.

5) 다양한 발달의 촉진

교사는 유아의 놀이에 참여하여 유아의 인지, 언어, 정서, 사회성발달이 촉진되도록 도움을 줄 수 있다. 교사나 성인의 놀이지원은 유아로 하여금 놀이의 긍정적인 지지를 얻는 관계이므로 더욱 많은 발달적 관점이 형성된다.

6) 놀이의 풍부한 확장

교사는 유아놀이의 범위를 확장시키고 학습효과를 강화시킬 수 있는 놀이 자료, 놀이와 관련된 창조적인 생각, 그리고 놀이기술을 제공할 수 있다. 아직 신체적, 정서적으로 미성숙한 유아들은 놀이의 교구지원이나 놀이형태에 대한 지식이 부족할 수 있다. 교사의 어릴 적 놀이형태를 소개하고 알려 주는 계기는 더욱 풍요로운 놀이를 창조할 것이다.

7) 비계설정

유아놀이에 있어 교사 개입은 유아들로 하여금 혼자 힘으로 할 수 없는 활동에 '근접발달 영역'을 창조하여 유아가 적극적으로 참여할 수 있게 한다. 다양한 지원체제는 교사와 유아의 관계 개선은 물론 유아의 성장과 발달에 큰 영향을 주므로 적극적인 지원은 유아 놀이의 활력소가 된다.

이러한 긍정적인 요소는 교사가 유아의 놀이에서 어떠한 위치에 있으며 교사와 유아의 상호 작용을 토대로 놀이의 시너지 효과를 촉진시킬 수 있다는 것을 알 수 있다. 유아의 놀이를 지도하는 교사의 역할을 다른 관점에서 분류하는 학자들도 있다.

유아들의 놀이를 지도할 경우 교사의 역할은 크게 다음과 같다.

- 관찰자의 역할
- 계획하고 조직하는 역할
- 상호 작용하는 역할
- 감독자의 역할
- 평가자의 역할

놀이에 참여하지 못하고 어려움을 느끼는 유아를 도와주되 놀이를 직접적으로 지시하지 않아야 한다. 교사는 유아의 놀이를 관찰함으로써 언제 어떻게 놀이에 개입하고 빠져야 할지를 알아야 하며 직접적인 교수의 역할보다는 지원적인 역할을 하여야 한다(이숙재, 1990; 이은해, 1997).

또한, 존스와 레이놀드(Jones & Reynolds, 1992)는 교사의 역할을 다음의 7가지로 제시하고 있다.

(1) 무대의 매니저와 같은 역할

교사는 놀이환경을 제공하는 자이어야 한다. 충분한 공간과 놀잇감, 충분한 시간을 주고 놀이의 환경을 잘 구성하여 배치해 주어야 한다. 계절에 적합한 놀이기구와 견학을 다녀온 후에 필요한 놀이장치 등도 준비한다.

(2) 중개자의 역할

유아들의 놀이상황에서 일어나는 갈등이나 문제를 유아들 스스로 해결할 수 있도록 중개자의 역할을 할 수 있어야 한다. 교사는 유아들이 자신의 생각을 자신의 말로 표현하고 서로 의견을 교환할 수 있도록 적절한 말로 질문할 수 있어야 한다.

(3) 놀이자의 역할

교사들이 유아의 놀이에 참여할 것인지의 여부는 유아의 도전하려는 욕구나 놀이를 유지하려는 욕구 그리고 교사의 교수 활동에 대한 교사 자신의 생각에 따라 달라질 수 있다. 어떤 교사는 빌딩을 세우는 조력자로서, 가판대의 고객으로서, 문을 두드리는 방문객의 역할을 하면서 참여하기도 한다. 어떤 교사는 바깥 놀이에 교사가 참여하는 것이 요구된다고 보며 다른 교사는 놀이자료나 생각을 도와줌으로써 놀이에 지원을 할 수 있다고 생각한다.

교사는 놀이에 참여함으로써 유아들과의 관계를 확립할 수 있으며, 놀이의 내용을 풍부하게 할 수 있다고 느끼므로 자주 놀이에 참여한다. 그러나 교사의 놀이참여가 교사에게 주의집중을 하게 하거나 지시함으로써 유아들의 놀이를 방해하지 않도록 주의해야 한다.

(4) 작가의 역할

교사들은 유아의 놀이를 관찰하고 놀이의 내용을 기록하여 자료를 수집하고 조직하여 자신의 교수 활동의 개선에 활용하기도 한다. 이러한 역할 이외에 교사는 유아들의 놀이를 보고 표상하여 기록하는 작가의 역할을 할 수 있다. 놀이를 하는 유아의 발달에 대한 특성을 요약함으로써 학부모 회의나 교육과정의 계획 등에 적용하고 성인들과 의견을 교환하기 위한 자료가 될 수 있다.

교사는 유아들 간의 대화에 사용되는 언어와 놀이에 관해 기록하고 그림을 그림으로써 표상 활동을 하게 된다. 유아들도 교사의 쓰기 활동을 보고 놀이에 쓰기 활동이나 그림 그리기 등의 활동으로 적용하려는 욕구를 자극받게 된다. 이 자료는 유아에 관한 포트폴리오(portfolio)도 되지만 교사 자신의 포트폴리오도 된다.

(5) 평가자와 의사소통하는 자의 역할

교사는 가르치는 책임 외에 유아들의 성장을 평가하고 그 평가 자료로 부모와 학교 행정가들과 의견교환을 하게 되는 역할을 한다. 발달에 적합한 평가는 유아의 행동을 잘 이해하는 교사의 역할에 의한다.

교육과정의 새로운 계획을 위한 자료로서 평가의 자료가 활용된다. 관찰된 평가 자료는 유아의 개인차를 인정한 새로운 교육계획 및 지도를 가능하게 한다. 놀이 중에 볼 수 있는 유아의 신체적 발달의 특성도 중요한 관찰 자료가 될 수 있다.

(6) 계획자의 역할

유아교육기관이나 지역사회, 가족과 다양한 문화에서 강조하는 유아들의 학습에 관한 가치관은 유아교육과정의 내용을 결정하는 데 도움이 될 수 있다. 교사와 유아의 생각이 함께 적용된 발현적 교육과정은 최근 많은 관심을 받고 있다.

발현적 교육과정은 관찰에 의하여 사실의 표상이 가장 잘 이루어진 것에 의해 이루어진다. 따라서 교사의 목표는 좁고 세부적인 것보다는 넓게 설정한 것이 필요하다.

(7) 놀이의 지원자의 역할

교사는 놀이의 지원자 역할을 해야 한다. 교사의 적절한 준비와 개입전략은 궁극적으로 학습을 증진시키는 놀이에 대한 유아들의 참여를 격려하고 확장시켜 준다. 교사는 유아의 놀이를 관찰한다. 유아의 학습을 촉진시킬 수 있는 전략(strategy)을 개발한다.

다양한 방법으로 놀이를 확장시킨다. 교사는 계속적으로 유아의 독자성을 촉진시키고 개입을 최소화하도록 주의하고 때로는 유아들의 놀이에 참여한다. 그러나 유아들에게 놀이의 규칙이나 놀이의 개념과 방법을 가르치려고 하는 등 놀이의 방해자 역할을 하지 않도록 주의할 필요가 있다.

이런 의미에서 스피델(Spidell, 1986)은 다음과 같은 네 가지 상황에서 교사의 개입을 제안하고 있다.

① 유아들이 자신이나 타인에게 해를 가하고 자료를 잘못 사용하거나 규칙위반 시
② 유아가 혼자서 고립되어 있거나 사회적 위기에 있다고 판단될 때
③ 유아가 교사의 개입을 요구할 때
④ 관찰을 한 후 교사가 놀이를 확장시키고자 할 때(예: 교수, 시범, 대화, 유지, 환경수정, 참여, 재지시, 그 밖에 칭찬, 명령이 필요하다)

또한, 쉰(Shin, 1989)은 스피델(Spidell)의 네 가지 유형을 근거로 교사의 역할을 아홉 가지 유형으로 자세하게 제안하고 있다.

① 대화
② 참여

③ 시범
④ 환경구성
⑤ 칭찬
⑥ 놀이방향의 재지시
⑦ 유지
⑧ 교수
⑨ 명령(그만두자, ~해라; 놀이의 한계를 구분할 때)

이렇듯 교사의 역할은 다양하면서도 중요한 의미를 갖는다. 그러나 교사가 놀이를 지도하는 과정에서 교수적인 전략과 안전인식은 다음과 같은 환경과 상황에 의해 더욱 지도의 어려움을 갖게 한다.

놀이는 실내 활동 못지않게 중요하므로 독립된 활동으로 강조해야 한다. 그리고 교사도 함께 놀이를 즐길 준비를 해야 한다. 유아들이 노는 것을 바라보기보다는 운동화에 편한 옷차림으로 유아들과 함께 어울려 놀 수 있도록 해야 한다.

또한, 교사는 놀이터에서 사고가 나지 않도록 수시로 놀이터를 점검해야 한다. 파손된 놀이기구가 없는지, 흙이 깊이 파이지 않았는지 등을 살펴 유아들의 안전에 위협이 되는 요소가 발견되면 즉시 해결해야 한다. 안전한 놀이를 위해서는 유아들과 몇 가지 약속을 할 필요가 있다. 그네나 미끄럼틀, 정글짐 등 놀이시설에서 차례 지키기, 친구 밀지 않기, 모래 뿌리지 않기, 친구한테 물 뿌리지 않기, 동식물 괴롭히지 않기, 놀이 후 정리정돈 하기 등을 약속하도록 하는 것도 교사의 놀이지도 전략이다.

영유아의 자유놀이를 기초로 한

놀 이 지 도

CHAPTER

12

놀이의 평가

교사가 유아의 놀이를 효과적으로 지도하기 위해 다루어야 할 내용과 평가에 관한 내용을 담았다. 구체적으로 살펴보면 놀이를 지도하기 위해 놀이지도의 가치, 놀이지도 시 교사의 역할을 이해하며 바깥 놀이를 중심으로 바깥 놀이 지도 시 가치와 지도 전략을 소개하고 놀이평가에 대하여 알아볼 것이다.

1 놀이평가의 개념과 의의

유아들의 놀이를 평가하는 것은 놀이를 놀이의 한 유형으로 개념화하고 중요한 가치를 이해하고 인식하는 과정 가운데 놀이에 대해 분석하고, 놀이의 양적, 질적인 가치를 높이는 데 있다. 놀이는 매우 복잡한 현상이며, 특히 유아가 집단으로 놀이할 때는 더욱 복잡해진다. 일어나는 현상을 이해하기 위해서 다양한 평가의 척도가 있으나 유아교육 현장에서 매우 용이하게 이용하는 척도가 바로 관찰이다.

관찰은 체계적이어야 하며, 관찰자는 보고자 하는 행동을 분명히 해야 하고, 수집된 정보를 기록하기 위한 방법도 알고 있어야 한다. 또한, 관찰은 객관적이어야 하고 유아의 놀이행동의 본질적인 특성이 반영되어야 한다.

놀이 관찰을 위한 일반적인 지침을 살펴보면 다음과 같다.

- 먼저 유아의 놀이에 대해 알고자 하는 것이 무엇인지를 결정하고, 그 목적에 적절한 방법을 선택한다.
- 유아가 능력을 최대한 발휘할 수 있는 환경에서 관찰하도록 노력한다. 다양한 자료를 이용하고, 충분한 시간을 갖도록 한다.
- 유아가 서로 친숙해지고 바깥 놀이 환경에 익숙할 때까지 관찰을 연기한다.
- 유아의 전형적 놀이행동에 대한 표상을 정확히 관찰하기 위해서는 유아의 놀이행동을 여러 번 관찰한다(Johnson, et al., 2005).

즉, 놀이평가는 유아놀이를 어떠한 관점에서 보고 평가할 것인가에 대한 의미가 부여되어야 하며 놀이를 지도하는 교사의 관점과 놀이를 활성화시키는 외부요인에 대한 이해도 필요하다고 할 수 있다.

2 놀이의 평가

유아의 놀이를 평가하기 위해서는 무엇을 중심으로 평가할 것인지에 대한 목표가 반영되어야 한다. 행동의 변화가 교육내용이나 놀이목표에 맞는지, 현재 수준보다 놀이를 수행한 후의 무엇이 변화되고 발달되었는지에 대한 객관적이고 체계적인 평가방법이 있어야 한다. 그러므로 유아의 놀이지도를 위해 놀이의 평가를 유아와 놀이환경의 관점에서 살펴보고자 한다.

1) 유아의 놀이평가

놀이관찰방법은 크게 세 가지 범주로 행동목록법, 평정척도, 일화기록으로 나눌 수 있다. 행동목록법과 평정척도는 매우 구조적이고 무엇을 관찰할지 그리고 어떻게 정보를 기록할지가 구체화되어 있다.

행동목록법과 평정척도는 빠르고 쉽게 사용할 수 있지만, 유아의 바깥 놀이에서 제한된 장면과 놀이의 주변 상황에 대한 제한된 정보만을 제공한다. 반면 일화기록은 덜 구조적이다.

관찰자는 빈 카드나 빈 관찰지에 놀이의 장면을 묘사하듯 기록한다. 일화기록은 행동 목록법보다 시간이 오래 걸리지만 유아의 놀이행동이나 놀이 발생 상황에 대한 풍부한 설명을 해준다.

(1) 행동목록법(Behavior checklist)

행동목록법은 행동의 유무만을 표시하는 것으로, 2세에서 8세 유아용으로 개발된 세 가지 척도를 제시하면 다음과 같다.

① 사회/인지도 척도

사회인지도 척도는 유아의 놀이유형에 대한 전반적인 관점을 제공한다. 사회인지도 척도를 통해 평가한 결과는 다른 특정한 관찰척도나 관찰절차의 필요성을 알려줄 수 있는 좋은 판별도구다.

사회인지도 척도는 1970년대 중반 루빈과 그의 동료들이 파튼(Parten)의 사회적 놀이와 피아제의 인지적 놀이 범주를 적용한 스밀란스키(Smiliansky)의 견해를 연합하여 만들었다. 루빈(Rubin)은 척도의 신뢰도를 높이고 활용이 용이하도록 파튼의 사회적 놀이 가운데 연합놀이와 협동놀이를 집단놀이의 하나의 범주로 통합한다(Rubin, Watson, & Jambor, 1978). 그러므로 사회인지도 놀이 척도는 12개의 놀이범주와 비놀이행동 범주로 구성된다.

표 12-1 사회/인지도 놀이의 12범주

	혼자놀이	병행놀이	집단놀이
기능놀이	혼자-기능놀이	병행-기능놀이	집단-기능놀이
구성놀이	혼자-구성놀이	병행-구성놀이	집단-구성놀이
극놀이	혼자-극놀이	병행-극놀이	집단-극놀이
게임놀이	혼자-게임놀이	병행-게임놀이	집단-게임놀이

이를 활용하기 위해서는 사회/인지적 범주의 정의를 구체적으로 알아야 하는데 그것은 다음과 같다(Johnson, et al., 2005).

가. 인지적 수준

- 기능 놀이(functional play)
  - 사물 혹은 사물 없이 하는 반복적인 근육 운동이다.
  - 예: 달리기, 모으기와 버리기, 사물이나 자료 조작하기, 비형식적 게임(나란히 줄 세우기) 등이 포함된다.
- 구성놀이(constructive play)
  - 사물(블록, 레고, 팅커 토이)이나 자료(모래, 점토, 물감)를 사용한 구성하기 등이 포함된다.
- 극화놀이(dramatic play)
  - 역할놀이와 가작화 변형이 이에 속한다.
  - 예: 역할놀이(부모, 아기, 소방관, 상어, 영웅, 괴물로 가장하기), 가작화 변형(눈에 보이지 않는 핸들을 움직이며 운전하는 척하기, 혹은 긴 블록으로 전화 거는 척하기) 등이 포함된다.
- 규칙 있는 게임(games with rules)
  - 인식, 수용, 확인하며 사전에 설정한 규칙대로 참여하기가 있다.
  - 예: 술래잡기, 무궁화 꽃이 피었습니다, 구슬놀이, 카드놀이, 공차기 등이 포함된다.

나. 사회적 수준

• 혼자놀이(solitary play)

- 혼자서 자료를 가지고 대화할 수 있는 거리 안에서 유아들과 여러 가지 다른 재료를 가지고 놀이하며, 다른 유아와 대화가 없다.

• 병행놀이(parallel play)

- 다른 유아와 아주 근접해 있는 거리에서 유아들과 비슷한 활동에 참여하거나 놀잇감을 가지고 놀이한다. 그러나 다른 유아와 놀이하려는 시도가 없다.

• 집단놀이(group play)

- 정해진 규칙 혹은 규칙이 없이 다른 유아와 함께 놀이한다.

다. 비 참여/방관/전이

비참여적 행동, 방관적 행동, 활동에서 다른 활동으로의 전이 등이 포함된다.

라. 비 놀이활동

- 학문적 활동이나 교사가 지정한 과제들의 사전 설정된 유형대로 따라야 한다.
- 예: 색칠하기, 학습지, 컴퓨터, 교육적 놀잇감(일상생활 틀) 등의 활동들이다.

사회/인지적 척도를 위한 기록용지의 예를 들면 〈표 12-2〉와 같다(Johnson, et al., 1999).

표 12-2 사회인지도 척도

이름: (남 / 여) 관찰인: 관찰일:

<table>
<tr><td rowspan="5">사회적
수준</td><td colspan="5"></td></tr>
<tr><td></td><td>기능놀이</td><td>구성놀이</td><td>역할놀이</td><td>규칙 있는 게임</td></tr>
<tr><td>혼자놀이</td><td></td><td></td><td></td><td></td></tr>
<tr><td>병행놀이</td><td></td><td></td><td></td><td></td></tr>
<tr><td>집단놀이</td><td></td><td></td><td></td><td></td></tr>
</table>

비 참여/ 방관/ 전이

비 놀이		

관찰결과를 해석할 때 유아의 연령과 발달 수준을 고려하는 것이 매우 중요하다. 예를 들어 관찰용지에 만 4세 유아가 병행놀이나 혼자기능놀이가 많이 나타났을 경우 사회적 놀이 수준이 미성숙한 것임을 알려 주고 있어 집단놀이에 참여할 수 있는 기술을 습득할 수 있도록 도와주어야 할 것이다.

② 또래놀이 척도

하우즈(Howes, 1980)는 루빈의 사회인지도 척도보다 사회적 놀이를 더욱 세밀하게 관찰할 수 있도록 또래놀이 척도를 고안하였다. 또래놀이척도의 정의는 다음과 같다(Johnson, et al., 1999).

가. 수준 1: 단순 병행놀이(parallel play)

- 유아는 0.9m 이내에서 서로 같은 활동을 하지만 눈을 마주치거나 언어를 통한 사회적 행동을 하지 않는다.
- 예: 몇몇 유아가 블록을 가지고 서로 가까이 앉아서 놀이하지만, 그들 각자는 모두 자신의 놀이에 빠져 있다. 그들은 마치 서로의 존재에 관심이 없는 것 같다.

나. 수준 2: 관심을 가진 병행놀이(parallel aware play)

- 수준 1의 놀이에 눈을 마주치는 것이 첨가된 병행놀이이다.
- 예: 블록을 가지고 놀이하는 두 명의 유아가 있는데 그들은 가끔씩 서로 쳐다보고 각각 다른 블록을 구성한다. 비록 유아들이 사회적 상호작용을 하지는 않지만 다른 유아의 존재와 현재 활동에 관심을 갖는다. 이 단계에서 유아들은 종종 각각 다른 유아의 놀이를 모방한다. 한 유아는 다른 유아의 블록 구조물을 그대로 묘사할 수 있다.

다. 수준 3: 단순 사회놀이(simple social play)

- 유아들은 같은 유형의 활동을 하면서 사회적으로 상호 작용한다. 그들은 말하고 사물을 교환하면서 웃거나 다른 형태의 사회적 상호 작용을 한다.
- 예: 블록을 가지고 놀이하는 유아들은 서로의 구성물을 평가할 수 있다. '와! 멋지다'라는 식이다.

라. 수준 4: 상호 보완적 놀이(complementary and reciprocal play)

- 유아는 사회적 놀이에 참여하거나 게임을 한다(한 유아의 행동을 다른 유아가 그대로 따라서 하는 것).
- 예: 블록을 가지고 놀던 유아 중 한 유아가 다른 유아에게 블록을 하나 주고, 그것을 받은 유아는 다른 블록을 다시 준다. 숨바꼭질이나 쫓고 쫓기는 게임 또한 이 범주에 속한다.

마. 수준 5: 협동적 사회 가작화 놀이(cooperative social pretend play)

- 유아는 사회극놀이를 하는 동안 보완적인 역할을 수행한다. 역할이 분명하게 이름 붙여질 필요는 없지만, 이때 유아의 행동은 분명히 일치되어야만 한다.
- 예: 유아는 엄마 아빠의 역할을 흉내 낼 수 있고 인형을 목욕시키고 옷을 갈아입히는 척할 수 있다.

바. 수준 6: 복합적 사회 가작화 놀이(complex social pretend play)

- 유아는 놀이에 대한 사회 가작화 놀이와 상위 의사소통 모두를 나타낸다. 상위의사소통(metacommunication)은 유아가 놀이에 대한 그들의 가상 역할을 말하기 위해 일시적으로 놀이를 중단할 때 발생한다.
- 예: 명명하기와 역할 정하기를 하고("넌 엄마고, 너는 아가 해"), 새로운 놀이각본을 제안하며("이제부터 우리 숲속에서 길을 잃었다고 하자"), 현재 장면을 수정한다("힘들어서 그만 할래. 우리 블록방에 가서 놀자"). 그리고 다른 유아를 촉진시킨다("여기는 우주선이야? 우주선에 타려면 우주복과 헬멧이 있어야 해. 우주복과 헬멧을 받으려면 줄을 서야 해").

판투조와 셔턴-스미스(Fantuzzo & Sutton-Smith, 1994)는 펜실베이니아 상호작용 또래놀이 척도(Pennsylvania interactive peer play scale)를 개발하였다. 본 척도는 헤드스타트에 참여한 유아 중 상호작용놀이에서 상위 25명, 하위 25명을 선정하여 이들의 놀이행동을 비디오를 통해 분석하여 놀이가 잘 이루어지는 유아와 잘 이루어지지 않는 유아들의 특성을 살펴보았다. 이러한 연구를 통해 유아의 또래놀이행동을 중심으로 평정척도를 개발하였다.

상호작용 또래놀이 척도의 하위요인으로는 놀이 상호작용, 놀이방해, 놀이 비 연결로 구성되어 있다. 각 요인의 설명은 다음과 같다.

- 놀이상호작용: 친사회적 행동, 대인관계 기술, 자아통제, 언어적 주장과 관련한 긍정적 차원을 의미하고 있다.
- 놀이방해: 공격적 행동과 자아통제의 부족과 관련된 부정적 차원을 의미하고 있다.
- 놀이 비 연결: 놀이행동의 위축과 같은 부정적 차원을 의미하고 있다.

펜실베이니아 상호작용 또래놀이 척도는 유아들이 또래와 함께 놀이를 할 수 있도록 격려 및 지도를 할 수 있으며, 또한 또래 중재 프로그램에 활용이 가능하여 사회적 기술이 많은 유아가 사회적 기술이 적은 유아를 돕도록 하는 데 사용될 수 있다.

표 12-3 펜실베이니아의 상호작용 또래놀이 척도 예시

	전혀	가끔	종종	자주
놀이 상호 작용 - 아이디어를 서로 이야기한다. - 따른 또래를 도와준다. - 다른 또래들이 놀이에 참여하도록 격려한다. …				
놀이 방해 - 싸움을 걸거나 시비를 건다. - 다른 유아의 물건을 부순다. - 신체적으로 공격한다. …				
놀이 비연결 - 놀이에 참여하지 못하고 배회한다. - 또래들이 무시한다. - 교사의 지시가 필요하다. …				

③ 놀이성 척도

놀이성은 놀이에 대한 유아의 성향을 알아보는 것이다. 바넷(Barnett, 1990)은 놀이를 신체적 자발성, 사회적 자발성, 인지적 자발성, 분명한 즐거움, 유머감각의 5개의 차원을 활용하여 측정하고 있다.

이 평가에서 낮은 점수를 얻은 유아는 성인이나 또래의 지원이 필요하다는 것을 뜻

한다. 놀이성 척도는 〈표 12-4〉와 같다(Johnson, et al., 1999).

표 12-4 놀이성 척도

	유아의 놀이성 정도				
	전혀	조금	다소	많이	아주 많이
신체적 자발성					
동작이 잘 협응된다.					
유아는 신체적으로 능동적이다.					
보다 능동적인 것을 선호한다.					
달리기, 한발뛰기, 껑충뛰기, 도약을 많이 한다.					
사회적 자발성					
타인의 접근에 쉽게 반응한다.					
타인과의 놀이를 제안한다.					
다른 유아와 협동적으로 놀이한다.					
놀잇감을 흔쾌히 공유한다.					
놀이 시 지도자 역할을 한다.					
인지적 자발성					
스스로 게임을 창안한다.					
놀이에서 비전형적인 놀잇감을 사용한다.					
여러 가지 배역을 가장한다.					
놀이 동안 활동을 변화시킨다.					
분명한 즐거움					
놀이하는 동안 즐거움을 표현한다.					
놀이 동안 충만함을 나타낸다.					
놀이 동안 열정을 보인다.					
놀이 동안 감정을 표현한다.					
놀이하면서 노래하고 말을 한다.					
유머 감각					
다른 유아들과 농담을 즐긴다.					
다른 사람을 조용하게 놀린다.					
재미있는 이야기를 한다.					
유머러스한 이야기에 웃는다.					
익살부리는 것을 좋아한다.					

④ 상호작용적 또래놀이 척도

상호작용적 또래놀이 척도는 교사가 유아들의 놀이행동을 관찰하여 놀이지도에 반영할 수 있고 또래의 중재적 개입에도 도움이 되는 것이다. 또래 중재적 개입은 성숙한 수준의 상호작용을 나타내는 유아가 미숙한 유아의 사회적 능력을 향상시키도록 도와주는 것을 말한다.

상호작용적 또래 놀이 척도는 〈표 12-5〉와 같다(Johnson, et al., 1999).

표 12-5 상호 작용적 또래놀이 척도

	상호 작용적 또래놀이 척도				
	전혀	조금	다소	많이	아주 많이
놀이 상호 작용					
아이디어를 공유한다.					
다른 유아를 이끌어 준다.					
다른 유아를 돕는다.					
또래 행동을 긍정적으로 지도한다.					
다른 유아가 참여하도록 격려한다.					
놀이활동에서 창의성을 보인다.					
놀이 방해					
싸움을 걸거나 시비를 건다.					
또래 유아들이 거부한다.					
역할을 바꾸지 않는다.					
고자질한다.					
다른 사람의 물건을 파괴한다.					
언어적으로 공격한다.					
울거나 불평하거나 화낸다.					
다른 유아의 물건을 뺏는다.					
신체적 공급을 한다.					
놀이 위축					
놀이집단 밖에서 배회한다.					
움츠린다.					

	상호 작용적 또래놀이 척도				
	전혀	조금	다소	많이	아주 많이
목표 없이 쳐다본다.					
다른 사람에 의해 무시된다.					
놀이집단 속으로 초청받지 못한다.					
놀이에 초대받았을 때 거절한다.					
놀이에서 갈팡질팡한다.					
교사 지시가 필요하다.					
불행해 보인다.					
한 활동에서 다른 활동으로 전이하기가 어렵다.					

하우즈(Howes, 1980)의 척도는 또래놀이를 세 가지 차원에서 측정하고 있다.

첫째, 유아들 간의 사회적 상호작용의 복잡한 정도

둘째, 상호작용의 보완적 측면과 상호적 정도

셋째, 놀이 유지와 계획 시 사용되는 언어의 확장 정도를 측정한다.

또래놀이 척도를 위한 기록용지의 예는 〈표 12-6〉과 같다(Johnson, et al., 1999).

표 12-6 또래놀이 척도의 기록용지

날짜	혼자놀이 (수준0)	단순 병행놀이 (수준1)	관심 있는 병행놀이 (수준2)	단순 사회놀이 (수준3)	상호 보완적 놀이 (수준4)	협동적 사회 가작화 놀이 (수준5)	복합적 사회 가작화 놀이 (수준6)	성인 개입	환경과 자료

⑤ 사회극놀이 척도

사회극놀이는 두 명 이상의 유아들이 자기 주변의 이야기나 현실적인 실제상황을 주제로 하여 역할을 정하고 극으로 꾸며 실행하는 놀이활동이다. 여기에서는 유아들의 발달된 인지, 사회, 언어능력이 요구된다.

스밀란스키(Smilianky)의 사회극놀이 척도는 성숙된 형태의 사회극놀이를 평가하는 데 5개의 요인들을 준거로 제시하고 있다. 이 척도를 활용하기 위해서는 사회극놀이 척도의 정의를 알아야 하는데 그것은 다음과 같다.

가. 역할 수행(role playing)

유아들은 역할을 선정하고(가족 구성원, 소방수, 드라큘라 백작 등), 언어적 선언(나는 엄마야)을 하고 결정한 역할과 역할의 적절한 행동에 대해 의사소통한다(아기를 재우는 척하는 것).

나. 가상 전환(make-believe transformation)

사물, 행동과 상황을 표상하기 위하여 상징을 사용한다.

- 사물들은 다른 사물을 위한 대치물로 사용되거나(나무 블록으로 전화기를 대신 사용하는 것), 언어적 선언을 통해 상상적 사물을 창조하는 데 사용된다(가만히 전화기에 몰입하면서 "내가 그리로 갈게요. 울지 말아요"라고 소리치는 것을 들 수 있다).
- 생략된 행동들은 실제 행동을 위한 대치물로 사용되거나(손을 위아래로 움직이면서 머리 파마를 하는 척하는 것), 언어적 진술이 상상의 행동을 창조하는 데 사용된다("나는 파마를 하고 있어").
- 언어적 선언은 상상적 상황을 창조하는 데 사용된다("우리 지금은 로켓을 타고 달나라로 가는 것처럼 하자").

다. 사회적 상호작용(social interaction)

최소한 두 명의 유아들이 놀이 사건과 관련하여 서로 직접적인 상호작용을 한다(또래놀이 척도의 항목에서 네 번째 놀이 단계인 상호 인식 있는 상호보완적 놀이 단계에서 나타난다).

라. 언어적 의사소통(verbal communication)

유아들은 놀이 이야기와 관련된 언어적 의사소통에 참여한다. 이러한 언어적 의사소통은 두 가지 유형이 있다.

- 상위 의사소통은 놀이 이야기를 조직, 구성하기 위해 사용된다. 유아들은 다음과 같은 말들을 사용한다.
  - 사물 가작화를 변별하여 명명하기("밧줄을 뱀인 척하자")

- 역할 분담하기("나는 이모야. 너는 운전기사 해")
- 이야기 구성하기("먼저 우리는 마트에 간 다음, 짜장면을 먹을 거야")
- 역할에 적합하지 않은 행동을 한 놀이 참여자를 비난하기("아빠는 그런 식으로 말하지 않아!" 또는 "바보야, 그것은 말이 아니라 소 같아")

• 가작화 의사소통은 유아가 맡은 역할에 적합하게 말하는 것이다.
교사 역할을 맡은 유아는 다른 놀이 참여자에게 "너는 버릇없는 아이야. 선생님과 얘기 좀 해야겠다."라고 말하는 것이다.

마. 지속성(persistence)

유아들은 지속적인 놀이 이야기에 참여한다. 연령은 유아들이 놀이를 지속적으로 유지하는 데 필요한 시간의 길이를 결정하는 요인이다.
선행연구에 따르면, 저 연령의 유아들은 적어도 5분 정도의 놀이 이야기를 지속시킬 수 있으며, 유치원 유아는 적어도 10분 정도 놀이 이야기를 지속하여 진행시킬 수 있다. 놀이 지속시간은 다른 요인에 의하여 변하기도 한다. 만약 제공되는 놀이 시간이 짧다면(10~15분), 놀이 지속시간도 짧아질 것이다.

사회극놀이 척도를 위한 기록용지의 예는 〈표 12-7〉과 같다(Johnson, et al., 1999).

표 12-7 사회극놀이 척도

이름	역할 놀이	가상			상호작용	언어적 의사소통		지속성
		사물	행동	상황		상위의사소통	가작화	

사회극놀이 관찰 순서를 제시하면 다음과 같다.
• 관찰 대상을 2~3명의 유아로 정한다.
• 관찰 대상 유아들을 번갈아 가며 관찰한다. 약 1분 동안 한 유아를 관찰한 후, 다

음 유아를 관찰한다.

- 놀이 시간이 끝난 후에 각 유아들의 놀이에서 관찰된 구성 요소를 기록용지의 해당되는 칸에 기록한다.
- 관찰되지 않은 목록이 한 가지 또는 그 이상이면 며칠 후에 그 유아를 관찰한다.

2) 평정척도

평정척도(ration scales)는 관찰자가 타인에 대한 판단을 척도에 의해 정의된 특성을 기록할 수 있도록 고안된 도구이다. 이는 관찰대상의 구체적인 행동에 초점을 두며 측정하고자 하는 행동의 유무를 단순하게 나타낼 수 있으며 행동의 질에 대해서도 판단할 수 있다. 즉, 평정척도는 행동의 질을 판단하고 행동이 나타나는 정도를 표시하는 것으로, 놀이성 척도와 상호작용적 또래놀이 척도를 사용할 수 있다. 그러나 평정척도는 행동의 유무를 단순히 체크하는 것이 아니라 관찰자의 행동의 질과 정도에 따라 판단할 수 있다(Pellegrini, 1996). 그러므로 이 평정척도는 측정하기가 어려운 광범위한 행동이나 속성을 판단할 때 사용한다.

3) 일화기록

일화기록은 사건에 대한 주요 사항을 간단히 기술하는 것으로 사건 진행 중이거나 사건 직후 기록하는 방법이다. 일화기록은 놀이 동안 발생하는 특정 사건, 유아의 놀이 능력, 유아의 전반적인 발달사항에 대한 증거 자료로 사용할 수 있다. 일화기록은 간단하지만 유아와 관련된 다양한 정보를 얻을 수 있다.

일화기록을 할 때 유의해야 할 점은 다음과 같다(Irwin & Bushnell, 1980).

- 일시, 상황, 기본적인 활동에 대한 정보를 제공할 것
- 중심인물의 행동과 말을 기록할 것
- 일화의 연속성을 유지할 것
- 대화의 분위기를 유지하기 위하여 표현된 단어를 정확하게 기록할 것
- 객관적이며 정확할 것

일화기록의 일지 작성의 예를 들면 〈표 12-8〉과 같다.

표 12-8 일화기록의 예

<table>
<tr><td>

일화기록

대상유아: 이나미(20○○. 7. ○) 기록일: 5월 25일

나미는 역할놀이영역에서 미용실 놀이를 하고 있다. 나미는 놀이공간 한쪽에서 손님을 기다리는 미용사를 가장하고 있다. 손님으로 가장한 유아에게 "어머! 어서 오세요! 예쁘게 파마를 해드릴 테니 이쪽에 앉으세요." 라고 말하면서 손님인 유아를 의자에 앉히고 머리를 만진다. "오늘은 머리를 감아 주세요."라고 손님을 가장한 유아가 말하자 미나는 "네! 머리를 감고 파마를 할까요?" 하면서 수건을 얼굴에 가리고 샴푸 하는 흉내를 낸다.
나미의 입에서는 흥얼대는 콧노래가 흘러나온다. 손님을 가장한 유아는 시원한 듯 가만히 머리를 젖히고 손을 팔짱을 낀다.

</td></tr>
</table>

만약 놀이가 진행되는 동안에 일화기록을 작성할 수 없다면 나중에 기억하고 있는 것을 사후 기록할 수 있다. 이것의 예는 〈표 12-9〉와 같다.

표 12-9 놀이에 대한 사후 기록

<table>
<tr><td>

일화기록

대상유아: 이나미(20○○. 7. ○) 기록일: 5월 25일

자유선택놀이시간에 역할놀이영역에서 아이들은 미용실로 꾸미고 미용실 놀이를 준비하고 있었다. 블록과 나무젓가락, 빵끈, 색모루, 휴지 등을 준비하고 의자와 선풍기로 자리 배치를 한 다음 나미는 미용사 가운을 입고 미용사가 된 것처럼 가장을 하고 있다.
다음에 손님을 기다리는 척하면서 잡지를 보고 손님을 가장한 희주가 들어서자 "어머! 어서 오세요! 예쁘게 파마를 해드릴 테니 이쪽에 앉으세요"라고 말하면서 손님인 희주를 다른 의자에 앉히고 어깨에 수건을 갖다 대고 머리를 만진다. "오늘은 머리를 감아 주세요"라고 손님을 가장한 희주가 말하자 미나는 "네! 머리를 감고 파마를 할까요?" 하면서 수건을 얼굴에 가리고 샴푸하는 흉내를 낸다.
나미의 입에서는 흥얼대는 콧노래가 흘러나온다. 손님을 가장한 희주는 시원한 듯 가만히 머리를 젖히고 손을 팔짱을 낀다. 나미는 파마를 하면서 무언가를 적는다. 나중에 내가 "뭐 하는 거야"라고 묻자 나미는 "파마시간을 적어 놓아야죠. 오래 가면 안 돼요."라고 대답한다. 이것은 나미가 놀이를 하면서 일상생활의 규칙이나 모델링을 기능적으로 사용한다는 것을 알 수 있었던 사례다.

</td></tr>
</table>

4) 비디오 및 스마트기기 촬영

최근 미디어기술의 발달로 인해 동영상 촬영에 비디오 및 스마트 폰을 통해 손쉽게 촬영할 수 있게 되었다. 또한, 이러한 비디오 촬영은 유아의 놀이를 관찰하는 데 있어 매우 유용하다.

비디오 촬영은 유아의 놀이를 체계적으로 관찰하기 어려운 부분을 살펴볼 수 있게 해준다. 이는 일반적인 관찰보다 놀이상황에서의 유아들의 행동, 놀잇감, 대화 등을 상세하게 기록할 수 있다. 그러나 이러한 촬영을 할 때에는 촬영기기의 메모리(테이프 등)를 촬영시간보다 넉넉하게 준비해 두어야 한다. 또한, 촬영기기의 전원 및 배터리도 확인하여 녹화하는 데 있어 중단이 되지 않게 유의하여야 한다.

이러한 비디오 촬영은 앞서 유아의 놀이를 살펴보기 위한 체크리스트나 평정척도와 함께 활용할 경우 놀이관찰의 신뢰도를 증진시킬 수 있다. 이는 놀이에 참여하지 않거나 참여도가 낮은 유아들의 특성을 좀 더 체계적으로 관찰할 수 있어 유아에게 필요한 사회적 기술 및 대화기술 등을 증진시켜 놀이에 함께 참여할 수 있도록 유도할 수 있다.

그러나 비디오 촬영에 주의점이 있다. 유아의 놀이를 촬영하는 데 있어 유아들이 촬영기기에 관심을 가져 놀이에 방해를 줄 수 있기 때문에 촬영을 할 때에는 유아들이 관심을 갖지 않도록 숨겨서 촬영을 하든지 아니면 미리 촬영기기를 노출하여 유아들의 관심도가 낮아지게 하는 방법이 있다. 그리고 비디오 촬영을 할 때 기기들의 촬영 각도가 매우 중요하다. 만약 하나의 기기로 촬영할 때에는 유아들이 등지거나 놀잇감을 유아들 품으로 가져갈 경우 촬영하기 어려움이 있다. 그러므로 촬영을 할 때에는 최소 2개 이상의 촬영기기를 각각의 모퉁이나 교구 정리함에 설치하여 촬영의 사각이 생기지 않도록 하는 것이 중요하다. 또한, 앞서 이야기한 것과 같이 녹화를 할 때에는 녹화용 테이프나 저장 메모리카드의 용량을 넉넉하게 준비하여야 할 것이다.

이상의 방법 외에 디지털 카메라나 핸드폰을 이용한 기록을 할 수 있다. 특히 핸드폰이 다기능으로 즉각적인 촬영이 가능해지면서 놀이관찰과 교수학습의 좋은 매체로 이용되고 있다.

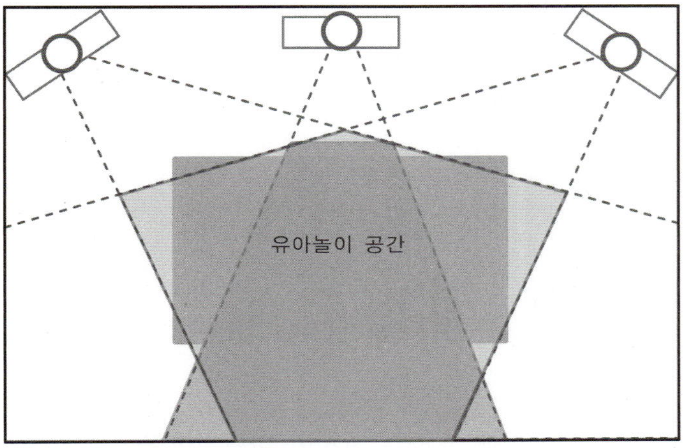

그림 12-1 비디오 촬영

비디오카메라는 평가를 할 때와 교수 활동의 목적을 위해서 사용되는 가장 표준적인 시청각매체 중 하나로서, 놀이 관찰을 돕는 데 다음과 같은 의의가 있다.

- 바깥 놀이 관찰과 관련된 중요한 문제에 대한 해결책을 제공한다.
  예: 교사는 놀이의 체계적인 관찰을 하기 위해 어떻게 시간을 얻을 것인가?
- 관찰보다 바깥 놀이행동에 대해 더 세밀하고 자세한 기록을 제공한다. 즉, 무엇을 가지고 노는지, 다른 유아 및 성인과의 상호작용이 일어나는지, 언어가 사용되는지 등을 자세히 관찰하여 기록할 수 있게 한다.
- 관찰기술을 개선하는 데도 사용될 수 있다. 다른 방법과 함께 사용된다면 관찰에 대한 신뢰도와 일치도를 높일 수 있다.
- 교사들의 바깥 놀이 개입 기술을 평가하고 개선하기 위해서도 사용할 수 있다.

또한, 유아들 스스로 자신이 그 날 한 바깥 놀이에 대한 평가를 해보게 함으로써 교사는 유아가 바깥 놀이에 대해 어떻게 느끼고 어떤 점을 촉진시켜 주어야 하는지를 파악할 수 있다. 이를 위한 방법으로서는 바깥 놀이에 대한 평가표를 제공하여 자신이 선택한 놀이에 대한 평가를 해보게 할 수 있다.

예를 들어, 평가표에 표 등의 그림에다 자신의 느낌을 표시해 보게 할 수 있으며, 바깥 놀이활동이 끝난 후 이러한 평가표를 갖고 교사와 함께 이야기 나누기를 함으로써 유아와 교사 모두에게 보다 질 높은 놀이로 발전시킬 수 있도록 한다.

3 놀이환경의 평가

유아놀이를 평가하는 것 외에 교사는 자신이 바람직한 놀이환경을 제공하였는지에 대한 평가를 해봄으로써, 놀이환경을 개선하고 궁극적으로는 유아들이 질 높은 자유놀이를 할 수 있도록 해야 할 것이다.

유아에 대한 관찰과 유아의 자기평가 등을 통해서도 교사는 자유놀이 환경을 어떻게 개선시켜 나갈 수 있을지에 대한 정보를 얻을 수 있다. 교사는 유아들에 대한 지속적인 관찰과 자유놀이의 환경평가 등을 통해, 보다 질 높은 놀이가 진행될 수 있도록 하여야 할 것이다.

유아는 놀이를 하고자 하는 욕구가 생기면 실내, 실외를 구별하지 않고 어느 곳에서나 놀이를 한다. 바깥 놀이 환경은 실내와는 다른 특징을 지니기 때문에 유아에게 독특한 놀이 경험을 제공한다.

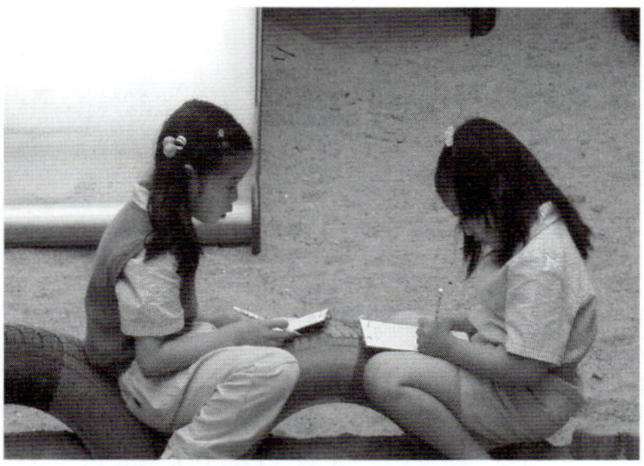

출처: 꿈나무유치원(2016)

▌그림 12-2▐ 놀이 평가하는 유아의 모습

1) 바깥 놀이 환경

무어와 영(Moore & Young, 1978)은 바깥 놀이 공간의 특징을 실내 공간과 비교하여 다음과 같이 지적하고 있다. 즉, 유아에게 있어서 실내 공간은 사회적 보호와 정신적 지원이 제공되는 장소인 반면에 바깥 놀이 공간은 생물체나 문화 교류가 빈번하게 일어나는, 의욕적으로 학습할 수 있는 공공연한 장소라는 것이다.

바깥 놀이공간은 활동실의 연장으로서 다양하고 활발한 놀이활동을 통하여 여러 가지 경험을 쌓을 수 있는 기능을 갖추어야 한다(김옥련, 1985). 따라서 바깥 놀이공간을 계획할 때는 어떻게 보이는가보다는 그 속에서 유아들이 어떻게 생활하고 활동할 것인가에 더 큰 관심을 가져야 한다. 바깥 놀이 환경을 계획할 때에는 성인들의 눈에 보기 좋게 꾸미기보다 유아들의 욕구와 이해과정을 충분히 알고 그들이 원하는 놀이환경으로 구성해야 한다(심운숙, 1993).

바깥 놀이 공간은 유아에게 기쁨을 줄 수 있도록 미적으로 아름다워야 하며 유아의 5감각을 모두 자극할 수 있도록 다양한 재료로 만들어져야 한다. 따라서 바깥 놀이 공간은 미적으로 잘 조직되어야 하고 그 재료들을 다양한 구조로 구성하려는 의식적 노력이 필요한 곳이다(심운숙, 1993).

2) 바깥 놀이의 기능

유아의 전인적인 성장 발달을 촉진시키는 복합기능을 수행하는 바깥 놀이의 기능을 구체적으로 살펴보면 다음과 같다(Theemes, 1999).

첫째, 바깥 놀이는 유아가 여러 가지 신체 활동을 자유롭게 해볼 수 있도록 한다.

바깥 놀이의 장점은 큰 기구들을 이용할 수 있고 좀 더 넓은 공간에서의 놀이가 가능하기 때문에 유아들의 신체발달을 도모하고(Moyer, 1995), 소근육과 대근육을 발달시키며 친사회적 행동을 발달시킬 수 있다(Frost, Wortham, & Refel, 2001)는 것이다. 넓은 공간에서 신선한 공기, 자연과 더불어 여러 가지 놀이기구에 기어오르고 매달리며, 뛰어다니거나 게임을 할 수 있는 곳이 실외놀이 공간이다.

둘째, 바깥 놀이는 유아에게 다양하고 풍부한 감각 경험을 제공한다.

유아는 바깥에서 놀면서 날씨의 춥고, 따뜻함, 바람의 세기 및 습도의 높고 낮음 등을 감각적으로 느낄 수 있으며 주변의 여러 가지 자연을 통하여 다양한 촉각 경험을 할 수 있다. 실내에서 접하기 힘든 나무, 모래와 물, 돌 등의 자연물을 갖고 놀 수 있으며, 소리, 냄새, 촉감 등의 감각적인 자극들을 좀 더 광범위하게 접할 수 있다. 이러한 새롭고 다양한 감각 경험은 유아의 학습을 촉진시키는 역할을 한다.

셋째, 바깥 놀이는 자연학습의 장소이다.

유아들은 바깥 놀이를 통해 자연을 직접 경험하고 학습한다. 자연은 유아들에게 보물 창고와 같다. 씨앗을 뿌리고 가꾸는 과정을 통하여, 그리고 여러 종류의 나무와 꽃을 관찰하면서 식물에 대해 많은 것을 배우게 된다. 또한, 꽃으로 날아오는 나비와 벌, 땅 위로 기어 다니는 개미와 지렁이, 여러 가지 소리로 울어대는 매미와 새들, 유치원에서 사육하는 새와 닭, 오리 등을 살펴보면서 곤충과 동물에 대해서도 학습한다. 또한, 계절의 변화에 따라 해와 그림자, 구름과 비, 바람과 폭풍우 등 자연현상에 대해 학습할 수 있으며 거리와 속도의 관계, 양의 측정 등을 실험해 볼 수 있다.

넷째, 바깥 놀이는 유아들이 다양한 사회관계를 맺을 수 있도록 돕는다.

바깥 놀이 환경에서 유아들은 다양한 사회관계가 형성된다. 놀이기구나 시설물을 함께 사용하기 위하여 차례를 지켜야 하며, 때로는 놀이기구를 나누어 쓰기도 한다. 또한 그네, 정글짐, 미끄럼틀에서 서로 손을 잡아 주거나 밀어주는 등 협동적인 놀이 경험을 한다. 유아의 사회적 경험은 역할놀이를 통해 더욱 확대될 수 있다. 비좁은 실내에서와는 다른 종류의 확장된 극놀이를 바깥에서 하게 되며 이러한 놀이 경험을 통하여 다양한 사회관계를 이해할 수 있게 된다.

다섯째, 바깥 놀이는 유아들에게 휴식을 제공해 준다.

바깥 놀이 환경에는 유아가 휴식을 취하고 싶을 때 쉴 수 있도록 왕래가 잦지 않은 조용한 장소에 의자나 돗자리를 준비해 두어야 한다. 활발한 놀이를 한 후에 자연 속에서 취하는 휴식은 유아의 정서나 신체발달에 꼭 필요하다.

여섯째, 바깥 놀이는 유아들에게 즐거움을 준다.

바깥 놀이의 중요한 기능 가운데 한 가지는 유아로 하여금 즐거움을 느끼게 만드는 것이다. 바깥 놀이 환경은 유아가 자유를 누릴 수 있는 공간, 유아의 희망에 따라 다양한 탐색과 도전을 시도해 볼 수 있는 공간, 유아에게 발견의 기쁨을 제공하는 공간, 유아의 안전을 보장하는 공간이 되어야 그곳에서 유아가 진정한 기쁨을 누리게 될 것이다.

바깥 놀이의 교육적 이점은 다음과 같다.

- 바깥에서 유아는 더 다양하고 복잡한 언어를 사용할 수 있게 된다(Tizard et al., 1976; Frost, 1997 재인용).
- 유아는 바깥 놀이를 통해 대근육 운동에 더 많이 참여하게 된다.
- 바깥 놀이 환경이 실내보다 유아의 상징놀이에 더 큰 영향력을 미친다(Shin & Frost, 1995). 왜냐하면 비교적 넓은 공간에서 구조화가 덜 되고, 자연 자료를 많이 사용하게 되며, 그리고 교사의 참여도가 컸기 때문이다.

프랭크(Frank), 메이어(Mayer), 시펠트(Seefelt), 티저드(Tizard), 페일리(Paley), 이숙재 등의 여러 학자들은 유아기 놀이의 특성을 언급하면서 바깥 놀이의 가치에 대해 다음과 같이 논하였다.

프랭크(Frank, 1990)에 의하면 바깥 놀이는 유아의 성장을 돕는 자발적인 활동으로 높은 수준의 동기와 성취가 가능하며, 유아자신이 결정권자이며 놀이의 지배자이기에 유아는 더욱 자신감을 갖게 되고 이는 유아의 존중감과 의지력을 형성케 함으로써 자아를 발달시키게 된다고 한다.

메이어(Mayer, 1985)는 취학 전 유아에게 잘 조직된 바깥 놀이가 실내체육프로그램에 비해 충분한 활동을 제공하며 유아의 발달에 적합하면서 유아의 신체발달을 도모한다고 하였으며, 시펠트(Seefelt, 1974)는 대부분의 실내 활동들이 바깥 놀이 공간에서도 실시될 수 있다고 언급하였다.

또한, 바깥에서는 많은 활동이 일어나고 있는데, 실외의 개방된 공간은 마음껏 움직일 수 있고 소음에 긴장하지 않아도 되기 때문에 실내에서 불가능한 여러 가지 활동까지 첨가해서 다양하게 이루어질 수 있다고 강조하였다. 신체활동, 자연학습, 모래와 물로 이루어지는 전통적인 바깥 놀이뿐 아니라 역할놀이나 음악활동, 미술활동과 같은 전형적인 실내 활동까지 실외에서 실시할 수 있는 것이다.

3) 바깥 놀이 공간의 구분

센다 미쓰루(Mitsuru Senda, 2000)는 바깥 놀이 공간을 6가지로 구분하고 있다.

(1) 자연영역(nature space)

자연영역은 유아에게 있어서 기본적이며 종합적인 놀이공간이다. 유아들은 자연 속에서 물고기나 곤충을 잡거나 과일, 꽃을 따는 등 생물 채집을 한다. 그러나 개천에서의 야생적인 놀이는 어느덧 도시 가까이에서는 볼 수 없게 되었다.

(2) 개방영역(open space)

개방영역은 공간의 범위가 있는 공간으로, 유아들이 달리며 뛰어노는 장소이다. 야구나 축구와 같은 공놀이가 이루어진다.

(3) 길 영역(street space)

개방영역과 비슷한 놀이도 이루어지지만, 길 자체가 갖는 특성에 의해 술래잡기와 같은 놀이가 이루어진다.

(4) 모험영역(anarchy space)

폐가나 공사 현장 등과 같이 건축물이나 공간이 버려져 있거나 사용하지 않는 상태의 공간으로서, 탐험놀이나 모험놀이가 이루어질 수 있는 공간이다. 유아들의 상상력을 자극시킬 수 있는 공간이라 할 수 있으며 덴마크의 소렌슨 교수의 모험놀이가 이러한 공간을 공원화한 것이라고 할 수 있다.

(5) 비밀영역(hideout space)

비밀영역은 유아들의 비밀 기지가 된다.

(6) 놀이기구 영역(structure space)

놀이기구 영역은 유아들을 위한 놀이도구로 만들어진 공간으로 최근에 많이 보여 지는 것이다.

4 바깥 놀이 환경의 구성

바깥 놀이 환경에는 크게 유아가 뛰기, 오르기, 자전거 타기, 게임 등을 할 수 있는 대근육 발달을 위한 운동 공간, 조용히 물·모래놀이, 그림 그리기, 독서 등 소근육놀이를 할 수 있는 공간, 자연의 순리를 관찰하고 느껴볼 수 있는 정원, 동물영역 등의 자연 간, 친구들과 사회극이나 상상놀이를 할 수 있는 사회 공간 등 네 가지 공간이 포함되어야 한다(Osmon, 1971).

실제로 바깥 놀이 환경의 가치는 그 공간에서 얼마나 다양한 놀이를 할 수 있느냐는 다양성의 측면과 그 놀이시설이 얼마나 많은 유아를 수용하며 얼마나 오랫동안 유아의 관심을 끌 수 있느냐 하는 복합성의 두 가지 측면에서 살펴볼 수 있다(Kritchevsky, Prescott, & Walling, 1997).

이 두 가지 측면에 따라서 바깥 놀이기구는 단순기구(simple unit), 복합놀이기구(complex unit), 다목적 놀이기구(super unit)로 나누어진다. 단순기구는 미끄럼틀, 세발자전거, 장난감 말 등 놀이기구를 단 한 가지 용도로만 이용할 수 있는 기구를 뜻한다.

복합 놀이기구는 두 가지 이상의 조작이 가능한 놀이기구를 뜻하며 물놀이 책상과 물놀이 도구들, 장난감 오븐과 냄비들, 미끄럼틀에 붙어 있는 사다리 등이 복합놀이기구이다. 비록 명확한 도구는 아니지만 한 가지 이상의 놀이가 일어날 수 있는 밀가루 반죽, 물감, 애완동물 등도 복합놀이 교재라고 볼 수 있다.

다목적 놀이기구는 적어도 서너 가지 놀잇감이 붙어 있어 영유아들이 오랫동안 놀 수 있는 복합성과 다양성을 모두 만족하는 놀이기구를 뜻한다. 사다리와 상자가 있는 오르기 도구, 모래놀이영역에 삽뿐 아니라 물까지 갖추어져서 물, 모래놀이를 가능하게 하는 것 등이 다목적 놀이기구라고 할 수 있다.

바깥 놀이 환경을 구성할 때는 이러한 놀이 구를 한정된 공간에 얼마나 확보하는가를 고려하여야 한다. 예를 들어 유아의 인원수가 많은 경우에는 단순기구보다는 다목적 놀이기구를 많이 활용하는 것이 유아의 놀이를 활성화시킬 수 있다.

놀이터 연구의 대가인 프로스트(Frost)는 바깥 놀이터에 있어야 하는 것들을 다음의 20가지로 정리하였다.

표 12-10 놀이터에 있어야 할 20가지

1. 단단한 바닥: 게임을 할 수 있는 단단한 바닥
2. 모래와 모래 놀잇감
3. 물놀이영역
4. 극 놀이 구조물(놀이 집, 자동차 및 배 등)
5. 복합놀이 구조물
6. 흙무덤
7. 나무, 수풀, 관목 등
8. 언덕과 계곡: 수평과 수직의 개념을 알아볼 수 있고 지속적인 도전이 가능한 곳
9. 타이어, 상자, 널빤지 등으로 구성된 건축 공간
10. 놀이용 교통수단, 비행기, 보트 등
11. 활동적인 운동놀이를 위한 시설
12. 넓고 부드러운 공간
13. 작고 개별화된 공간
14. 울타리, 문, 담
15. 식물 영역
16. 동물 영역
17. 바깥 놀이와 실내놀이를 연결하는 연결 공간
18. 창고
19. 겉옷, 화장실, 식수
20. 장애아를 위한 시설

출처: Frost(2004).

위에 소개된 20가지는 기본적으로 실외 놀이터에 있어야 한다고 제시된 것이고 놀이터의 위치와 입 조건에 따라 여러 가지 놀이환경이 형성될 수 있다.

또한, 유아들을 위한 놀이공간을 구성할 때 고려해 볼 점은 모든 공간을 놀이기구로 채워 넣기보다는 아무것도 없는 열린 공간을 남겨두는 것이 좋다는 것이다. 유아들은 마음대로 사용할 수 있는 열린 빈터에서 노는 것을 매우 좋아하며 독창적인 놀이를 스스로 개발해 낸다.

IV

PART

영유아의 자유놀이 활용과 실제

유아들에게 자유놀이를 중심으로 놀이를 지도할 시에는 누리과정에 따른 생활주제와 연령, 발달 수준을 비롯하여 놀이환경과 놀이유형 등 다양한 관점에서 지도해야 한다.

본 PART에서는 바깥 놀이 유형에 의한 놀이실제와 누리과정의 생활주제에 의한 연령별 놀이실제 및 매체를 활용한 자유놀이를 다루어 보겠다.

CHAPTER

13

바깥 놀이 유형에 기초한 놀이실제

유아들의 놀이를 관찰해 보면 실내놀이보다는 바깥에서 노는 것을 더 즐거워하고 자유로워한다. 유아들에게 바깥세상은 가보고 싶고 가면 무엇인가 나타나고 그 모습을 자신이 경험해 볼 수 있다는 공간이다. 자유로운 공간과 크기가 주는 정서가 놀이를 심화시키고 놀이의 시간과 질을 향상시킴을 이해함에 있어 유아교사는 유아의 바깥 놀이활동을 계획하고 실행해 보아야 한다.

이에 유아들의 자유로운 바깥 놀이활동을 공간의 크기로 나눈 저자의 놀이유형별로 구성한 예시를 소개하고자 한다.

1 골목놀이의 실제

활동 1-1 이거리, 저거리, 각거리 놀이

활동대상	만 4~5세
활동인원	7~8명
활동목표	• 전통 노래에 관심을 갖는다. (예술경험>예술적 표현하기>음악으로 표현하기>전래동요 부르기) • 지시에 따라 신체를 움직일 수 있다. (신체운동 · 건강>신체인식하기>신체를 인식하고 움직이기>신체 각 부분의 특성을 이해하고 활용하여 움직이기)
활동자료	카세트 플레이어, 음악 CD
활동방법	1. '이거리 저거리 각거리' 노래를 들려주어 익숙하게 한다. 2. 유아들은 두 줄로 마주보고 다리를 쭉 펴고 앉은 후에 다리를 하나씩 사이사이에 끼운다. 3. 다리를 짚어 줄 유아 1명을 정하고 교사는 놀이의 시작을 알린다. 4. 노래의 박자에 맞추어 왼쪽 끝에서부터 다리를 하나씩 짚으면 오른쪽 끝까지 왔다가 다시 왼쪽 끝으로 간다. -이거리 저거리 각거리 천사만사 다 만사 조리김치 장독간 총채비 파리 딱 5. 노래의 끝부분에서 짚이는 다리는 하나씩 뺀다(딱, 땡, 띠). 6. 유아들이 다리를 다 뺀 후에 끝까지 남아 있는 유아가 이긴다.
확장활동	• 다리놀이에서 손을 엮어 놀이에서 서로 빼도록 다른 놀이를 한다.
교사Tip	• 각 지방마다 노랫말이 조금씩 다르므로 그 지방의 특색을 살려 노래할 수 있다. • 유아들이 노래를 부르는 대신 노래에 익숙하지 않을 때는 CD를 틀어 놓고 할 수 있다. • 2명이 엉덩이 뒤에 선을 그어놓고 발로 서로 밀어내기를 할 수 있다.

활동 1-2 요렇게 조렇게 짝 맞추기 놀이

활동대상	만 3~5세
활동인원	전체
활동목표	• 관찰력과 집중력을 높인다. (자연탐구>탐구하는 태도 기르기>탐구과정 즐기기>비교하기, 예측하기 등 다양한 방법을 활용한다.) • 눈과 손의 협응력을 높인다. (신체운동·건강>신체인식하기>감각기관 활용하기>감각기관을 협응하여 활용한다.)
활동자료	같은 모양이나 색깔 판
활동방법	1. 둥글게 모여 앉아 가위바위보로 팀을 정한다. 2. 한 짝이 된 모형(같은 색, 모양)을 10개 정도 준비한다(전부 20개). 3. 각 팀의 모형을 섞어 놓고 호루라기를 불어 정해진 시간 동안 많이 짝을 맞춘 팀이 이긴다.
확장활동	1. 2인 1조나 전체 팀으로 분류하여 놀이한다. 2. 신발 섞어 놓기로 응용 가능하다. 3. 양말, 장갑 등(짝이 2개씩 된 일상용품)으로 응용 가능한 자료를 제시한다.
교사Tip	• 놀이감 중에 쌍으로 되어 있는 자료를 활용한다. • '칠교놀이'나 '같은 블록 맞추기'를 응용해도 좋다.

활동 1-3 바둑알 뺏기 놀이

활동대상	만 4~5세
활동인원	전체
활동목표	• 숫자 세기에 익숙해지고 수 크기에 대한 개념을 획득한다. (자연탐구>수학적 탐구하기>수와 연산의 기초 개념 형성하기>구체물을 가지고 더하고 빼는 경험을 해 본다.) • 또래와 협력하며 게임에 적극적으로 참여한다. (사회관계>다른 사람과 더불어 생활하기>친구와 사이좋게 지내기>친구와 협동하며 놀이한다.)
활동자료	바둑알(200개), 주사위 1개, 빈 그릇 4개
활동방법	1. 두 팀으로 나누어 바둑알을 100개씩 나눈다. 2. 몇 명씩 할 것인지 집단구성이나 게임 인원수를 확정한다. 3. 가위바위보로 순서를 정한다. 4. 주사위를 던져 나온 숫자만큼 상대방의 바둑알 뺏기를 한다. 5. 상대방의 바둑알이 다 없어지면 게임이 끝난다. 6. 이긴 팀은 바둑알을 빈 그릇에 넣으며 함께 승리를 외친다.
확장활동	1. 주사위로 상대방의 개수만큼 물품 빼앗아오기를 한다. 2. 바둑알이 많은 팀은 원을 그려 넣어 사람 데리고 빼앗아오기를 한다. 3. 최종적으로 원 안에 상대편 친구가 많은 팀이 승자가 된다.
교사Tip	• 바둑알 대신 작은 돌이나 블록을 이용할 수 있다. • 주사위의 숫자에 '쉬고', '○'이라는 표시를 하여 놀이의 재미를 높일 수 있다.

활동 1-4 공기받기 놀이

활동대상	만 4~5세
활동인원	2~4명
활동목표	수 개념, 공간 개념을 익힌다. (자연탐구>수학적 탐구하기>수와 연산의 기초 개념 형성하기>수량의 부분과 전체 관계를 안다.)
활동자료	공깃돌 5개, 단체 공깃돌
활동방법	1. 가위바위보를 해서 먼저 할 유아를 정하고 순서대로 공기놀이를 한다. 2. 한 알 집기: 공기 다섯 알을 던져서 흩어놓고 한 알을 집어서 공중에 던짐과 동시에 나머지 네 알을 차례대로 한 알씩 받는다. 3. 두 알 집기: 공기 다섯 알을 던져서 흩어놓고 한 알을 집어서 공중에 던짐과 동시에 나머지 네 알을 두 알씩 두 번 받는다. 4. 세 알 집기: 공기 다섯 알을 던져서 흩어놓고 한 알을 집어서 공중에 던짐과 동시에 나머지 세 알을 먼저 집어내고 한 알을 집어서 받는다. 5. 네 알 집기(막집기): 공기 다섯 알을 모든 손에 쥔 후 한 알을 위로 올린 뒤 네 알을 땅에 놓고 한 알을 받은 뒤 위로 한 알을 올림과 동시에 네 알을 집어서 받는다. 6. 꺾기를 해서 받아 낸 연수를 더해서 유아들끼리 정한 숫자에 먼저 도달하는 유아가 이기게 된다. 7. 꺾기가 힘든 유아는 옆으로 잡기로 규칙을 바꾸어 준다.
확장활동	팀별 게임으로 활용할 경우 손등 위에 올려놓은 공기를 다시 공중으로 던지고 손아귀로 잡아내서 손에 잡은 개수만큼 점수를 계산하여 점수를 많이 딴 팀이 이기는 것으로 할 수 있다.
교사Tip	• 연령이 어린 유아들은 공깃돌을 3~4개를 갖고 할 수 있다. • 학급의 유아가 많을 때는 2~5명씩 여러 팀을 나누어서 놀이를 할 수 있다. • 처음에는 꺾기에서 받아낸 연수를 작게 한 다음 차츰 연수를 높여서 게임할 수 있다.

| 활동 1-5 | 같은 색깔 찾기 놀이

활동대상	만 3~5세
활동인원	학급 유아 전체
활동목표	• 다양한 색에 관심을 갖고 색깔의 개념을 익힌다. (예술경험>자연과 생활에서 아름다움 찾아보기>예술적 요소 찾아보기>자연과 주변 환경에서 색 · 형태 · 질감 등을 찾아본다.) • 다른 사람의 이야기를 주의 깊게 듣는다. (의사소통>듣기>바른 태도로 듣기>다른 사람의 이야기를 주의 깊게 듣는다.)
활동자료	여러 색깔의 의상(유아가 착용하고 있는 것)
활동방법	1. 여러 가지 색깔의 이름과 실물을 보여 주고 색깔에 대해 익혀 본다. 2. 게임의 규칙을 알려 준다. - 술래가 이중색이 아닌 단색(무지개색)을 외친다. - 술래가 정해 준 색깔을 잡지 못하고 도망가다가 술래에게 잡히면 그 유아가 대신 술래가 된다. 3. 색깔은 유아들이 입은 옷이나 나무, 꽃 등 주변에 있는 어떤 것을 이용해도 무방하다. 4. 유아들이 돌아가면서 술래를 한 번씩 해 볼 수 있다. 5. 게임이 종료되면 게임의 내용을 종합하여 평가하고, 가장 민첩한 유아, 색깔을 빨리 찾는 유아, 질서를 잘 지킨 유아 등을 한 명씩 뽑는다.
확장활동	1. 영아반에 적용할 때는 삼원색을 중심으로 해 보고 연령에 따라 색깔을 늘려간다. 2. 색깔 대신 자연물 찾기 게임으로 변형해서 할 수 있다. 3. 색깔 대신 친구 이름을 불러 할 수 있다. 예를 들면, 뚝딱이 하며 뚝딱이를 잡고 있으면 되는데 못 잡으면 술래가 잡게 되어 대신 술래가 된다.
교사Tip	• 처음에는 교사가 술래가 되어 게임을 이끌 수 있다. 색깔은 빨강, 노랑, 초록 등 주위에서 흔하게 볼 수 있는 색깔에서 점차 어려운 색깔을 정해 준다. • 술래가 지정해 준 색깔이 없으면 그 유아가 다시 술래가 되게 하고, 한 번 지정해 준 색깔은 다시 지정할 수 없도록 할 수 있다.

활동 1-6 쌀 · 보리 놀이

활동대상	만 4~5세
활동인원	2명씩
활동목표	• 신체의 민첩성과 순발력을 기른다. (신체운동 · 건강>신체인식하기>신체를 인식하고 움직이기>신체 각 부분의 특성을 이해하고 활용하여 움직인다.) • 다른 사람의 이야기를 주의 깊게 듣는다. (의사소통>듣기>바른 태도로 듣기>다른 사람의 이야기를 주의 깊게 듣는다.)
활동자료	없음
활동방법	1. 유아 두 명이 마주 보고 가위바위보(감자에 → 싹이 나서 → 잎이 나서 → 묵 → 찌 → 빠)를 하여 술래를 정한다. 2. 술래는 두 손을 모아 야구 글러브처럼 만든다. 3. 이긴 사람은 술래의 손안에 자기 주먹을 넣으면서 '쌀' 또는 '보리'를 외친다. 술래는 '쌀'의 경우 손을 잡아야 하고 '보리'의 경우 손을 잡아도 소용이 없다. 4. 이긴 사람은 '쌀'을 할 때 빨리 넣었다 빼야 하고 '보리'를 할 때는 천천히 넣는다. 5. 쌀이라고 할 때 들어온 손을 술래가 잡으면 놀이가 끝나고 처음부터 다시 시작한다.
확장활동	1. 쌀 · 보리 대신 감자 · 고구마, 조 · 수수, 밀 · 호밀 등으로 변형하여 게임을 진행할 수 있다. 2. 쌀 · 보리 대신 친구 이름을 부를 수 있다. 예를 들면 보리 대신 '뚝딱이', 쌀 대신 '사랑이' 이름을 부를 수 있다.
교사Tip	유아들이 많지 않을 경우에는 개별 게임으로 한 후 가장 오래 남아 있는 유아를 쌀 · 보리 왕으로 뽑을 수 있다.

활동 1-7 가마에 인형 태우기 놀이

활동대상	만 3~5세
활동인원	유아 학급 전체
활동목표	• 친구와 함께 게임을 하며 협동심을 기른다. (사회관계>다른 사람과 더불어 생활하기>친구와 사이좋게 지내기>친구와 협동하며 놀이한다.) • 가마 도구 놀잇감을 활용하며 신체조절력을 기른다. (신체운동>신체조절과 기본운동하기>신체조절하기>도구를 활용하여 여러 가지 조작 운동을 한다.)
활동자료	상자로 만든 가마 2개, 인형 2개, 출발선, 반환점 2개
활동방법	1. 가마를 이용해서 어떤 놀이를 할 수 있는지 의논하고 놀이를 결정한다. 2. 두 명씩 한 팀이 되어 게임을 하고 나머지 유아들은 각 팀을 응원한다. - 시작 신호를 하지 않았는데 먼저 출발하면 반칙이다. - 가마에 태운 인형이 도중에 떨어지면 다시 집어넣고 시작한다. - 반환점을 제대로 돌지 않고 오거나 상대편의 반환점을 돌면 실격이 된다.
확장활동	1. 바구니대신 유아끼리 손으로 가마모형을 만들어 인형을 태워도 된다. 2. 인형이 떨어지면 처음으로 되돌아가도록 해도 좋다. 3. 인형 대신 나이 어린 동생을 가마 태워서 반환점을 돌아도 좋다.
교사Tip	• 연령이 어릴 경우 출발점과 반환점의 거리를 좁혀 줄 수 있다. • 상자를 물이 새지 않게 하고 컵에 물을 담아 나르게 해서 큰 유리컵에 붓게 하고 많이 붓는 팀이 이기는 게임을 할 수 있다.

활동 1-8 총채 던지기 놀이

활동대상	만 4~5세
활동인원	유아 학급 전체
활동목표	• 눈과 손의 협응력과 집중력을 기른다. (신체운동 · 건강>신체 인식하기>감각기관 활용하기>여러 감각기관을 협응하여 활용한다.) • 화살을 던지고 세며 수와 공간 개념을 익힌다. (자연탐구>수학적 탐구하기>수와 연산의 기초 개념 형성하기>수량의 부분과 전체 관계를 안다.)
활동자료	항아리 2~3개, 항아리 당 화살 9개씩
활동방법	1. 유아를 동일한 인원으로 두 팀이 되게 나누어 유아들과 함께 팀 이름을 정한다. 2. 팀별로 한 명씩 나와서 3개의 화살을 나누어 준 후 항아리 속에 던진다. 3. 항아리 안의 화살을 세어 더 많이 넣은 팀이 이긴다. 4. 어느 팀이 질서와 규칙을 잘 지켜 게임하는지, 화살을 넣은 개수 등을 기록하여 게임 후 평가의 시간을 갖는다.
확장활동	1. 유아들이 게임에 흥미를 보이면 화살 수를 더 늘려서 1인당 5개씩 한다. 2. 코끼리 코를 하고 제자리에서 세 바퀴를 돌고 하나, 둘, 셋을 센 다음 화살을 던져 넣는 게임으로 활용할 수 있다. 3. 놀이를 변형하여 항아리 대신 과녁판을 이용해서 태극 문양에 화살 꽂기를 할 수도 있다.
교사Tip	• 연령이 어릴 경우 처음에는 항아리를 가까운 거리에 놓고 차츰 거리를 멀게 한다. • 게임 도구를 안전하게 사용할 수 있도록 안전 약속을 정한다.

2 뜰 놀이의 실제

활동 2-1 부채로 제기치기 놀이

활동대상	만 4~5세
활동인원	학급 유아 전체
활동목표	• 눈과 손의 협응력을 기른다. (신체운동 · 건강>신체인식하기>감각기관 활용하기>여러 감각기관을 협응, 활용한다.) • 부채와 제기의 특성에 맞게 도구를 다룰 수 있다. (신체운동 · 건강>신체활동에 참여하기>기구를 이용하여 신체활동하기>여러 가지 기구를 이용하여 신체활동을 한다.)
활동자료	부채 2개, 제기 2개, 호루라기
활동방법	1. 유아를 동일한 인원으로 두 팀이 되게 나눈 후에 유아들과 함께 팀 이름을 정한다. 2. 각 팀에서 한 명의 유아가 나와서 부채 위에 제기를 올려놓고 땅에 떨어지지 않게 튕기면서 반환점을 향해 간다. 3. 제기가 땅에 떨어지면 떨어진 그 자리에서부터 다시 시작하며 손으로 제기를 잡고 가면 실격이 된다. 4. 반환점을 돌아서 다시 동일한 방법으로 게임하며 출발점으로 들어온다. 5. 마지막 유아까지 게임하여 두 팀 중에 먼저 들어오는 팀이 이기게 된다.
확장활동	1. 게임에 익숙해질 경우 부채 위에 제기를 한 번씩 튕기는 대신 2번 연달아 튕기면서 반환점을 돌아오게 할 수 있다. 2. 유아가 부채뿐만 아니라 가벼운 라켓을 이용하여도 된다.
교사Tip	연령이 어린 유아에게 이 게임을 적용할 때에는 출발점과 반환점과의 거리를 좁혀 주거나, 반환점을 돌아올 때는 제기를 손으로 잡고 들어오게 할 수 있다.

활동 2-2 엉덩이 씨름 놀이

활동대상	만 4~5세
활동인원	학급 유아 전체
활동목표	• 다리의 균형과 엉덩이의 힘을 이용하여 지구력을 기른다. (신체운동 · 건강>신체인식하기>신체를 인식하고 움직이기>자신의 신체를 긍정적으로 인식하고 움직인다.) • 또래와의 바깥 놀이를 즐긴다. (신체운동 · 건강>신체활동에 참여하기>바깥에서 신체활동 하기>규칙적으로 바깥에서 신체활동을 한다.)
활동자료	카세트 플레이어, 음악 CD
활동방법	1. 유아들을 두 팀으로 나누고 팀 이름을 유아들과 함께 정한다. 2. 팀별로 인원을 체크하고 줄을 세운다. 3. 양손을 팔 깍지 끼어서 다리 사이에 넣고 엉덩이로만 넘어뜨린다. 4. 일정한 시간(동요를 1곡 부르는 시간) 동안 승부가 가려지지 않을 때는 무승부로 한다. 5. 마지막 유아까지 게임하여 이긴 유아가 많은 팀이 이기게 된다.
확장활동	'엉덩이' 대신 신체의 한 부분만 이용하여 게임을 해본다.
교사Tip	• 시간간격을 정하되 시간이 지나도 승부가 가려지지 않을 시 무승부로 한다. • 게임영역을 그려주어 선을 넘었을 경우 놀이를 종료하도록 한다(○나 □로 모양영역을 정해 준다).

활동 2-3 블록치기 놀이

활동대상	만 4~5세
활동인원	2명씩 여러 팀
활동목표	• 블록을 원하는 거리와 방향으로 넣으며 차는 원리를 이해한다. (자연탐구>과학적 탐구하기>물체와 물질 알아보기>주변의 여러 가지 물체와 물질의 기본 특성을 알아본다.) • 신체의 움직임을 이용하여 블록을 찬다. (신체운동 · 건강>신체 조절과 기본 운동하기>신체 조절하기>도구를 활용하여 여러가지 조작운동을 한다.)
활동자료	블록, 작은 돌, 작은 나무토막
활동방법	1. 유아들을 동일한 인원으로 나눈 후 유아들과 함께 팀 이름을 정한다. 2. 바닥에 그림과 같은 놀이판을 그려놓고 번호를 써 놓는다. 3. 유아들은 팀별로 가위바위보를 해서 먼저 시작할 유아를 정한다. 4. 돌이나 블록을 발로 차서 ① 또는 ②번 안에 넣는다. 5. 돌이나 블록을 넣는 선을 꼭 지키도록 하며 많이 넣는 팀이 이기게 된다.
확장활동	①, ②번의 칸을 멀리해서 신발을 차서 넣기를 해도 재미있다. 단, 예비신발을 두어 차고 나면 예비신발을 신도록 한다.
교사Tip	• 블록치기란 출발선에 블록을 넣고 발로 차서 앞의 네모난 공간 속에 집어넣는 놀이이다. • 연령이 어릴 경우 원이나 네모 칸을 크게 그리고 일정한 선을 그려놓고 선에서 신발이나 콩 주머니를 발로 차서 넣도록 해도 된다.

활동 2-4 돌멩이 놀이

활동대상	만 4~5세
활동인원	2~10명
활동목표	• 돌멩이를 원하는 공간과 방향으로 이동시키며 나르는 원리를 이해한다. (자연탐구>과학적 탐구하기>물체와 물질 알아보기>주변의 여러 가지 물체와 물질의 기본 특성을 알아본다.) • 눈과 신체기관의 협응력을 기른다. (신체운동 · 건강>신체인식하기>감각기관 활용하기>여러 감각기관을 협응하여 활용한다.)
활동자료	손바닥 크기의 납작한 돌(나무토막, 둥근 플라스틱).
활동방법	1. 가위바위보를 해서 일정한 거리에 줄을 긋고 진 팀의 비석을 세워 놓는다. 2. 신문팔이: 겨드랑이에 말을 끼고 걸어가 쓰러뜨린다. 3. 떡장수: 머리 위에 말을 올려놓고 걸어가 쓰러뜨린다. 4. 발치기: 발등 위에 말을 올려놓고 걸어가 쓰러뜨린다. 5. 두 팔 위에 올려놓고 걸어가 쓰러뜨린다. 6. 같은 팀의 유아가 모두 비석을 쓰러뜨려야 이기게 되며 한 개라도 쓰러뜨리지 못하면 다시 해야 한다.
확장활동	• 돌 대신 팥 주머니나 폐품을 이용하여 일정한 거리마다 비석을 놓게 한 후 각 신체 부위를 이용하여 쓰러뜨리게 할 수 있다. • 돌 맞추기 게임으로 자갈 5개로 약간 멀리 돌을 두고 맞추기 게임을 한다.
교사Tip	• 유아의 발달에 따라 활동방법을 다르게 할 수도 있으며 놀이 당일에 유아의 건강상태를 확인하여 실내 놀이로 융통성 있게 유도한다. • 연령이 어릴 경우 돌멩이보다 더욱 안전한 놀이도구를 선정하고 거리를 조절한다.

3 마당놀이의 실제

활동 3-1 제기 차서 멀리 던지기 놀이

활동대상	만 4~5세
활동인원	학급 유아 전체
활동목표	• 제기를 원하는 공간과 방향으로 차서 이동시킨다. (신체운동 · 건강>신체 조절과 기본 운동하기>신체 조절하기>도구를 활용하여 여러 가지 조작운동을 한다.) • 제기가 떨어진 곳을 비교하며 길이를 측정해 본다. (자연탐구>수학적 탐구하기>기초적인 측정하기>일상생활에서 길이, 크기, 무게, 들이, 시간 등의 속성에 따라 비교하고 순서를 지어본다.)
활동자료	제기(유아 수만큼)
활동방법	1. 출발선을 긋고 유아들은 출발선 앞에 선다. 2. 시작 신호가 울리면 일제히 제기를 멀리 찬다. 3. 가장 멀리 제기를 찼는지 거리를 발 길이나 손 뼘으로 잰 후 가장 멀리 찬 유아가 '제기 멀리 차기 왕'이 된다. 4. 발로 제기차기를 했을 때와 멀리 던지기를 했을 때 느낌이 어떻게 다른지, 어느 것이 더 어려운지 이야기해 본다. 5. 두 팔 위에 올려놓고 걸어가 쓰러뜨린다.
확장활동	1. 팀별로 제기 차서 멀리 던지기 게임을 할 때는 각 팀에서 한 명씩 출발선에 서서 제기를 차서 멀리 던진 유아가 이기게 되는 게임으로 변형해서 해 볼 수 있다. 2. 팀별로 제기 색깔을 다르게 해서 게임할 수 있다.
교사Tip	연령이 어린 유아에게 이 게임을 적용할 때는 손으로 던지기나 라켓으로 쳐서 멀리 던지기, 제기를 손등에 올려서 반환점 돌아오기 등으로 활용할 수 있다.

활동 3-2 운동장에서 뒤로 걷기 놀이

활동대상	만 3~5세
활동인원	학급 유아 전체
활동목표	• 청각, 집중력, 운동신경을 함양한다. (신체운동 · 건강>신체 인식하기>신체를 인식하고 움직이기>신체 각 부분의 특성을 이해하고 활용하여 움직인다.) • 또래와 게임에 적극적으로 참여한다. (사회관계>다른 사람과 더불어 생활하기>친구와 사이좋게 지내기>친구와 협동하며 놀이한다.)
활동자료	눈가리개 2개, 탬버린, 딸랑이 2개, 반환점
활동방법	1. 한 팀에 2명씩 두 팀으로 구성한다. 2. 팀을 가위, 바위, 보로 정하고 누가 딸랑이를 흔들 것인지 정한다. 3. 순서를 정하면 게임하는 친구끼리 출발선에 선다. 4. 출발선에 선 친구에게 각 팀의 딸랑이 소리를 변별하도록 한 팀씩 들려준다. 5. 교사의 소리나 지시에 따라 각 조의 딸랑이 소리를 듣고 뒤로 걷는다. 6. 반환점에 오면 서로에게 소리나 암호로 돌도록 한다. 7. 출발선에 오면 상대방의 위치를 바꾸어 진행하여 게임을 마친다.
확장활동	1. 자주 쓰지 않는 손(왼손)으로 머리 빗기를 한다. 2. 눈감고 열쇠로 문 열기나 사진 거꾸로 놓고 보기를 해 본다. 3. 새로운 것에 냄새 맡아 알아보기를 한다.
교사Tip	몸의 균형감각을 향상시키는 것으로 너무 어린 유아는 거리를 짧게 한다.

활동 3-3 얼음 땡 놀이

활동대상	만 3~5세
활동인원	5~10명
활동목표	• 고무줄을 활용하여 눈과 발의 협응력을 기른다. (신체운동 · 건강>신체인식하기>감각기관 활용하기>여러 감각기관을 협응, 활용한다.) • 또래와 협력하며 게임에 적극적으로 참여한다. (사회관계>다른 사람과 더불어 생활하기>친구와 사이좋게 지내기>친구와 협동하며 놀이한다.)
활동자료	'무궁화 꽃이 피었습니다'의 음악 CD, 카세트
활동방법	1. 유아들에게 게임방법과 규칙을 설명하고 가위바위보로 술래를 정한다. 2. 술래는 한자리에 서서 "무궁화 꽃이 피었습니다."를 큰소리로 외치고 다른 유아를 치러 간다. 3. 술래가 손으로 치려고 하면 얼른 "얼음"하고 멈추면 술래가 칠 수 없다. 4. "얼음" 하고 나서는 움직일 수 없으며 다른 사람이 와서 "땡" 하고 쳐주면 다시 움직일 수 있다. 5. 술래에게 "얼음" 하기 전에 술래가 치거나 "얼음" 하고도 움직이게 되면 그 유아가 술래가 된다. 6. 술래가 바뀌게 되면 다른 유아에게 누가 술래인지 알린 다음 다시 게임을 한다.
확장활동	• '무궁화' 꽃노래를 잘 모르는 영 유아에게 계절에 따라 '개나리', '진달래', '장미' 등 흔히 볼 수 있는 꽃 이름을 붙여 해 보도록 해도 좋다. • 인원수의 제한을 두어 짧은 시간 안에 성취할 수 있도록 지도해 본다.
교사Tip	• 학급의 유아 수가 많을 때는 2~3개 팀으로 나누어 팀별 게임으로 활용할 수 있다. • '얼음 망치', '얼음 꽝', '얼음물'로 바꾸어 게임할 수 있다. • "무궁화 꽃이 피었습니다" 대신 열을 세고 나서 유아들을 잡으러 갈 수 있다. • 술래에게 잡힌 유아가 많으면 가위바위보를 해서 술래를 정한다.

활동 3-4 신발 숨기기 놀이

활동대상	만 3~5세
활동인원	학급 유아 전체
활동목표	• 신발을 숨기고 찾는 과정에서 위치와 방향의 개념을 형성한다. (자연탐구>수학적 탐구하기>공간과 도형의 기초개념 형성하기>위치와 방향을 여러 가지 방법으로 나타내 본다.) • 또래와 게임에 즐겁게 참여하며 운동능력을 기른다. (신체운동 · 건강>신체활동에 참여하기>자발적으로 신체활동에 참여하기>자신과 다른 사람의 운동능력의 차이를 존중한다.)
활동자료	시계, 신발(유아가 착용하고 있는 것)
활동방법	1. 두 팀으로 나누어 5명이 술래가 되고 5명이 신발을 숨기게 된다. 2. 술래가 눈을 가리고 있는 동안 나머지 유아는 자신의 신발 한 짝씩을 숨긴다. 3. 찾는 시간은 2분 정도 주고 술래가 찾으러 다니면, 유아들은 술래 주위를 쫓아다니며 "신데렐라, 신발을 찾아줘"하고 조른다. 4. 술래가 2분 안에 신발을 다 찾으면 술래를 바꾸며 최종 많이 찾는 팀이 이긴다. 5. 교사는 유아들의 게임을 관찰한다(만약 술래가 신발을 못 찾아 당황하거나 유아들의 신발이 비슷해서 자기 것이라고 우기거나, 싸움이 벌어지면 중재한다).
확장활동	• '신발' 대신 유아들의 소지품이나 구체물을 숨기기 대상으로 바꾸어 본다. • 팀과 팀의 숨기는 내용물이 동일해도 좋으나 연령이 높으면 각자의 소지품의 내용을 숙지한 후 팀별로 숨기도록 해도 좋다.
교사Tip	이 게임을 변형해서 5명이 5명의 신발을 마구 섞어두고 자신의 신발짝을 찾는다. 시간을 체크해서 가장 먼저 찾는 팀이 이기는 경기다.

활동 3-5 신발 멀리 던지기 놀이

활동대상	만 3~5세
활동인원	학급 유아 전체
활동목표	• 신발이 떨어진 곳을 비교하며 길이를 측정해 본다. (자연탐구>수학적 탐구하기>기초적인 측정하기>일상생활에서 길이, 크기, 무게, 들이, 시간 등의 속성에 따라 비교하고 순서를 지어본다.) • 눈과 손과 발의 협응력을 기른다. (신체운동·건강>신체인식하기>감각기관 활용하기>여러 감각기관을 협응, 활용한다.)
활동자료	신발(유아가 신고 있는 신발)
활동방법	1. 두 명씩 나와서 신발을 살짝 벗어 힘차게 발로 던진다. 2. 멀리 신발이 나가는 친구가 이기는 경기다. 3. 신발이 섞이지 않도록 한다. 4. 신발을 앞에 던졌던 친구들이 주워다 주게 한다. 5. 떨어진 곳에 이름표를 두어 제일 멀리 날아간 친구에게 신발왕을 시켜준다.
확장활동	• 출발선을 긋고 그 선에 서서 신발을 벗어서 멀리 던지는 사람이 이기는 신발 던지기 게임으로 확장할 수 있다. • 신발 숨기기, 신발 나르기 게임으로 변형해서 해 볼 수 있다.
교사Tip	• 넓은 장소를 선택한다. • 신발차는 곳을 맞추게 하고 신발을 주워다 주면 교사가 먼저 냄새를 맡는 척 하면서 "어휴, 냄새!" 하고 재미있는 표정을 지어 준다.

활동 3-6 빗자루 타기 놀이

활동대상	만 3~5세
활동인원	학급 유아 전체
활동목표	• 짝을 지어 빗자루를 타고 움직이는 활동을 통해 협동하는 마음을 기른다. (사회관계>다른 사람과 더불어 생활하기>친구와 사이좋게 지내기>친구와 협동하며 놀이한다.) • 또래와 게임에 즐겁게 참여하며 운동능력을 기른다. (신체운동 · 건강>신체활동에 참여하기>자발적으로 신체활동에 참여하기>자신과 다른 사람의 운동능력의 차이를 존중한다.)
활동자료	빗자루 2개, 반환점 2개
활동방법	1. 유아를 2팀으로 나누고 팀 이름을 정한다. 2. 2명씩 짝을 지어 가위바위보로 앞에 누가 탈지를 정한다. 3. "이랴", "히히힝" 등의 소리를 내며 시작하고, "왕이란다, 길을 비켜라" 하며 들어와야 한다. 4. 게임 규칙을 지키지 않으면 처음부터 다시 하게 한다. 5. 게임해 본 느낌을 말해 보도록 한다(재미있었던 점, 힘들었던 점, 다르게 게임해 볼 수 있는 방법 등).
확장활동	• 유아들의 수가 많거나 유아들이 게임에 흥미를 보이면 3인 1조, 4인 1조로 구성하여 게임을 할 수 있다. • '말' 울음소리를 다양하게 함께 소리 내 보도록 한다.
교사Tip	• '빗자루'는 길이가 긴 것을 선택한다. • 놀이의 진행에서 유아에게 주도권을 주어 협동심을 기르는 목표를 달성하도록 한다.

4 동네놀이의 실제

| 활동 4-1 | '무궁화 꽃이 피었습니다' 놀이

활동대상	만 4~5세
활동인원	6~10명
활동목표	• 놀이에서 사용하는 언어를 바르게 말하고 들으며 즐긴다. (의사소통>듣기>동요, 동시, 동화 듣고 이해하기>동요, 동시, 동화를 다양한 방법으로 듣고 즐긴다.) • 신체를 다양하게 움직이며 운동 능력을 증진한다. (신체운동·건강>신체활동에 참여하기>바깥에서 신체활동하기>규칙적으로 바깥에서 신체 활동을 한다.)
활동자료	술래 모자
활동방법	1. 가위바위보로 술래를 정하고 놀이를 시작한다. 2. "무궁화 꽃이 피었습니다"라고 말하고 술래가 뒤를 돌아보았을 때에는 움직여서는 안 된다. 3. 술래가 뒤를 돌아보았을 때에 움직이는 사람에게 할 수 있는 행동을 정해보고 시연한다. 4. 잡힌 유아가 없을 때에는 술래가 다시 술래가 된다. 5. 유아들이 골고루 한 번씩 술래를 하거나 일정 시간을 정한 후 놀이를 종료한다. 6. 술래를 해 본 느낌과 잡힐 때 느낌, 도망갔을 때의 느낌에 대해 이야기 나눈다.
확장활동	• '무궁화 꽃이 피었습니다' 대신에 '무궁화 꽃이 밥을 먹습니다', '무궁화 꽃이 춤을 춥니다' 등 유아의 생각을 놀이에 반영시키고 다른 말로 대신할 경우 먹는 시늉, 춤추는 시늉을 하면 걸리게 되는 것으로 해 본다. • 실내에서 할 경우 선을 그어놓고 그 선 밖으로 나가면 술래가 되게 한다.
교사Tip	유아의 수가 많을 경우 팀을 나누어 하거나 다양한 '무궁화 꽃이 ○○합니다' 놀이를 해보도록 공간을 조정한다.

활동 4-2 꼬리잡기 놀이

활동대상	만 4~5세
활동인원	4명 이상
활동목표	• 여러 명이 한 몸처럼 움직이는 놀이를 통해 협동심을 기른다. (사회관계>다른 사람과 더불어 생활하기>친구와 사이좋게 지내기>친구와 협동하며 놀이한다.) • 이동하는 움직이는 활동을 통해 신체발달을 함양한다. (신체운동>신체조절과 기본운동하기>이동하며 운동하기>걷기, 달리기, 뛰기 등 다양한 이동 운동을 한다.)
활동자료	없음
활동방법	1. 가위바위보나 번호표 뽑기로 머리와 꼬리, 술래를 정한다. 머리가 된 아이는 맨 앞에, 꼬리가 된 아이는 맨 끝에 두고 나머지 아이들은 중간에 서로의 허리를 잡고 서게 한다. 2. 술래가 꼬리를 잡지 못하게 머리를 중심으로 아이들이 함께 몸을 움직인다. 3. 놀이규칙과 함께 속도나 안전에 대하여 설명해 준다. 4. 놀이시간과 활동량을 유아의 발달 수준과 상황에 맞추며 종료한다.
확장활동	• 놀이를 거꾸로 해보기를 하여 서로 '머리'가 되는 친구를 잡아보도록 한다. • 실내에서 할 경우 공간 활용에 맞추어 여러 팀으로 시간 간격을 주도록 한다.
교사Tip	• 놀이를 하면서 놀이에서 이탈되거나 어려움을 겪게 되는 점이 없는지 살피며 진행한다. • 게임의 승패보다 협동의 중요성에 대해 경험할 수 있도록 한다.

활동 4-3 나뭇잎 줍기 놀이

활동대상	만 4~5세
활동인원	5~20명
활동목표	• 젓가락질에 쉽게 익숙해질 수 있고 손 근육과 뇌 운동을 촉진시킨다. (신체운동>신체조절과 기본운동하기>신체조절하기>도구를 활용하여 여러 가지 조작 운동을 한다.) • 나뭇잎을 세어 보면서 수량에 대해 안다. (자연탐구>수학적 탐구하기>수와 연산의 기초개념 형성하기>스무 개가량의 구체물을 세고 수량을 안다.)
활동자료	나무젓가락, 나뭇잎이나 꽃잎, 나뭇잎 담을 그릇
활동방법	1. 공원이나 바깥환경에서 나뭇잎이나 꽃잎을 집어 온다. 2. 놀이 규칙에 따라 인원수를 정하거나 팀을 나눈다. 3. 시작 신호에 따라 나무젓가락으로 나뭇잎을 줍는다. 4. 시간이 종료되면 다른 그릇이나 장소로 나뭇잎을 하나씩 동시에 던지게 한다. 5. 놀이친구 모두 던지는 과정에서 숫자를 크게 말해 본다. 6. 나뭇잎이 많이 남은 친구가 이기게 된다.
확장활동	• 나무젓가락 다음으로 더 세밀한 도구를 이용하여 손의 협응력을 기른다. • 젓가락질 왕을 뽑아 본다. • 반환점을 만들어 나뭇잎을 흩어놓아 빨리 줍는 편이 이긴다. • 반환점에 견과류나 밤 등을 놓아두고 10개씩 먼저 담아오도록 한다.
교사Tip	• 어린 연령은 나무젓가락 대신 집게를 이용하여 손의 협응력을 기른다. • 인형을 젓가락으로 옮기기 등 다양한 물건을 들어 올려봄으로써 자신감과 무게에 대한 개념을 갖도록 한다.

활동 4-4 ‘강강수월래’ 놀이

활동대상	만 3~5세
활동인원	유아 학급 전체
활동목표	• 우리나라 전통 노래와 놀이에 관심을 갖는다. (예술경험>예술 감상하기>전통예술 감상하기>우리나라의 전통예술에 관심을 갖고 친숙해진다.) • 전통놀이활동에 즐겁게 참여하며 운동 능력이 발달된다. (신체운동>신체활동에 참여하기>자발적으로 신체활동에 참여하기>신체활동에 자발적이고 지속적으로 참여한다.)
활동자료	노래 CD, 카세트
활동방법	1. 유아를 둥글게 서게 한 후 유아들과 함께 강강술래 노래를 불러 본다. - 노래 1: 솔밭에는 솔잎이 총총 강강수월래 대밭에는 댓잎이 총총 강강수월래 하늘에는 별들이 총총 강강수월래 시냇가엔 자갈이 총총 강강수월래 - 노래 2: 강강수월래 강강수월래 강강수월래 강강수월래 저 달 속에 옥토끼가 떡방아를 찧는다네 강강수월래 강강수월래 2. 노래를 부르며 오른쪽으로 돈다. 3. 노래를 점차 빨리해서 돌아보게 하고 후렴구는 투스텝으로 돌아보며 익숙해진 후에 스텝이 맞지 않는 유아는 실격이 된다. 4. 전체적인 놀이 평가를 해 준다.
확장활동	• 노랫말 가사가 어려울 경우 유아 주변의 지명이나 가게 이름을 대어보도록 한다(예: 슈퍼에는 두부가 강강수월래, 병원에는 의사가 강강수월래). • 놀이형태를 원형에서 S자나 달팽이 형으로 재구성해 본다.
교사Tip	• 녹음된 테이프를 이용하여 놀이를 할 수 있다. • 일정한 시간을 정하고(5분, 10분, 또는 노래 10번 할 동안) 그 시간이 지났는데도 남아 있는 유아는 승리한 것으로 한다.

활동 4-5 여우야, 여우야 놀이

활동대상	만 3~5세
활동인원	유아 학급 전체
활동목표	• 우리나라 전통 놀이에 관심을 갖는다. (예술경험>예술 감상하기>전통예술 감상하기>우리나라의 전통예술에 관심을 갖고 친숙해진다.) • 전통놀이활동에 즐겁게 참여하며 운동 능력이 발달된다. (신체운동>신체활동에 참여하기>자발적으로 신체활동에 참여하기>신체활동 자발적이고 지속적으로 참여한다.)
활동자료	노래 CD, 카세트
활동방법	1. 사전에 '여우야, 여우야' 노래를 들려주어 유아들에게 익숙하게 한다. 2. 유아 한 명을 술래로 정한다(교사가 지명하거나, 가위바위보로 정한다). 3. 여우의 집을 표시해 두고 여우는 집에 앉아 있는다(유아들과 일정한 거리를 두고 앉는다.). 4. 유아들이 술래를 향해 노래를 부르며 다가간다. 5. "죽었니? 살았니?"에서 술래가 "살았다" 하면 출발선에서 유아들이 모두 도망가야 하고 "죽었다" 할 때 움직이면 술래가 된다. 6. 술래는 도망가는 유아를 빨리 뒤쫓아 가서 다음번 술래가 될 유아를 손으로 쳐서 잡는다. 7. 술래가 한 사람도 못 잡으면 다시 술래가 된다.
확장활동	"여우야 여우야 뭐하니?"하고 물으면 '잠잔다', '세수한다', '밥 먹는다' 대신 '놀러간다', '시장 간다', '병원 간다' 등으로 변형해서 게임할 수 있다.
교사Tip	• 학급의 유아 수가 많을 때는 두 팀으로 나누어서 놀이를 할 수 있다. • 유아의 연령이 어릴수록 술래와 유아들과의 거리를 멀게 한다.

영유아의 자유놀이를 기초로 한

놀 이 지 도

CHAPTER

14

누리과정에 기초한 자유놀이의 실제

누리과정 프로그램의 바깥 놀이와 본 교재의 놀이예시 분석비교는 다음과 같다.

월	주제		기존 실외활동	새로운 바깥 놀이 예시
3	즐거운 유치원 과 어린이집	새로 만난 우리 반	놀이터 탐색하며 자유롭게 놀기 / 확대경으로 햇빛 모으기	친구와 몸 자석놀이 / 대문놀이
		새로 꾸민 우리 반	친구와 이어달리기 해보기 / 무궁화 꽃이 피었습니다	
		우리 원 탐색	실외놀이 관찰하고 사진 찍기 / 모래놀이터에 숨겨진 보물찾기	
		사이좋은 친구	친구의 그림자 찾기 / 실외놀이터 약속 지켜 놀이하기	
4	봄과 동·식물	봄의 모습	나무를 심는 사람 / 황사를 잡아라	쑥 캐기 달팽이 집 놀이
		식물의 봄맞이	씨앗과 모종 심기 / 꽃 케이크 만들기	
		동물들의 봄나들이	개구리 발자국 찍기 / 나비카드 붙이기	
		우리들의 봄 이야기	색 관찰경으로 꽃과 나무 관찰하기 / 나도 멋진 정원사	

월	주제		기존 실외활동	새로운 바깥 놀이 예시
5	소중한 가족	소중한 나	균형 잡기 / 모양 만들어 걷기	숨바꼭질 놀이 까막 놀이
		나와 우리 가족	부모님 얼굴 그리기 / 가마 타기	
		함께하는 가족놀이	주방악기 난타 / 종이 쇼핑백 연날리기	
		여러 가족의 모습	두껍아 두껍아 / 우리 집에 왜 왔니	
		사랑하는 우리 가족	문지기 문지기 / 누가누가 멀리 뛸까요	
6	우리 동네	우리 동네 모습	우리 동네 구석구석	동네기관 마크찾기 놀이 팔자 놀이
		우리 동네 기관1	모래 반죽 떡 가게 놀이	
		우리 동네 기관2	사진기자가 되어보세요	
		다양한 직업	운동선수 되어보기 / 암호에 적힌 비밀을 찾아라	
		함께하는 우리 이웃	공을 이용한 여러 가지 놀이하기	
7	신나는 여름	여름의 모습	오늘의 바깥 기온은? / 여름의 모습 관찰하기 / 색과 물을 이용한 그림 그리기	물 풍선 나르기 놀이 사방치기 놀이
		건강하게 여름나기	햇빛과 그늘 아래서 바람 느껴보기 / 여름철 음식점 놀이	
		즐거운 물놀이1	풀에서 물놀이하기 / 물 미끄럼틀 놀이	
		즐거운 물놀이2	물놀이 도구로 놀이하기 / 누가누가 멀리 쏘나	
8	교통과 안전	내가 궁금한 교통수단	바퀴 그림 그리기 / 뺄까? 말까?	깃대 세우기 놀이 가마 타기 놀이
		편리한 교통 시설	우리 동네 탈 것과 관련된 시설 방문하기 / 어린이집에 주차장이 필요한 탈 것 조사하기	
		미래의 교통수단	바람을 이용하는 비행기 / 풍선 모노레일	
		안전한 교통 문화	우리 동네 안전한 길과 위험한 길 찾아보기 / 자전거 면허시험 놀이	

월	주제		기존 실외활동	새로운 바깥 놀이 예시
9	세계 속의 우리 나라	우리나라의 생활	물 · 모래로 독도 구성하기	만국기 기억력 놀이 십자 (동서남북) 놀이
		우리나라의 문화유산	딱지치기 / 씨름 놀이	
		세계 여러 나라와 사람들	볼리비아의 놀이: 막대기 치기 / 이탈리아의 놀이: 병뚜껑 경주	
		세계 여러 나라의 생활	리비아의 놀이:행운의 막대기	
		함께하는 세계	우리 반 미니 올림픽 / 세계의 아이들이 한마음으로 걸어요	
10	가을과 자연	가을의 변화	강한 바람, 약한 바람 만들어 보기 / 바람으로 깃털 멀리 날리기	가을 열매 소꿉놀이 나뭇잎 패션쇼 놀이
		가을 곡식과 열매	곶감 말리는 과정 관찰하기 / 곡식 악기로 연주하기	
		우리들의 가을 이야기-추석	강강술래 / 줄다리기	
		가을 나무와 숲	가을 숲 모래 상자 놀이 / 캠핑 놀이	
11	지구와 환경	우리가 사는 지구	돌탑 쌓기 / 자연물 이용하여 지구 만들기	나뭇잎 길 밟기 놀이 콩주머니 던지기 놀이
		지구의 변화	그림자 밟기 / 그림자 그려주기	
		고마운 지구	주유소 게임 / 바람을 찍어요	
		지구의 보호	우리 반 나무 정하고 돌보기	
12	겨울과 놀이	겨울의 모습	어린이집 주변 실외온도 측정해 보기 /얼음 언 곳 찾아보기	눈 발자국 찍기 놀이 나뭇가지 흔들어 눈 맞기 놀이
		동식물의 겨울나기	겨울나무의 눈 관찰하기 / 여우야 여우야, 뭐하니	
		겨울철 건강과 안전	우리 집 앞 눈 쓸기 / 겨울철 안전 캠페인	
		이웃과 함께 하는 겨울	이웃과 함께 하는 크리스마스	
		새해맞이와 놀이	연아, 연아, 날아라 / 제기차기, 팽이치기	
1	기계와 생활	편리한 생활 도구	얼마만큼의 길이일까? / 고무줄 놀이하기	나무 둘레 재기 놀이 옷걸이 풍선 채치기 놀이
		우리 주변의 기계	그림자 놀이	
		우리는 발명가	실외 놀이터 놀이기구 살펴보기 / 땅 재 먹기	
		미래의 생활	타임머신 놀이하기 / 사방치기	

월	주제		기존 실외활동	새로운 바깥 놀이 예시
2	초등 학교에 가요	궁금한 초등학교	초등학교 둘러보기 / 일어서 앉아 게임	구슬치기 놀이 깡통차기 놀이
		일학년이 되면	축구 놀이 / 문방구 견학하기	
		즐거웠던 어린이집1	우리들의 비밀 공간 / 보물찾기	
		즐거웠던 어린이집2	정들었던 어린이집 놀이터 둘러보기 / 날아라! 꿈 실은 종이비행기	

3월-활동 1 친구와 몸 자석 놀이

활동대상	만 3~5세
활동인원	유아 학급 전체
활동목표	• 친구들과의 친밀감을 도모한다. (사회관계>다른 사람과 더불어 생활하기>친구와 사이좋게 지내기>친구와 협동하며 놀이한다.) • 신체의 명칭과 특성에 대해 이해하고 활용한다. (신체운동 · 건강>신체 인식하기>신체를 인식하고 움직이기>신체 각 부분의 특성을 이해하고 활용하여 움직인다.)
활동자료	카세트, 시트지 - 빨강, 노랑, 초록, 파랑색(5cm×5cm)
활동방법	1. 유아들을 둥글게 모은다. 2. 자석의 성질에 대해 이야기 나눈 후 몸 자석 놀이 규칙에 대해 설명한다. 3. 몸의 명칭에 대해서 수수께끼로 알아본다(예: 무릎, 엉덩이, 팔꿈치, 발바닥 등). - 우리 몸 중에 둥글고 푹신하며 2개가 있는 곳은? - 우리 몸 중에 가장 밑에 있고 5가족이 모여 있는 곳은? 4. 시트지를 나누어 주고 신체 부위에 붙여 본다. (예: 팔꿈치-빨간색, 무릎-노란색, 엉덩이- 초록색, 발 등-파란색 등) 5. 둥글게 서서 익숙한 노래를 부르며 돌다가 교사가 "팔꿈치"라고 부르면 친구들의 팔꿈치와 붙여 본다(여러 명이 함께 붙여 볼 수 있다.). - 다른 부위도 마찬가지이며, 엉덩이는 2명씩 붙여본다. 6. 재미있었던 점과 어려웠던 점 등에 대해 평가해 본다.
확장활동	• 신체 부위 대신 공통점 있는 친구끼리 붙여 볼 수 있다. - 예를 들면, 빨간 옷 입은 친구끼리, 동생 있는 친구끼리, 머리 묶은 친구끼리, 토끼 분단끼리, 바나나 좋아하는 친구끼리 등.
교사Tip	• 학급의 유아 수가 많을 때는 두 팀으로 나누어서 놀이를 할 수 있다. • 실내에서 동그랗게 원을 그리고 앉아서 해 볼 수 있다.

3월-활동 2 대문 놀이

활동대상	만 3~5세
활동인원	유아 학급 전체
활동목표	• 친구들과의 친밀감을 도모한다. (사회관계>다른 사람과 더불어 생활하기>친구와 사이좋게 지내기>친구와 협동하며 놀이한다.) • 신체활동에 적극적으로 참여하며 즐거움을 느낀다. (신체운동 · 건강>신체활동에 참여하기>자발적으로 신체활동에 참여하기>신체활동에 자발적이고 지속적으로 참여한다.)
활동자료	없음
활동방법	1. 교실에서 전래동요 동대문을 익숙해지도록 반복적으로 들려준다. 2. 유아들 중에 대문이 될 두 명을 정한다. - 짝꿍을 교사가 정해줄지, 유아들끼리 정할지 협의하여 한다. 3. 두 명이 대문이 되어 손을 잡고 번쩍 들어 올린다. 4. 나머지 유아들은 동대문 노래를 부르며 기차 줄을 만들어 지나간다. - 동 동 동대문을 열어라. 남 남 남대문을 열어라. 열두 시가 되면 문을 닫는다. 5. 대문이 된 유아들은 노래가 끝나면 기차처럼 지나가는 친구들을 잡는다.
확장활동	• 기차 줄을 빨리, 또는 천천히 속도 조절을 하면서 움직이면 더욱 흥미롭다. • 노래를 주고받으면서 불러볼 수 있다. - 문지기 문지기 문 열어라. 열쇠 없어 못 열겠네. 어떤 대문에 들어갈까. 동대문에 들어가. 문지기 문지기 문 열어라. 덜컹덜컹 열렸네.
교사Tip	어린 연령의 유아들은 두 명씩 손을 잡고 길게 터널을 만들고 기어 들어가 보는 놀이로 해 볼 수 있다.

4월-활동 3 쑥 캐기 놀이

활동대상	만 3~5세
활동인원	유아 학급 전체
활동목표	• 쑥의 모양, 냄새, 감촉을 느낄 수 있다. (자연탐구>과학적 탐구하기>생명체와 자연 환경 알아보기>관심 있는 동식물의 특성과 성장과정을 알아본다.) • 신체운동 · 건강>신체 인식하기>감각능력 기르기>미세한 감각적 차이를 구분한다.
활동자료	바구니, 가위나 칼
활동방법	1. 사전에 쑥과 봄꽃, 풀 등이 있는 곳을 조사한 후 산책시간에 이동을 한다. 2. 여러 가지 풀(강아지 똥, 대망초, 할미꽃, 민들레 등)을 찾고 이름과 냄새, 모양 등을 비교 탐색한다. 3. 유아들과 팀을 나누어 일정 시간 동안 쑥을 캐는 활동을 해 본다. 4. 팀 별로 바구니의 쑥을 비교해 본다. - 어느 팀이 가장 많은 쑥을 캤는지, 길이가 가장 긴 쑥 등 비교해 보기. 5. 쑥을 캔 것으로 무엇을 할 수 있는지 이야기를 나눈다. 6. 쑥을 직접 캐서 만져본 느낌에 대해 표현해 보도록 한다.
확장활동	• 유아들이 캔 쑥으로 쑥버무리나 쑥 전 등의 요리활동을 할 수 있다. • 쑥 캐기 활동 후 동시 짓기나 그림 그리기 등 표상활동을 할 수 있다.
교사Tip	• 가위나 칼의 안전한 사용법에 대해 주의를 시킨다. • 쑥 캐기 활동 전에 봄에 볼 수 있는 야생 풀꽃들에 대해 사진을 전시해 두어 관심을 갖도록 한다.

4월-활동 4 달팽이 집 놀이

활동대상	만 3~5세
활동인원	유아 학급 전체
활동목표	• 친구와 함께 달리며 즐겁게 참여한다. (신체운동·건강>신체조절과 기본운동하기>이동하며 운동하기>걷기, 달리기, 뛰기 등 다양한 이동 운동을 한다.) • 친구와 협동하여 놀이하는 즐거움을 느낀다. (사회관계>다른 사람과 더불어 생활하기>친구와 사이좋게 지내기>친구와 협동하며 놀이한다.)
활동자료	분필이나 막대기, 호루라기
활동방법	1. '달팽이 집을 집시다' 노래를 부르며 바닥에 나뭇가지를 이용하여 달팽이 집을 그린다. 2. 놀이방법에 대해 소개하고 유아를 두 팀으로 나눈다. - 바닥에 달팽이처럼 나선형으로 선을 그린다. - 시작 신호에 맞춰 한 팀은 바깥에서 안으로, 다른 한 편은 안에서 바깥으로 달린다. - 도중에 상대편을 만나면 가위, 바위, 보를 하여 이기면 그대로 전진, 지면 처음의 자리로 간다. 이때 다음 유아가 나간다. 3. 상대편이 있던 곳에 먼저 도착하는 편이 이긴다. 4. 게임을 한 후 활동에 대한 평가를 한다.
확장활동	달팽이 집을 달리기하는 대신 달팽이처럼 걸어가기로 변형할 수 있다.
교사Tip	• 선을 밟거나 다른 선으로 넘어가지 않도록 한다. • 어지러움을 느끼는 유아는 쉬도록 한다.

5월-활동 5 까막 잡기 놀이

활동대상	만 3~5세
활동인원	유아 학급 전체
활동목표	• 청각을 예민하게 할 수 있고 집중력을 기를 수 있다. (신체운동 · 건강>신체 인식하기>감각기관 활용하기>감각으로 대상이나 사물의 특성과 차이를 인식한다.) • 친구와 협동하여 놀이하는 즐거움을 느낀다. (사회관계>다른 사람과 더불어 생활하기>친구와 사이좋게 지내기>친구와 협동하며 놀이한다.)
활동자료	눈 가리개
활동방법	1. 놀이의 유래에 대해 이야기한다. - 옛날에 눈이 보이지 않으면 까막눈이라고 불렀으며 이 놀이는 눈을 가리고 해서 까막놀이라고 한다. 2. 넓은 장소에 유아를 모으고 놀이방법을 설명한다. - 가위바위보 등으로 술래를 정하고 술래는 눈을 가리게 한다. - 다른 아이들은 도구 소리나 손뼉을 쳐서 위치를 알려야 하며 술래는 귀를 기울여서 잡아야 한다. - 잡힌 유아는 술래가 된다. 3. 게임을 한 후 눈을 가린 후 느낌은 어땠는지 이야기해 본다.
확장활동	• 눈을 가리고 친구를 잡은 후 손으로 만져서 어떤 친구인지 이름을 말해 보는 활동을 할 수 있다. • 눈을 가리고 친구를 잡은 후 친구의 목소리를 듣고 어떤 친구인지 이름을 말해 보는 활동을 할 수 있다.
교사Tip	사전에 놀이장소에 위험요소가 없는지 확인하고 놀이 장소의 범위를 정해 준다.

6월-활동 6 팔자 놀이

활동대상	만 4~5세
활동인원	10~20명
활동목표	• 친구들과 함께 놀이하며 협동심과 남을 배려하는 마음을 익힌다. (사회관계>다른 사람과 더불어 생활하기>친구와 사이좋게 지내기>친구와 협동하며 놀이한다.) • 신체활동에 참여하며 운동능력을 기른다. (신체운동·건강>신체활동에 참여하기>바깥에서 신체활동하기>규칙적으로 바깥에서 신체활동을 한다.)
활동자료	분필이나 막대기, 호루라기
활동방법	1. 넓은 곳에 분필이나 막대기로 8자 모양의 길을 그리는데 양 끝은 서로 이어지지 않도록 끝을 맺는다. 2. 가위바위보 등으로 술래를 정한다. 3. 술래는 열까지 세고 다른 사람들은 술래가 열까지 셀 동안 빨리 도망을 간다. 4. 술래는 8자를 따라 왔다 갔다 할 수 있고 술래가 아닌 사람은 시작 부분에서 뛰어넘기를 할 수 있다. 5. 선을 밟거나 선 밖으로 나가면 죽게 된다. 6. 술래가 치거나 손으로 잡으면 술래가 되고 술래는 끝으로 가서 출발한다.
확장활동	술래가 열까지 세는 대신 제자리에서 코끼리코를 세 바퀴 돈 후 시작할 수 있다.
교사Tip	세게 달리다 부딪히거나 넘어질 수 있으니 안전사고에 유의한다.

7월-활동 7 사방치기 놀이

활동대상	만 4~5세
활동인원	2~6명
활동목표	• 규칙을 지키며 친구와 함께 사방치기를 한다. (신체운동 · 건강>신체활동에 참여하기>바깥에서 신체활동 하기>규칙적으로 바깥에서 신체활동을 한다.) • 1부터 8까지 숫자대로 움직이며 수와 위치에 대해 안다. (자연탐구>수학적 탐구하기>공간과 도형의 기초개념 형성하기>위치와 방향 여러 가지 방법으로 나타내 본다.)
활동자료	분필이나 나뭇가지, 콩 주머니
활동방법	1. 사방치기 모양 판을 보여주고 어떻게 하는 놀이일지 추측해 보도록 한다. 2. 놀이방법을 설명한다. - 자신의 콩 주머니를 선택한다. - 순서를 정해 1부터 콩 주머니를 던지고 콩 주머니가 없는 곳을 지나 처음으로 돌아온다. - 번호 순서대로 두 발을 모아 뛰어 콩 주머니를 놓고 깨끔 발 또는 양발로 갔다가 되돌아온다(①②, ④⑤, ⑦⑧은 양발 ③⑥은 깨끔 발). 3. 사방치기 놀이 후 느낌을 이야기해 본다.
확장활동	• 뒤로 돌아 콩 주머니를 던지고 번호 순서대로 양발, 깨끔 발로 갔다 오면서 콩 주머니가 떨어진 칸을 자기 땅으로 표시할 수 있다. • 얻은 땅 위는 양발로 설 수 있으나 상대편 땅은 건너뛰도록 정할 수 있다.
교사Tip	• 다양한 사방치기 놀이를 응용할 수 있다. • 인원이 많을 경우 사방치기 모양을 여러 개 그려서 한다.

9월-활동 8 만국기 기억력 놀이

활동대상	만 4~5세
활동인원	5~6명
활동목표	• 나라 이름에 대해 주의 깊게 듣고 구별하여 게임을 한다. (의사소통>듣기>바른 태도로 듣기>다른 사람의 이야기를 주의 깊게 듣는다.) • 다른 나라의 국기에 관심을 갖고 탐구하며 비교한다. (자연탐구>탐구하는 태도 기르기>탐구과정 즐기기>궁금한 점을 알기 위해 비교하기, 예측하기 등 다양한 방법을 활용한다.)
활동자료	만국기 카드, 돗자리
활동방법	1. 유아가 알고 있는 세계 여러 나라 이름에 대해 이야기 나눈다. 2. 각 나라를 상징하는 국기에 대해 보여주고 게임을 소개한다. - 각각 똑같은 국기가 두 장씩 있음을 알려 준다. - 국기 카드를 뒤집어 놓은 뒤 두 장씩 뒤집으며 맞추어 본다.
교사Tip	• 다양한 기억력 놀이를 응용할 수 있다. • 인원이 많을 경우 팀을 구성하여 기억놀이를 한다.

CHAPTER

15

교수매체별 유아의 자유놀이 실제

유아들의 자유놀이를 교육현장에서 적용하여 유아의 호기심과 탐구력을 비롯하여 즐거움과 창의력을 향상시킬 수 있는 매체 중에서 일상생활에서 쉽게 구할 수 있는 재료를 선택하여 각 연령에 적합하도록 지도하고 실제 적용한 사례를 통해 다양한 매체와 유아의 놀이와의 관계성을 이해하고자 한다.

본 자료는 경기도 북부의 국공립 푸른 솔 유치원의 원장님과 교사들과 협의하여 실시한 활동으로 다양한 자료를 통한 자연스러운 움직임과 창의력을 주도할 수 있는 환경이 제공되었을 경우 유아들의 활동방안을 제시한 것이다.

다음은 유아들이 놀이장면에서 실행한 활동의 예시 목차 중의 일부이다.

1. 꼬불꼬불 줄 놀이
   1) 긴 풍선(원 모양)놀이 2) 줄 놀이
2. 둥글둥글 풍선 & 공놀이
   1) 풍선놀이 2) 공놀이
3. 팔랑팔랑 신문지 놀이
4. 오색빛깔 스카프 놀이
5. 미끌미끌 비닐 놀이

예시 자료 중 일상생활과 교육현장에서 적용하기 가능한 사례를 소개하면 다음과 같다.

1 꼬불꼬불 줄 놀이

[활동목표]

- 줄을 이용하여 할 수 있는 놀이를 알아본다.
- 친구들과 규칙을 지키며 협동하여 안전하게 놀이한다.
- 줄을 이용한 놀이에 친구와 함께 즐겁게 참여한다.

1) 줄 풍선(원 모양)놀이

활동 1-1 줄 풍선(원 모양) 탐색놀이

활동대상	만 4~5세
활동인원	학급 전체
활동자료	줄 풍선 유아 1인당 6개씩
활동방법	1. 바람을 넣지 않은 줄 풍선 3개를 묶어서 원 모양으로 만든다. 유아 1인당 2개씩 만든다. 2. 만든 줄 풍선(원 모양)을 탐색해본다. 3. 줄 풍선(원 모양)을 가지고 어떤 놀이를 할 수 있을지 이야기 나눈다. 4. 힘을 조절해 가며 다양한 방법으로 당기면서 줄 풍선(원 모양)과 친숙해 질수 있는 시간을 갖는다. 5. 자신이 놀이한 방법을 친구들에게 소개해본다.
놀이Tip	• 연령이 어린 유아는 교사가 미리 줄 풍선을 원 모양으로 만들어 준비한다. • 유아용은 줄 풍선 3개로, 성인용은 줄 풍선 4개를 묶어서 원 모양으로 만들어 사용한다.

활동 1-2 줄 풍선(원 모양) 체조

활동대상	만 4~5세
활동인원	학급 전체
활동자료	줄 풍선(원 모양), 체조음악
활동방법	1. 몸을 튼튼하게 할 수 있는 운동에 대해 이야기를 나눈다. 2. 체조를 해 본 경험에 대해 이야기를 나눈다. 3. 줄 풍선을 활용하여 신체부위별 체조 동작을 만들어본다. - 팔: 두 발로 줄 풍선을 누르고, 양손에 줄 풍선을 끼운 후, 잡아당겨 모양 만들기 - 어깨: 줄 풍선 양끝을 손으로 잡고 상하좌우로 움직이기 - 허리: 양손에 줄 풍선을 잡고 팔을 앞으로 뻗어 좌우로 움직이기 - 다리: 발로 줄 풍선을 밟고 한쪽 발씩 올리고 내리기 4. 함께 만든 동작을 음악에 맞춰 다 함께 체조를 해본다. 5. 친구들이 만든 재미있는 동작에 대해 칭찬해준다.
놀이Tip	연령이 어린 유아는 처음에는 교사가 시범을 보여주고 따라 해보고 이후에 재미있는 동작을 만들어 함께 체조할 수 있다.

활동 1-3 줄 풍선(원 모양) 로봇놀이

활동대상	만 4~5세
활동인원	학급 전체
활동자료	줄 풍선(원 모양), 애니메이션 음악
활동방법	1. 로봇을 본 경험에 대해 이야기 나눈다. 2. 줄 풍선(원 모양)을 유아들에게 2개씩 나눠준다. 3. 오른발과 오른손에 하나, 왼발과 왼손에 하나씩 줄 풍선(원 모양)을 끼운 후 로봇처럼 걸어 본다. 4. 로봇 동작을 자유롭게 만들어서 해보고, 친구들에게 자신이 만든 동작을 소개한다. 5. 소그룹으로 모둠을 나누어 친구들과 함께 스토리를 만들어서 로봇 놀이를 한다(예: 요리, 청소, 댄스, 연주회 등 다양한 상황극). 6. 모둠별로 로봇놀이를 한 후 서로 발표하는 시간을 가지면서 궁금한 내용에 대해 질문하는 시간을 가진다.
놀이Tip	• 소그룹은 5-6명씩으로 구성하는 것이 좋고 교사가 주도하지 말고 유아들이 자발적으로 그룹을 조직하도록 돕는다. • 상황극에 맞는 로봇놀이가 이루어지도록 로봇의 움직임에 대한 동영상을 미리 감상한다.

2) 줄 놀이

활동 1-4 거미줄 만들기

활동대상	만 4~5세
활동인원	학급 전체
활동자료	포장 테이프, 고깔, 폴대, 애니메이션 음악
활동방법	1. 준비된 다양한 줄, 놀이도구를 탐색해본다. 2. 거미줄을 본 경험에 대해 이야기를 나눈다. 3. 놀이도구를 보며 거미줄을 만들 수 있는 방법에 대해 이야기를 나눈다. 4. 폴대에 고깔을 끼워 기둥을 만든 후 테이프를 사용하여 유아들과 함께 거미줄을 만든다(균형 유지를 위해 폴대 밑에 물을 채운다). 5. 친구들이 함께 만든 거미줄을 건너보거나 아래로 기어 다닌다. 6. 거미와 곤충으로 팀을 나누어 곤충 팀 친구들은 거미줄에 몸이 닿지 않게 안전하게 거미줄을 지나간다. 7. 거미줄에 걸린 유아는 그 자리에서 멈추고, 걸리지 않은 유아만 계속한다.
놀이Tip	몸을 낮추어 지나가는 곳, 완전히 바닥에 엎드려 지나다닐 수 있는 곳 등 다양한 높이로 거미줄을 만들 수 있다.

활동 1-5 리본 끈 춤추기

활동대상	만 4~5세
활동인원	학급 전체
활동자료	리본막대, 음원
활동방법	1. 리본 막대를 가지고 자유롭게 움직이면서 탐색해본다. 2. 제자리에서 할 수 있는 리본 막대 동작을 다양하게 만들어본다. 3. 자리를 이동하면서 리본 끈을 움직이며 다양한 동작을 만들어본다. 4. 음악에 맞추어 창의적이고 자유롭게 리본 춤을 춰본다.
놀이Tip	대집단으로 리본 끈 춤추기를 한 후 소집단으로 나누어서 모둠별로 친구들의 춤을 감상할 수 있는 시간을 가진다.

활동 1-6 애벌레 기차놀이

활동대상	만 4~5세
활동인원	학급 전체
활동자료	긴 줄, 정거장 표시 그림
활동방법	1. 준비된 활동자료를 보면서 어떤 놀이를 할 수 있는지 이야기 나눈다. 2. 가위, 바위, 보로 운전할 기관사를 뽑고 목적지와 정거장을 정한다. 3. 기관사는 줄 맨 앞에 서고 나머지는 그 뒤에 한 줄로 늘어선다. 4. 준비가 끝나면 기관사는 '이 기차는 ○○가는 기차입니다.'하면서 기차 운전하는 소리를 내며 앞으로 간다. 5. 중간중간에 기관사가 정거장에서 "○○역입니다. 내리실 분 내리세요"라고 하면 내릴 사람은 내린다. 6. 목표지점까지 갔다가 돌아올 때 정거장에서 "○○갑니다. 어서 타세요"라며 내려 주었던 친구들을 태우고 돌아온다.
놀이Tip	• 교사는 기차의 목적지와 정거장을 정할 때 유아들 스스로 협의하여 정할 수 있도록 도와준다. • 기차놀이를 하고 싶지 않은 유아는 표를 받는 역무원 역할을 할 수 있다.

활동 1-7 림보게임

활동대상	만 4~5세
활동인원	학급 전체
활동자료	긴 줄, 음원
활동방법	1. 2명의 유아가 양쪽에서 줄을 잡는다. 2. 몸을 뒤로 젖혀 줄이 몸에 닿지 않게 지나간다. 3. 줄의 높이를 조절하여 단계별로 조금씩 줄을 내리면서 놀이를 진행한다. 4. 림보놀이가 익숙해지면 편을 나누어서 편 게임으로 진행할 수 있다.
확장활동	• 긴 줄이 멈춰진 상태에서 개인별로 줄을 넘는다. • 줄의 높이를 점점 높여 가며 넘는다.
놀이Tip	• 줄을 잡고 있던 친구들도 놀이에 참여할 수 있는 기회를 준다. • 림보놀이나 줄넘기 놀이를 할 때 넘어질 수 있으므로 바닥에 매트를 깔아준다.

2 둥글둥글 풍선 & 공놀이

[활동목표]

- 공, 풍선을 이용하여 대 · 소 근육 발달을 돕는다.
- 공, 풍선 놀이에 즐겁게 참여한다.
- 친구들과 함께하는 협동 놀이를 통하여 협동심을 기른다.

1) 일반형 풍선놀이

활동 2-1 캥거루 풍선

활동대상	만 4~5세
활동인원	학급 전체
활동자료	풍선, 음원, 반환점, 호루라기
활동방법	1. 풍선을 무릎과 무릎 사이에 끼우고 캥거루처럼 두 발로 음악에 맞추어 뛰어본다. 2. 충분히 뛴 후 두 팀으로 나눈다. 3. 놀이 시 주의할 점에 대해 이야기를 나눈다. 4. 교사의 신호에 맞춰 풍선을 무릎 사이에 끼우고 반환점을 돌아온다. 5. 풍선이 무릎에서 빠지면 다시 풍선을 끼워서 출발한다. 6. 반환점을 먼저 돌아오는 팀이 이긴다.
확장활동	친구와 함께 풍선 옮기기 • 둘씩 짝을 지어 두 줄로 선다. • 여러 신체 부위에 풍선을 끼우고 반환점 돌아오기 놀이를 한다(이마, 배 등).
놀이Tip	친구와 협동하여 놀이할 때는 승패보다는 협동의 중요성을 경험할 수 있도록 강조한다.

활동 2-2 풍선 배드민턴

활동대상	만 4~5세
활동인원	학급 전체
활동자료	풍선, 음원, 풍선치기 채
활동방법	1. 풍선 채를 이용하기 전에 몸을 이용하여 풍선을 쳐본다. (한 손 치기, 양손 치기, 어깨치기, 발로 치기 등) 2. 손으로 치는 것이 익숙해지면 풍선치기 채를 사용해서 혼자서 풍선 치는 놀이를 한다. 3. 2명씩 짝을 지어서 풍선치기 채로 풍선을 주고받기 놀이를 한다.
놀이Tip	• 놀이공간을 충분히 확보하여 다른 친구에게 방해가 되지 않도록 한다. • 풍선은 바람의 영향을 많이 받으므로 바람이 없는 곳이나 실내에서 놀이하는 것이 좋다.

활동 2-3 바운스 바운스

활동대상	만 4~5세
활동인원	학급 전체
활동자료	풍선, 음원
활동방법	1. 교실에 활동할 공간을 확보하고 네 명이 한 모둠이 된다. 2. 서로 손을 잡고 둥글게 선 뒤, 몸을 이용해 풍선을 위로 튕겨 올린다. 3. 잡은 손이 떨어지거나 풍선이 바닥에 닿으면 멈춘다.
놀이Tip	• 맨 처음 풍선을 하늘로 올릴 때만 손을 사용하고 이후에는 머리, 배, 등만을 사용하며 풍선을 친다. • 모둠 인원수를 늘리면서 진행한다. • 발을 사용할 경우 안전을 위해 충분한 공간을 확보하고, 다치지 않도록 주의한다.

활동 2-4 풍선 비닐

활동대상	만 4~5세
활동인원	학급 전체
활동자료	풍선, 커다란 비닐봉지(김장용)
활동방법	1. 큰 김장용 비닐봉지 안에 유아들과 함께 미리 불어놓은 풍선을 넣는다. 2. 비닐봉지 위에 앉아보고, 누워보거나 걸어본다. 3. 풍선을 발로 또는 엉덩이로 터트리기를 한다.
확장활동	큰 비닐에 풍선을 넣어 커다란 공을 만들어서 큰 공 굴리기 놀이를 한다.
놀이Tip	친구들과 협동하여 김장 비닐에 풍선을 넣어 기둥을 만들어 세울 수 있다.

2) 공놀이

활동 2-5 오뚝이 맞추기

활동대상	만 4~5세
활동인원	학급 전체
활동자료	오뚝이 펀치볼, 테이프, 볼 풀 공
활동방법	1. 유아들이 원 모양으로 둥글게 서고 가운데 오뚝이 펀치백을 배치한다. 2. 볼 풀 공을 던져서 오뚝이 펀치백 맞추기 놀이를 한다. 3. 놀이가 익숙해지면 팀을 나누어서 게임으로 진행한다. 4. 바닥에 테이프를 붙여놓은 후 선 밖에서 탱탱 볼을 던져 오뚝이 펀치백을 맞춘다.
놀이Tip	• 던지는 거리는 유아 발달 수준이나 연령을 고려하여 조정한다. • 펀치백의 종류에 따라 볼 풀 공 대신 탱탱 볼을 사용할 수 있다.

활동 2-6 삼각피구

활동대상	만 4~5세
활동인원	학급 전체
활동자료	탱탱 볼, 색 테이프
활동방법	1. 바닥에 색 테이프로 삼각형 모양을 만든다. 2. 두 팀으로 나누어서 한 팀은 삼각형에 안에 들어가고 다른 한 팀은 삼각형 줄 밖에 선다. 3. 밖에 서 있는 팀이 탱탱 볼을 던져서 안에 있는 유아들을 맞춘다. 4. 공을 맞은 유아는 밖으로 나온다. 5. 놀이 시간을 정하고 마지막까지 살아남은 유아 수가 많은 팀이 이긴다.
놀이Tip	• 유아들의 안전을 위하여 공을 던질 때 머리나 얼굴 쪽으로 던지지 않도록 지도한다. • 유아 수를 고려하여 삼각형의 크기를 조절하여 그린다. • 익숙해지면 유아의 연령과 발달정도를 고려하여 사각피구 또는 오각피구로 변형하여 놀이할 수 있다.

활동 2-7 파라슈트 공놀이

활동대상	만 4~5세
활동인원	학급 전체
활동자료	짐볼, 탱탱 볼, 볼 풀 공, 파라슈트
활동방법	1. 파라슈트의 특성을 탐색해본다. 2. 유아들이 파라슈트를 잡고 그 위에 공을 올려놓는다. 3. 파라슈트를 잡은 유아가 함께 공을 위로 튕겨보는 놀이를 한다. 4. 탱탱 볼(또는 볼 풀 공)을 파라슈트에 올려놓고 힘의 강도(약하게 또는 세게)를 조절하면서 공을 다양한 방법으로 튕기는 놀이를 한다. 5. 탱탱 볼이나 볼 풀 공이 익숙해지면 짐볼로 바꾸어서 공을 튕겨본다.
놀이Tip	• 친구와 협동하면서 하는 놀이 임을 강조하고 놀이가 잘 안 될 경우 서로 문제점을 협의하는 시간을 가진 다음에 다시 놀이한다. • 짐볼의 경우 어린 연령보다 만 5세 유아의 활동에 적합하다.

활동 2-8 빨대와 탁구공

활동대상	만 4~5세
활동인원	학급 전체
활동자료	빨대, 탁구공, 훌라후프, 색 테이프, 호루라기
활동방법	1. 두 명이 빨대를 손에 들고, 서로 마주 보고 앉는다. 2. 훌라후프를 놓고 가운데에 색 테이프로 선을 그어 각자의 구역을 정한 뒤 그 안에 탁구공을 넣는다. 3. 교사가 호루라기를 불면 빨대에 바람을 불어 탁구공을 상대방 구역으로 보낸다. 4. 정한 시간이 지났을 때 상대 구역으로 탁구공을 많이 보낸 유아가 이긴다.
놀이Tip	• 처음에는 두 명으로 시작하다가 익숙해지면 인원수를 늘리고 탁구공의 개수를 늘리면서 놀이를 진행해도 좋다. • 개인위생을 고려하여 빨대는 일회용으로 사용한다. • 탁구공에 침이 많이 묻으므로, 놀이가 끝난 뒤에는 탁구공을 씻어놓는다.

3 팔랑팔랑 신문지 놀이

[활동목표]

- 신문지 특성을 이해하고 놀이를 통하여 신체발달을 도모한다.
- 친구들과 함께 협동하며 신문지 놀이에 즐겁게 참여한다.
- 다른 사람을 배려하고 친구들과 사이좋게 지낸다.

활동 3-1 사랑해요!

활동대상	만 4~5세
활동인원	학급 전체
활동자료	신문지, 음원
활동방법	1. 신문지의 특성을 탐색한다. 2. 3~4명씩 소그룹으로 팀을 나눈다. 3. 신문지를 가장 넓게 펴서 친구들과 함께 신문지 위에 올라간다. 4. 신문지를 계속 반으로 접으면서 신문지 위에 친구들과 함께 서본다. 5. 가장 작은 면적의 신문지에 친구들과 함께 올라가는 팀이 이기는 놀이이다.
놀이Tip	교사는 친구들과 어떻게 올라가야 되는지 의견을 나눌 시간을 충분히 주고 방법을 찾도록 지원한다.

활동 3-2 신문지 트위스트

활동대상	만 4~5세
활동인원	학급 전체
활동자료	신문지, 음원
활동방법	1. 유아 1인당 신문지 한 장씩을 나누어 준다. 2. 개별적으로 신문지 위에 선다. 3. 음악에 맞추어 신문지 위에서 트위스트 춤을 춘다. 4. 신문지가 찢어지는 과정을 감각으로 느낀다. 5. 찢어진 신문지를 뭉쳐 공으로 만들어 정리한다.
놀이Tip	신문지의 감각을 느끼려면 신발을 벗고 하는 것이 좋으며, 유아 스스로 신문지를 뭉쳐 공으로 만들어서 정리하도록 한다.

활동 3-3 신문지 눈싸움

활동대상	만 4~5세
활동인원	학급 전체
활동자료	신문지, 테이프
활동방법	1. 신문지를 길게 찢어본다. 2. 길게 찢은 신문지를 위로 높이 날려본다. 3. 교사가 신문지를 날려주면 유아들이 잡는 놀이를 한다. 4. 긴 신문지를 다시 잘게 찢어본다. 5. 잘게 찢어진 신문지를 눈이 날리는 것처럼 하늘로 날린다. 6. 찢어진 신문지를 뭉친 후, 테이프를 감아 눈 뭉치를 만든다. 7. 두 팀으로 나누어 양쪽에 선 후, 교사의 신호에 맞춰 눈 뭉치를 상대편에게 던진다.
확장활동	신문지 길게 늘이기 1. 교사가 신문지가 끊어지지 않도록 신문지를 길게 찢는 방법을 시범으로 보여준다. 2. 신문지가 끊어지지 않도록 길게 찢어본다. 3. 길게 찢은 신문지를 가지고 친구들과 함께 서로 길이를 재어본다. 4. 길게 늘어진 신문지로 길을 만들어 신문지 길 따라 걸어보기 놀이를 한다.
놀이Tip	• 눈싸움 놀이를 하기 전 주변의 위험한 물건을 치우고 충분한 공간을 확보한다. • 너무 가까이에서 던지면 다칠 수 있으므로 적당한 거리를 유지하도록 한다. • 신문지 몇 장을 모아서 커다란 눈송이를 만들어 놀이할 수 있다. • 눈싸움 놀이가 끝난 후 눈 뭉치 모으기 놀이를 통해 정리가 이루어지도록 한다. • 신문지 길게 늘이기 할 때, 어린 연령은 테이프를 이용하여 신문지를 연결해본다. • 신문지가 잘 찢기는 방향이 있으니, 어떻게 찢으면 좋을지 고민해 보도록 한다.

활동 3-4 목걸이 전달하기

활동대상	만 4~5세
활동인원	학급 전체
활동자료	신문지, 테이프, 가위
활동방법	1. 신문지와 테이프로 커다란 목걸이를 만든다. 2. 두 팀으로 나누어 손을 잡고 한 줄씩 두 줄로 선다. 3. 손을 이용하지 않고 목걸이를 정해진 곳까지 전달한다. 4. 먼저 목걸이를 전달한 팀이 이긴다.
놀이Tip	• 처음에는 뒤로 전달하기, 나중에는 뒤에서 앞으로 전달하기 등과 같이 규칙을 변경해도 좋다. • 목걸이가 바닥에 떨어질 때만 손을 이용할 수 있다. • 목걸이가 끊어지지 않도록 여러 겹의 신문지로 튼튼하게 목걸이를 만든다.

활동 3-5 초강력 접착제

활동대상	만 4~5세
활동인원	학급 전체
활동자료	신문지, 반환점, 호루라기
활동방법	1. 두 팀으로 나눈다. 2. 팀별로 두 명이 짝이 되어 신문지를 신체 부위의 어디에 끼울지 정한다. 3. 정해진 신체 부위에 친구와 함께 접어진 신문지를 끼운다. 4. 출발과 함께 정해진 반환점을 돌아온다. 5. 중간에 신문지가 떨어지면 다시 끼우고 출발한다. 6. 팀 구성원이 빨리 들어오는 팀이 이긴다.
놀이Tip	놀이 전에 유아들과 신체 부위 어디에 신문지를 끼우면 좋을지 이야기를 나눈다. (뺨과 뺨, 옆구리와 옆구리, 등과 등, 엉덩이와 엉덩이 등)

4 오색빛깔 스카프 놀이

[활동목표]

- 스카프의 특성을 이해하고 놀이를 통해 신체 조절능력을 기른다.
- 스카프 놀이에 즐겁게 참여한다.
- 친구들과 협동심을 배양하고 서로 존중하는 마음을 기른다.

활동 4-1 스카프 미끄럼타기

활동대상	만 4~5세
활동인원	학급 전체
활동자료	스카프, 반환점, 호루라기
활동방법	1. 스카프의 특성을 탐색한다. 2. 유아 1인당 스카프 한 장씩 나누어 준다. 3. 스카프를 바닥에 펼쳐 놓고 앉아서 엉덩이를 밀어서 다양한 방법으로 움직이는 놀이를 한다. 4. 익숙해지면 팀을 나누어 스카프 미끄럼을 타고 반환점을 돌아오는 게임 놀이를 한다.
놀이Tip	유아 안전을 고려하여 스카프를 발로 밟고 위에 올라서지 않도록 지도한다.

활동 4-2 그대로 멈춰라

활동대상	만 4~5세
활동인원	학급 전체
활동자료	스카프, 음원
활동방법	1. 유아 1인당 스카프를 2개씩 나누어 준다. 2. 스카프를 이용하여 출 수 있는 다양한 춤동작에 대해 이야기를 나눈다. 3. 음악이 맞추어 스카프를 흔들면서 자유롭게 춤을 춘다. 4. 교사가 제시한 조건에 따라 스카프를 흔들어본다. (흔들다 멈추기, 천천히 또는 빨리 흔들기, 높고 낮게 흔들기 등)
확장활동	스카프 한삼춤 놀이: 음악에 맞추어 스카프를 이용하여 한삼춤을 춰본다.
놀이Tip	• 처음에는'그대로 멈춰라' 노래에 맞추어 흔들어보다가 익숙해지면 음악에 맞추어 자유롭게 표현하도록 돕는다. • 교사가 제시하는 조건에 맞게 표현하기를 하기 전에 유아들에게 다양한 동작에 대해 생각해 볼 기회를 제공한다.

활동 4-3 스카프 체조

활동대상	만 4~5세
활동인원	학급 전체
활동자료	스카프, 체조 음원
활동방법	1. 스카프를 돌돌 말아 양 끝쪽을 손으로 잡는다. 2. 스카프로 할 수 있는 체조 동작에 대해 이야기를 나눈다. 3. 스카프를 이용하여 서서 할 수 있는 신체부위별 체조 동작을 만들어본다. (스카프 잡고 두 팔 뻗었다 내리기, 옆구리 늘이기) 4. 스카프를 이용하여 앉아서 할 수 있는 신체부위별 체조 동작을 만들어본다. (스카프 발에 걸고 들어 올리기, 두 발에 걸고 몸 앞으로 구부리기) 5. 음악에 맞춰 체조를 한다.
놀이Tip	• 혼자서 하는 체조 동작이 익숙해지면 둘이서 할 수 있는 짝 체조 놀이를 한다. • 여러 가지 스카프놀이 후 마무리 활동으로 체조를 한다.

활동 4-4 스카프 패션쇼

활동대상	만 4~5세
활동인원	학급 전체
활동자료	색이나 크기가 다른 스카프, 고무줄, 집게
활동방법	1. 다양한 색상, 크기나 모양이 다른 스카프를 준비한다. 2. 유아 1인당 스카프를 두 개씩 기본으로 나누어 주고, 필요한 경우 더 나누어준다. 3. 두 명이 한 팀이 되어 한 명은 모델이 되고, 한 명은 디자이너가 된다. 4. 스카프와 고무줄, 집게를 이용해서 모델을 멋지게 꾸며 준다. 5. 모여서 패션쇼 놀이를 진행한다. 6. 모델과 디자이너를 바꾸어 꾸미고 패션쇼를 진행한다.
놀이Tip	• 교사는 놀이 시간을 충분히 확보하여 모델을 꾸미고 패션쇼까지 유아들이 협의를 통해 자발적으로 진행하도록 돕는다. • 유아의 수준에 맞게 난이도를 조절한다. • 긴 스카프, 숄, 큰 보자기, 꾸미기 재료 등을 통해 창의적인 표현을 돕는다. • 스카프를 묶는 것이 어려울 때는 집게를 사용할 수 있다.

활동 4-5 특명 스카프 찾기

활동대상	만 4~5세
활동인원	학급 전체
활동자료	스카프, 훌라후프 2개(한 팀당), 호루라기
활동방법	1. 유아를 두 팀으로 나눈다. 2. 한쪽 훌라후프에는 다양한 색의 스카프를 넣어놓고, 한쪽 훌라후프는 비워놓는다. 3. 출발신호를 듣고 출발하여 교사가 말한 색상의 스카프를 찾아서 비어 있는 훌라후프에 옮기고 돌아온다. 4. 빨리 돌아오는 팀이 이긴다.
놀이Tip	• 유아들이 게임의 승패보다는 정확한 색상의 스카프를 찾을 수 있도록 지도한다. • 유아끼리 서로 부딪치지 않도록 안전에 유의한다.

5 미끌미끌 비닐 놀이

[활동목표]

- 다양한 탐색 활동을 통해 비닐의 특성을 이해한다.
- 비닐을 활용한 놀이를 통해 신체운동 능력과 협응력을 기른다.
- 친구들과 협동심을 키우고 함께 비닐 놀이에 즐겁게 참여한다.

활동 5-1 바람 요정

활동대상	만 4~5세
활동인원	학급 전체
활동자료	색 비닐봉지, 대형비닐봉지, 고무줄, 매직, 스티커
활동방법	1. 여러 종류의 투명 비닐봉지를 탐색해본다. 2. 유아가 가지고 싶은 비닐봉지를 1개씩 나누어 가진다. (비닐봉지의 크기에 따라 인원을 결정한다.) 3. 비닐봉지 입구 쪽을 양손으로 잡는다. 4. 바람이 부는 방향을 향해 달려가면서 비닐봉지에 바람을 채운다. 5. 고무줄로 비닐봉지 입구를 막은 후 비닐 겉 부분을 여러 가지 재료로 꾸민다. 6. 각자 꾸민 바람요정을 가지고 어떤 놀이를 하면 좋은지 함께 이야기 나누고 함께 놀이한다.
놀이Tip	비닐봉지의 크기나 유아의 요구에 따라서 혼자 또는 두 명이 함께 놀이할지 결정한다.

활동 5-2 비닐 낙하산 놀이

활동대상	만 4~5세
활동인원	학급 전체
활동자료	여러 가지 크기의 비닐봉지, 끈, 테이프
활동방법	1. 비닐과 끈을 나누어 주어 낙하산을 만든다. 2. 만든 낙하산을 들고 달려서 낙하산 안에 바람을 넣는다. 3. 충분히 낙하산이 부풀면 손을 놓고 움직임을 관찰한다. 4. 누가 만든 낙하산이 가장 늦게 떨어지는지 관찰한다.
놀이Tip	• 낙하산 만들기는 미술시간을 이용하여 사전 활동으로 진행하고 낙하산을 날려보는 놀이는 분리하여 별도로 진행한다. • 비닐의 두께에 따라 낙하산의 움직임을 비교하면서 관찰한다.

활동 5-3 뽁뽁이 길 술래잡기

활동대상	만 4~5세
활동인원	학급 전체
활동자료	뽁뽁이 비닐, 호루라기
활동방법	1. 술래를 정하고 눈을 가린다. 2. 교사가 신호를 하면 다른 친구들은 뽁뽁이 위에서 뽁뽁이를 터트려 소리를 낸다. 3. 교사가 자리 바꾸기 신호를 주면 술래는 눈을 가리고 다른 친구들은 자리를 바꾼다. 4. 술래가 뽁뽁이 소리를 듣고 친구를 잡으면 된다. 5. 끝까지 남은 친구가 다음 술래가 된다.
놀이Tip	• 술래가 소리를 듣고 친구들을 찾아가야 하기 때문에 뽁뽁이 터지는 소리 외에 다른 소리가 나지 않게 주의한다. • 어린 연령의 유아는 교사가 술래가 되거나 술래를 여러 명으로 정할 수 있다. • 처음 시작할 때는 뽁뽁이 길 공간을 너무 넓지 않게 만들고 익숙해지면 자리 바꾸기를 할 때 길도 바꿔본다.

6 영아를 위한 촉감놀이

[활동목표]

- 오감을 활용해 다양한 재료를 탐색한다.
- 다양한 감각적 경험을 통해 정서적 안정을 가진다.
- 재료에 대한 느낌과 생각을 언어로 표현한다.
- 재료를 활용하여 창의력과 상상력을 키운다.

1) 가루를 이용한 촉감놀이

활동 6-1 밀가루를 이용한 촉감놀이

활동대상	만 2~3세
활동인원	학급 전체
활동자료	밀가루, 그릇, 물, 여벌 옷(또는 앞치마)
활동방법	1. 그릇에 담은 밀가루를 소개한다. 2. 밀가루를 개인별로 제공한다. 3. 오감을 활용하여 밀가루를 탐색한다. 밀가루에 대한 느낌과 생각, 경험을 표현한다. 4. 물을 섞어 변화를 관찰한다. 5. 반죽을 만들어 놀이하며 느낌과 생각을 표현한다. 6. 반죽을 모으고 정리한다.
확장활동	• 반죽으로 수제비를 만들어 요리하는 활동과 연계할 수 있다. • 식용색소를 준비하여 다양한 색의 반죽을 만들어 조형활동과 연계할 수 있다.
놀이Tip	• 밀가루가 바닥으로 흩어질 것을 예상하여 비교적 자유로운 공간이나 교실 내 공간을 확보하여 활동하도록 한다. • 영아들이 활동에 제약을 많이 느끼지 않도록 최소한의 규칙을 제시하도록 한다.

활동 6-2 전분가루를 이용한 촉감놀이

활동대상	만 2~3세
활동인원	학급 전체
활동자료	전분가루, 그릇, 물, 여벌 옷(또는 앞치마)
활동방법	1. 그릇에 담은 전분가루를 소개한다. 2. 전분가루를 개인별로 제공한다. 3. 오감을 활용하여 전분가루를 탐색한다. 전분가루에 대한 느낌과 생각, 경험을 표현한다. 4. 전분가루에 물을 섞어 변화를 관찰한다. 5. 반죽놀이를 하고 반죽에 대한 느낌과 생각을 표현한다. 6. 반죽을 모으고 정리한다.
확장활동	• 밀가루와 전분가루의 특성을 비교해 볼 수 있다.
놀이Tip	• 전분가루는 밀가루와 다른 독특한 특성이 있으므로 밀가루와 비교해 볼 수 있는 기회를 제공하면 좋다. • 전분가루가 바닥으로 흩어질 것을 예상하여 비교적 자유로운 공간이나 교실 내 공간을 확보하여 활동하도록 한다. • 영아들이 활동에 제약을 많이 느끼지 않도록 최소한의 규칙을 제시하도록 한다.

2) 음식을 이용한 촉감놀이

활동 6-3 딸기를 이용한 촉감놀이

활동대상	만 2~3세
활동인원	학급 전체
활동자료	딸기, 개인용 그릇, 개인용 앞치마
활동방법	1. 바닥에 비닐을 펼쳐 놓는다. 2. 그릇에 담은 딸기를 소개한다. 3. 개인용 그릇에 담긴 딸기를 탐색하고 경험에 대해 이야기를 나눈다. 4. 딸기에 대한 느낌을 표현한다. 5. 딸기를 주물러보고, 맛보고, 먹어보고, 냄새도 맡아보며 느낌을 표현한다. 6. 자유롭게 오감을 사용하여 놀이한다. 7. 놀이한 딸기를 모으고 정리한다.
확장활동	• 주무른 딸기를 한데 모아 딸기잼을 만드는 활동과 연계할 수 있다.
놀이Tip	• 영아들이 먹을 수 있으므로 딸기는 깨끗이 씻어서 준비하도록 한다.

활동 6-4 두부를 이용한 촉감놀이

활동대상	만 2~3세
활동인원	학급 전체
활동자료	두부, 개인용 그릇, 개인용 앞치마
활동방법	1. 두부를 그릇에 담아 영아들에게 나누어 준다. 2. 두부에 대한 경험을 나눈다. 3. 두부를 관찰하고 느낌을 표현한다. 4. 두부를 만져보거나 눌러보고 느낌을 표현한다. 5. 자유롭게 오감을 사용하여 놀이한다. 6. 놀이한 두부를 모으고 정리한다.
확장활동	• 영아들과 함께 두부를 한데 모아 만두를 빚는 활동과 연계할 수 있다. • 그날의 식단으로 두부반찬을 연계할 수 있다.
놀이Tip	• 여러 가지 모양 틀이나 플라스틱 가위를 제공하여 영아들의 다양한 놀이활동을 돕는다.

활동 6-5 요거트를 이용한 촉감놀이

활동대상	만 2~3세
활동인원	학급 전체
활동자료	요거트, 비닐, 앞치마, 여벌 옷
활동방법	1. 바닥에 비닐을 펼쳐 놓는다. 2. 비닐에 요거트를 뿌린다. 3. 비닐에 뿌려진 요거트를 오감으로 느끼고 언어로 표현한다. 4. 놀이를 정리하고 준비된 여벌 옷으로 갈아입힌다.
확장활동	• 요거트를 만들어 보는 활동과 연계할 수 있다.
놀이Tip	• 옷차림이 간편한 계절에 하는 것이 용이하다. • 미끄러지지 않도록 주의한다. • 로션으로 대체할 수 있다. 이때 로션은 영아에게 안전한 전용 로션을 준비한다.

활동 6-6 묵과 미역을 이용한 촉감놀이

활동대상	만 2~3세
활동인원	학급 전체
활동자료	묵, 미역
활동방법	1. 그릇에 묵이나 미역을 담아 제공한다. 2. 묵이나 미역에 대한 경험을 나눈다. 3. 묵이나 미역을 관찰하고 느낌을 표현한다. 4. 자유롭게 오감을 사용하여 놀이한다. 5. 재료를 모으고 정리한다.
확장활동	• 그날의 식단과 연계되면 더욱 효과적이다. • 미역을 이용해 조형활동을 할 수 있다.
놀이Tip	• 묵은 두부의 느낌을 비교할 수 있다. • 미역은 물에 충분히 담가 염분을 제거하고 제공한다.

3) 여러 가지 재료를 이용한 촉감놀이

활동 6-7 종이 촉감놀이

활동대상	만 2~3세
활동인원	학급 전체
활동자료	다양한 종이(신문지, 색종이, 한지 등)
활동방법	1. 준비된 종이를 탐색해본다. 2. 종이에 대한 느낌을 나눈다. 3. 종이를 던져보기도 하고 흔들어보기도 하는 등 종이의 성질을 탐색한다. 4. 종이를 찢어본다. 5. 종이를 뭉쳐본다. 6. 뭉친 종이를 이용하여 눈싸움을 한다. 7. 종이를 모으고 정리한다.
확장활동	• 찢거나 뭉친 종이를 이용하여 조형활동으로 연계할 수 있다.
놀이Tip	• 종이는 종류별로 느낌이 다르다. 영아들에 건강과 안전에 유의하여서 깨끗하고 안전한 종이를 다양하게 제공할 수 있다. • 복사지 등을 제공할 때 적당히 부드럽게 만든 후 제공하여 영아들이 종이에 베이지 않게 주의한다.

활동 6-8 플레이콘 놀이

활동대상	만 2~3세
활동인원	학급 전체
활동자료	플레이콘, 그릇, 물
활동방법	1. 그릇에 플레이콘을 담아 영아들에게 제공한다. 2. 플레이콘을 탐색하고 느낌을 표현한다. 3. 플레이콘을 던져보기도 하고 흔들어보기도 하는 등 플레이콘의 성질을 탐색한다. 4. 플레이콘에 물을 적셔 변화를 관찰한다. 5. 플레이콘을 모으고 정리한다.
확장활동	• 플레이콘을 활용하여 조형활동으로 연계할 수 있다.
놀이Tip	• 물을 묻힌 플레이콘은 서로 결합되는 성질이 있으므로 조형놀이를 할 수 있다.

활동 6-9 물감을 이용한 촉감놀이

활동대상	만 2~3세
활동인원	학급 전체
활동자료	핑거페인팅용 물감, 물감 그릇, 종이, 여벌 옷
활동방법	1. 그릇에 다양한 색의 물감을 적절히 덜고 농도를 맞춘다. 2. 영아들에게 제공하여 탐색하도록 한다. 3. 손으로 물감을 만져보고 느낌을 표현한다. 4. 물감 그릇을 모으고 놀이를 정리한다.
확장활동	• 종이를 제공하여 찍기 놀이를 할 수 있도록 한다.
놀이Tip	• 무독성의 핑거페인팅용 물감을 사용한다. • 영아에 따라서 손이나 옷에 묻는 것을 싫어할 수 있으니 활동을 강요하지 않고 도구를 이용할 수 있도록 배려한다.

영유아의 자유놀이를 기초로 한

놀 이 지 도

참고문헌

강민정(2015). 유아의 놀이성이 유아교육기관 적응에 미치는 영향: 교사-유아 매개효과. **미래유아교육학회지, 22**(3), 271-290.

고소영(2003). 유아의 창의성과 놀이성의 관계. 연세대학교 석사학위논문.

곽노의, 이신영(2015). **누리과정과 연계한 숲체험 교육활동**. 창지사.

곽향림(2004). 구성주의 교실에서 물과 모래의 물리적 현상을 이용한 과학하기 -과학의 과정과 개념 변화를 중심으로-. **유아교육학논집**, 8(3), 267-293.

곽향림(2015). **구성주의 유아교육 교수학습법**. 공동체.

곽혜경, 박애경, 백혜리, 조혜경(2012). **놀이지도**. 창지사.

교육부(1996). 유아발달에 적합한 실내 교육환경. 교육부.

교육부(2000). 유치원 교육활동지도자료 1총론. 교육부.

교육부(2019a). 개정 누리과정. 교육부.

교육부(2019b). 2019 개정 누리과정 해설서. 교육부.

교육부(2019c). 개정 누리과정 놀이실행자료. 교육부.

국립국어원(2000). 표준국어대사전(https://stdict.korean.go.kr/).

권연희(2003). 아동의 정서성과 대인간 문제 해결 전략 및 어머니 행동이 아동의 사회적 유능감에 미치는 영향. 연세대학교 박사학위 청구논문.

권혜진(2020). 유아주도놀이 실천에 대한 교사의 인식과 딜레마. **어린이미디어연구, 19**(2), 109-131.

기정희(2008). 실러의 인간의 미적교육에 나타난 '놀이'의 의미. **인문연구, 54**(0). 249-276.

김경연(1999). 실외모래놀이 영역의 복합성 수준에 따른 아동의 놀이행동. 연세대학교 대학원 석사학위논문.

김경철, 한유진, 김인애(2020). 유아의 그림을 통해 표현된 부모의 놀이에 대한 신념. **열린유아교육연구, 25**(3), 301-331.

김근혜, 홍순옥(2013). 엄마품 온종일 돌봄에 대한 유치원 교사의 인식. **한국영유아보육학, -**(83), 179-199.

김성원(2015). 한국 유아기 놀이의 세대별 변화에 대한 연구. 고신대학교 대학원 박사학위논문.

김상희(1982). 학령전 아동의 형제간 상호작용에 관한 연구. 이화여자대학교 대학원 석사학위 청구논문.

김종훈, 박선미(2020). 언어네트워크분석을 통한 유아놀이 관련 연구동향 탐색. **한국산학기술학회 논문지**, 21(2), 296-303.

김난실, 조혜진(2007). 영아의 기질적 특성과 기질에 따른 놀이행동 분석. **유아교육학논집**, 11(1), 237-256.

김미소, 서영숙(2018). 유아의 "진짜"놀이 경험에 대한 의미 탐구. **유아교육연구**, 38(3), 349-368.

김수미, 최진아(2015). 어머니의 놀이성, 유아의 놀이성, 자기조절능력과 유아의 사회적 유능성 간의 관계. **놀이치료연구**, 19(2), 39-54.

김수영, 김수임, 정정희(2013). **유아놀이지도**. 양서원.

김수영, 김수임, 김현아, 정정희(2007). **놀이지도**. 양서원.

김수진(1995). 놀이 상황에서의 집단 크기와 놀이감 특성에 따른 놀이 행동 유형에 관한 연구. 이화여자대학교 교육대학원 석사학위논문.

김언경, 엄정애(2013). 유아기 형제간 사회적 놀이와 형제구조, 기질, 또래유능성의 관계. **유아교육연구**, 33(5), 161-179.

김영희(2003). 놀이를 좋아하는 아동에 대한 교사의 지각. **미래유아교육학회지**, 10(2), 1-28.

김온기(1984). 유아의 사상놀이에 관한 일 연구: 자유놀이 활동을 중심으로. 이화여자대학교 교육대학원 석사학위논문.

김은설, 안재진, 최윤경(2019). **유치원과 보육시설 시설, 설비기준 개발연구**. 육아정책연구소.

김은심(2020). **유아동작교육의 이론과 실제**. 창지사.

김인호(2020). 폭력성의 성차에 관한 진화심리학적 연구. 순천향대학교 대학원 박사학위논문.

김재숙, 임미혜, 김선희, 김혜경, 배선미(2004). **유아교사를 위한 실외놀이 가이드 북**. 정민사.

김종훈, 박선미(2020). 언어네트워크분석을 통한 유아놀이 관련 연구동향 탐색. **한국산학기술학회 논문지**. 21(2), 296-303.

김지영, 성연승, 이정원(2018). **알기 쉬운 영유아 놀이지도**. 교육아카데미.

김현선(2011). 유아의 성별에 따른 놀이성과 정서능력의 관계. 계명대학교 교육대학원 석사학위논문.

김혜숙(2006). 유아의 창의성 발달을 위한 전통놀이의 교육적 가치. **아동교육**, 16(1), 173-184.

김희연(2001). 유아기 놀이행동에 있어서의 정서표현에 관한 연구. **유아교육연구**, 21(2), 319-341.

김희연(2004). 놀이의 기쁨: 정서표현과 그 맥락적 특성. **아동학회지**, 25(5), 193-208.

김희진(2017). 놀이의 관점에서 본 자유선택활동에 대한 비판적 분석. **육아지원연구**, 12(3), 5-23.

나하나, 이효영, 임경아(1998). **유아놀이지도**. 양서원.

대한적십자사(2006). **응급처치법Ⅱ**. 대한적십자사.

문미옥(2012). **유아교육과정**. 창지사.

박경애(1991). 사회극놀이의 효과와 지도방법에 관한 연구: 학습준비도 발달을 중심으로. 숙명여자대학교 교육대학원 석사학위논문.

박미화(1999). 실외 흥미영역 구성이 유아의 놀이 행동에 미치는 영향. 성균관대학교 석사학위논문.

박은영, 신은수, 김현진(2012). 유아의 사회적 놀이행동과 사회적 능력 간의 관계-혼자놀이를 중심으로. **한국보육학회지**, **12**(4). 249-268.

박정옥, 김준희(2000). 유아의 놀이성과 창의성의 관계. **아동교육**, **9**(1), 11-28.

박화윤, 천은영(2004). 유아의 성격유형에 따른 놀이성에 관한 연구. **한국영유아보육학**, **37**, 109-126.

변현영, 정계숙(2008). 유아의 형제관계의 질과 도래유능성 및 정서능력간의 관계. **유아교육연구**, **25**(1), 91-108.

보건복지부, 한국보육진흥원(2020). 어린이집평가지표, 보건복지부, 한국보육진흥원.

서울특별시(2005). 영유아보육프로그램. 서울특별시.

서울특별시교육청(1993). 유아전통놀이교육활동지도자료.

손유진(2011). 자유놀이에서 유아들이 생각하는 선생님의 의미. **유아교육연구**, **31**(1), 271-288.

신동주(2001). 유치원과 보육시설의 놀이시설물 안전사고 실태 및 안전사고의 원인에 대한 교사들의 인식 조사. **한국영유아보육학**, **25**.

신동주(2005). **실외놀이 활동 및 환경 평가척도**. 정민사.

신은수, 김은정, 유영의, 박현경, 백경순(2011). **놀이와 유아교육**. 학지사.

신화식, 이희경, 오은순, 곽노의, 김명희, 이성희, Cochran J. (2006). **영유아 놀이지도**. 교문사.

심성경, 백영애, 이영희, 함은숙, 변길희, 김나림, 박지애(2010). **놀이지도**. 공동체.

심운숙(1993). 유아교육기관의 실외환경에 관한 조사 연구. 수원대학교 교육대학원 석사학위논문.

우수경(2009). 형제 수, 형제 성 구성 및 출생순위에 따른 유아의 놀이성과 사회적 능력. **미래유아교육학회지**, **16**(2), 367-388.

우수경(2013). 유아의 성 및 놀이성과 어머니의 놀이성에 따른 유아의 정서능력. **한국영유아보육학**, -(80), 153-174.

유신환(2004). 노인의 건강관련 습관, 체력 및 성호르몬 수준에 관한 연구. 고려대학교 대학원 박사학위논문.

유영의(2006). 유아의 정서지능과 놀이성과의 관계. **미래유아교육학회지**, **13**(3), 239-257.

유효순, 조정숙(2005). **놀이이론과 실제**. 한국방송통신대학교출판부.

윤명희(2006). 유아의 창의성과 가정환경 및 놀이성과의 관계. 경희대학교 석사학위논문.

이경화(2019). 2019 개정 누리과정의 성격과 그 실천을 위한 유아교사의 역량 탐색. **어린이교육비평**, 9(2), 8-33.

이기숙, 이은화, 이영자, 이숙재(1995). 유아발달에 적합한 유치원 실내교육환경. 교육부.

이선애(2006). 유아교사의 DAP교육신념과 DAP교육실제 간의 관련성 연구. **미래유아교육학회**, 13(2), 249-275.

이선애(2012). 통합적 접근에 의한 유아다문화이해교육프로그램의 개발과 적용. 성균관대학교 대학원 박사학위 청구논문.

이선애, 최인수(2008). 유아 다문화이해 교육인식척도 개발. **미래유아교육학회**, 15(4), 323-342.

이숙재(2014). **영유아 놀이의 이론과 실제**. 창지사.

이연실(2011). 유아의 놀이성과 리더십과의 관계에서 자기조절력의 매개효과. **정서 · 행동장애연구**, 27(2), 101-134.

이영미, 조수경(2011). **영유아를 위한 창의적 놀이지도**. 양서원.

이은화(2000). 한국의 전통 아동놀이, 어린이와 환경, 안전 국제학술대회.

이정은, 이채호(2008). 유아의 놀이에 영향을 미치는 사회적 능력과 어머니 양육태도 간의 구조모형 분석. **미래유아교육학회**, 15(4). 369-386.

이현순(1990). 극놀이 영역에서의 교사개입이 유아의 놀이 지속시간에 미치는 효과. 이화여자대학교 박사학위 청구논문.

이현지, 정혜욱(2016). 부모의 놀이신념, 놀이참여, 유아의 행복감 간의 관계. **육아지원연구**, 11(4), 77-95.

임영옥(2004). 유아의 창의성과 놀이성, 다중지능과의 관계. 전북대학교 석사학위논문.

임부연, 오정희(2014). **영유아 교수 · 학습방법**. 동문사.

임재택, 하정연, 김정미, 김진경(2004). 유아를 위한 몸짓놀이 프로그램 개발에 관한 연구-도인법을 중심으로-. **열린유아교육연구**, 9(2), 249-275.

임춘금(2006). 주제환상극 놀이가 유아의 정서지능, 마음이론 발달에 미치는 영향. **유아교육학회**, 26(5), 93-117.

장상옥, 로레인 맥스웰(2009). 보육시설의 흥미영역 계획을 위한 한국과 미국 유아놀이의 유형과 집중시간 비교. **대한건축확회 논문집**, 25(2), 51-58.

장연주(2016). 유아 놀이 연구 동향 분석: 2006년부터 2015년을 중심으로. **유아교육연구**, 36(2), 473-496.

장영숙, 조혜정(2006). 부모의 양육태도와 유아의 놀이성과의 관계. **유아교육학논집**, 10(1), 251-268.

정낙림(2017). **놀이하는 인간의 철학**. 책세상.

정미라, 김민정, 이방실(2015). 어머니의 공감능력과 양육태도가 유아기 자녀의 놀이성에 미치는 영향. **생태유아교육연구, 14**(1), 101-122.

정옥분(2013). **아동발달의 이해**. 학지사.

정진, 성원경(2004). **유아놀이와 게임**. 학지사.

조성연, 박은혜(2014). 유아의 그림을 통해 본 유아교육기관에서의 놀이에 대한 이미지. **유아교육학논집, 18**(2), 35-57.

조옥희, 김수영, 문성숙(2006), **놀이지도**. 형설출판사.

채민아, 이현진, 주설자(2002). 유아의 창의성과 놀이성의 관계연구. **한국가족복지학, 7**(2), 91-107.

채민아, 최외선(2005). 신체 놀이 활동을 이용한 유아의 창의성 증진 프로그램 개발과 효과. **아동학회지, 26**(4).

최경숙, 박영아(2005). **아동발달**. 창지사.

최미숙, 박지영(2014). 유아의 성격이 기관적응에 미치는 영향력과 놀이성의 매개효과. **열린유아교육연구, 19**(6), 299-316.

최미숙, 박지영(2015). 유아 성격이 의사결정력과 창의적 행동특성에 미치는 영향력 분석. **생태유아교육연구, 14**(2), 241-257.

최미숙, 송순옥(2013). 유아의 놀이성이 자기조절능력 및 유아교육기관 적응에 미치는 영향력. **아동교육, 22**(2), 277-292.

최석란, 이경희, 이상화, 서원경(2010). **놀이지도**. 공동체.

최소영, 신혜영(2015). 유아의 놀이성과 교사-유아 상호작용이 또래상호작용에 미치는 영향. **한국보육지원학회지, 11**(2), 311-329.

최양미(1997). 프뢰벨과 몬테소리의 교육이론 비교연구: '놀이'와 '작업'의 개념을 중심으로. **유아교육연구, 17**(1), 5-22.

최인수(2011). **창의성의 발견**. 쌤앤파커스.

최인숙, 천은영(2005). 유아의 성격 유형에 따른 놀이 형태와 상호작용적 또래 놀이에 관한 연구. **열린유아교육연구, 10**(1), 169-186.

최혜순, 김찬숙(2011). 부모의 놀이참여 수준 및 시간과 유아의 자기조절능력 간의 관계. **열린유아교육연구, 16**(4), 117-133.

하정연, 좌승화, 조채영(2015). **영유아 놀이지도**. 공동체.

한국민족문화대백과사전(1995). http://encykorea.aks.ac.kr에서 인출

한미현(2002). 유아의 창의성, 놀이성 및 정서지능과의 관계. 숙명여자대학교 석사학위논문.

홍미연(2001). 통 블록과 가정 보유 블록 현황 및 부모인식에 대한 연구. 한국어린이육영회.

홍성훈, 조은정(2010). 유아의 기질 및 자기조절력이 놀이성에 미치는 영향. **어린이미디어연구, 9**(3), 167-185.

황양선(2003). 유치원 교사의 실외놀이에 대한 인식 및 운영 실태. 성결대교육대학원 석사학위 논문.

황윤세, 이혜원(2005). 유아의 정서지능 및 사회적 유능감이 놀이성에 미치는 영향. **아동학회지, 26**(6), 335-349.

Naver 사전(2020). naver.com

Aristoteles(2020). **아리스토텔레스 수사학**. 박문재(역), 현대지성.

Amabile, T. M. (1996). *Creativity in context: Update to the social psychology of creativity*. Boulder, CO: Westview.

Athey, II. (1988). The relation of play to cognitive, language, and moral development. In D. Bergen(Ed.). *Play as a medium for learning and development: A handbook of theory and practice*(pp.81-102). Portsmouth, NH: Heinemann.

Bakerman, R., & Brownlee, J. (1980). The strategic use of parallel play: A sequential analysis. *Child Development*, 873-887.

Barnett, L. (1991). Characterizing playfulness: Correlates with individual attributes and personal traits. *Play and Culture, 4*(4), 371-393.

Barnett, L. A. (1991). The playful child: Measurement of a disposition to play. *Play & Culture*, *4*, 51-74.

Barnett, L., & Kleiber, D. (1982). Playfulness and the early play environment. *Generic Psychological Monographs*, *144*, 153-164.

Beechick Ruth (1979). *Teaching perschoolers*. Denver, Colorado: Accent Books.

Berlyne, D. E. (1960). *Conflict, arousal and Curiosity.* New York: McGraw-Hill

Blurton-Jones, N. (1976). rough-and-tumble play among nursery school children. In J. Bruner, A. Jolly & K. Sylvia(Eds.). *Play: T's Role in Development and Evolution*(pp.352-363). New York :Penguin Books.

Brenner, J. & Mueller, E. (1982). Shared meaning in boy toddlers' peer relations. *Child Development*, *53*, 380-381.

Brenner, J. (1974). Child's play. *New Scient*, *62*, 126-128.

Brody, G. H., Graziano, W. G., & Musser, L. M. (1983). Familiarity and children's behavior in sameage and mixed-age peer groups. *Developmental Psychology*, *19*, 568-576.

Brody, V. (1978). Developmental play: A relationship focused program for children. *Journal of Child Welfare*, *57*(9), 591-599.

Brosterman, N. (1997). *Inventing kindergarten*. NY: Abrams/Times Mirror.

Bruner, J. (1983). Play, thought, and language. *Peabody Journal of Education*, *60*(3), 60-69.

Bruner, J. S. (1972). The Nature and Uses of Immaturity. *American Psychologist*, *27*.

Caillois, R. (1994). 놀이와 인간. 이상률(역), 문예출판사.

Cartwright, S. (1974). Block and learning. *Young Children*, *29*(3), 144.

Cazden, C. (1976). Play with language and meta-linguistic awareness: One dimension of language experience. In J. Bruner, A. Jolly, & K. Sylva(Eds.), *Play and ites role in development and evolution*(pp.603-608). NY: Basic Books.

Christie, J. (1983). The Effects of Playground Type on the Cognitive Performance. *Journal of Educational Research*, *79*, 326-330.

Coates, S., Lord, M., & Jakabovics, E. (1975). Field dependence-independence, social-nonsocial play and sex differences in preschool children. *Perceptual and Motor Skills*, *40*, 195-202.

Connollu, J. A., & Dolye, A. (1984). Relation of Social Fantasy Play to Social Competence in Preschoolers. *Developmental Psychology*, *20*(5), 797-806.

Cramer, P., & Hogan, K. A. (1975). Sex difference in verbal and play fantasy. *Developmental Psychology*, *11*, 145-154.

Csikszentmihalyi, M. (1996). The Creative Personality. *Psychology Today*, *29*(4), 36-40.

Csikszentmihalyi, M. (1990). *Flow: The psychology of optimal experience*. New York: Harper & Row.

Csikszentmihalyi, M. (1999). Implications of a systems perspective for the study of creativity. In R. J. Sternberg(ed.), *Handbook of Creativity*(pp.313-326). NY: Cambridge University Press.

Csikszentmihalyi, M. (2003). 창의성의 즐거움. *Flow and the psychology of discovery and invention*. 노혜숙(역), 북로드.

Csikszentmihalyi, M. (2004). 몰입. *Flow*. 최인수(역). 한울림

Cullinan, B. E., & Galda, L. (1994). *Literature and the child*. Harcout Vrace & Company.

Curry, N. E., & Arnaud, S. H. (1985). Play in Developmental Preschool Setting. In T. D. Yawkey and A. D. Pellegrini(Eds.), *Child's Play: Developmental and Applied* (pp.273-290). Hillsdale, New Jersey: Lawrence Erlbaum Associates, Publishers.

Dansky, J. (1980). Make-believe: A mediator of the relationship between play and creativity. *Child Development*, *51*, 576-579.

De Hann, A. D., Dekovic, M., van den Akker, A. L., Stoltz S. E. M. J., & Prinzie, P. (2013). Developmental Personality Types From Childhood to Adolescence: Associations With Parenting and Adjustment. *Child Development, 84*(6), 1-16.

deMarrais, K., Nelson, P., & Baker, J. (1994). Meaning in Mud: Yup'k Eskimo girls at play. In J. Roopnarine, J. Johnson, & F. Hooper(Eds.), *Children's play in diverse cultures*. Albany, NYL State University Of New York Press.

Dodge, M. K., & Frost, J. L. (1986). Children's dramatic play: Influence of thematic and nonthematic settings. *Childhood Education*, *99*, 166-170.

Doyle, A., Connolly, J., & Rivest, L. (1980). The effect of playmate familiarity on the social interactions of young children. *Child Development*, *51*, 217-223.

Edwards, C., Gandini, L., & Forman, G. (Eds.)(1993). *The hundred languages of children. Norwood*, NJ: Ablex.

Eisenberg, N., Fabes, A., & Murphy, C. (1996). Parent's reactions to children's negative emotions: Relations to children's social competence and comforting behavior. *Child Development*, *67*, 2227-2247.

Ellis, M. (1973). *Why people play. Englewood Cliffs*, NJ: Prentice-Hall.

Erikson, E. H. (1940). *Childhood and Society*. N.Y.: Norton.

Fagot, B. I. (1978). The influence of sex of child on parental reactions to toddler children. *Child Development*, *49*, 459-465.

Farver, J., Kim, Y., & Lee, Y. (1995). Cultural differences in Korean-and Anglo-American preschoolers' social interaction and play behaviors. *Child Development*, *66*, 1088-1099.

Fein, G. G. (1985). Learning in Play: Surfaces of Thinking and Feeling. In J. L. Frost and S. Sunderline(Eds.), *When Children Play*(pp.45-53). Wheaton, MD: ADEI.

Fein, G. G., & Stork, L. (1981). Sociodramatic Play: Social Class Effects in Integrated Preschool Classrooms. *Journal of Applied Developmental Psychology*, 2, 267-279.

Fogel, A. (1979). Peer vs. mother-directed behavior in 1-to 3 month-old infants. *Infant Behavior and Development*, 2, 215-216.

Fontaine, A. M. (1996). 유아들 간의 의사소통능력 발달과 놀이. 삼성복지재단 제4회 국제학술 대회자료집, 어린이와 놀이, 227-240.

Fowler, W. (1980). *Infant and Child Care: A Guide to Education in Group Sittings*. Boston: Allyn & Bacon.

Fraver, J. (1993). Cultural differences in scaffolding pretend play: A comparison of

American and Mexican American mother-child and sibling-child pairs. In K. MacDonald(Ed.), *Parent-child play: Descriptions and implications*(pp. 349-366). Albany: State University of New York Press.

Freud, S. (1961). *Beyond the Pleasure Principle*. N.Y.: Norton.

Fromberg, D. P., & Bergen, D. (1988). *Play from Birth to Twelve and Beyond: Contexts, Perspectives, and Meanings*. N.Y.: Garland.

Frost, J. L. (1992). *Play and Playscapes. Albany*, New York: Delmar Publishers Inc.

Frost, J. L. (1997). 놀이환경: 놀이의 중요성과 창의적인 실외환경구성. 이은해(역). 제5회 국제 학술대회. 어린이와 환경. 삼성복지재단. 37-97.

Frost, J. L., Brown, P., Thronton, C. D., Sutterby, J. A., & Therrell, J. A. (2002). *The Nature and Benefits of Children's Climbing Behaviors*. Austin, T. X.: University of Texas, Unpublished Research Report.

Frost, J. L., Wortham, S., & Refel, S. (2001). *Play child development*. Upper Saddle River, NJ: Prentice-Hall.

Gallahue, D. L. (1993). Motor development and movement skill acquisition in early childhood education. In B. Spodek(Ed,), *Handbook of research on the education of young children*(pp. 24-41). NY: Macmillan.

Garvey, C. (1977). *Play. Cambridge*, MA: Harvard University Press.

Garvey, C. (1993). *Play. Cambridge*, MA: Harvard University Press.

Golomb, C., & Cornelius, C. (1977). Symbolic play its cognitive significance. *Developmental Psychology*, *13*, 246-252.

Graves, S. B., Gargiulo, R. M., & Slunder, L. C. (1996). *Young children: An introduction to rarly childhood education. Minneapolis*, MN: West Publishing Company.

Haight, W., & Miller, P. (1993). *Pretending at home: Early development in a sociocultural context*. Albany, NY: State University of New York Press.

Harper, L. V., & Sanders, K. M. (1975). Preschool Children's Use of Space: Sex Differences in Outdoor Play. *Development Psychology*, *11*, 119.

Helm, J. H., & Boos, S. (1996). Increasing the physical educator's impact: Consulting, collaborating and teacher training in early childhood programs. *Journal of Physical Education Recreation & Dance*, *51*, 26-31

Hirsh, E, S. (1974). *Block building-practical consideration for the classroom teacher*. The Block Book. Washington, D. C: NAEYC.

Howes, C. & Rodning, C. (1992). Attachment security and social pretend play. Matheson(Eds.), The collaborative construction of pretend: social pretend play functions(pp. 89-98). Albany, NY: State University of New York Press.

Howes, C. (1980). Peer play scale as on index of complexity of peer interaction. *Developmental Psychology, 16*, 371-372.

Howes, C., & Matheson, C. (1992). Sequences in the development of competent play with peers: Social and social pretend play. *Developmental Psychology, 28*, 961-974.

Hughes, F. P. (1998). **유아의 놀이와 발달**. 김수영, 김수임, 허선자 (역). 창지사.

Hughes, F. P. (1999). *Children, and Development*. Boston: Allyn and Bacon.

Hughes, F. P. (2012). *Children, play, and development*. **놀이와 아동발달**. 유미숙, 박영애, 유가효, 방은령, 장현숙, 천혜숙(역). 시그마프레스.

Huizinga, J. (2010). **호모루덴스**. 이종인 (역). 연암서가.

Hutt, C. (1971). Exploration and play in children. In R. E. Herron & B. Sutton-Smith(Eds.), *Child's play*(pp. 231-251). New York: Wiley.

Isenberg, J., & Quisenberry, N. I. (2002). Play: A necessity for all children. *Childhood Education, 64*, 138-145.

Jeffree, D., & McConkey, R. (1976). An observation scheme for recording children's imaginative doll play. *Journal of Child Psychology and Psychiatry, 17*, 189-197.

Johnson, J. E., Christie, J. F. (1999). **놀이와 유아교육**. 신은수, 김은정, 안부금, 유영의 역. 학지사.

Johnson, J. E., Christie, J. F., & Wardle, F. (2005). *Play, Development and Early Education*. MA: Allyn and Bacon.

Johnson, J. E., Christie, J. F., & Yawkey, T. D. (1999). *Play and Early Childhood education*. New York: Longman.

Johnson, J. E., Christie, J. F., & Yawkey, T. D. (1987). *Play and Early Childhood Development.* Scott, Foresman and Company.

Johnson, J., & Roopnarine, J. L. (1983). The preschool classroom and sex differences in children's play. In M. Liss(Ed.), *Social and cognitive skills: Sex roles and children's play*. New York: Academic Press.

Johnson, J., Christie, J., & Yawkey, T. (1999). *Play and early childhood development(2nd ed.)*. NY: Longman.

Johnson, J., Ershler, J., & Lawton, J. (1982). Intellective correlates of preschoolers' spontaneous play. *Journal of General Psychology, 106*, 115-122.

Kamii, C., & Devries, R. (1978). *Physical knowledge in preschool education: Implications of Piaget's theory. Englewood Cliffs*, N. J.: Prentice Hall, Inc.

King, N. R. (1979). Play: The Kindergartner's Perspective. *The Elementary School Journal, 80*(2), 81-87.

Kinsman, C. A., & Berk, L. E. (1979). Joining the Block and Housekeeping Areas: Changes in Play and Social Behavior. *Young Children, November*, 66-75.

Kranor, N. R., & Pepler, D. J. (1980). The Study of Children's play: Some suggested future directions. In K. H. Rubin(Ed.), *New Directions for Child Development: Children's Play*. San Francisco: Jossey-Bass.

Lieberman, J. N. (1977). *Playfullness: Its relationship to imagination and creativity*. NY: Academic Press.

Liss, M. (1981). Patterns or toy play: An analysis of sex differences. *Sex Roles, 7*, 1143-1150.

Lloyd, B., & Howe, N. (2003). Solitary play and convergent and divergent thinking skills in preschool children. *Early Childhood Research Quarterly, 18*, 22-41.

Maccoby, E., & Jacklin, C. (1987). *Sex segregation in childhood. In H. Reese(Ed.), Advances in child development and behavior*(pp. 239-287). Orlando, FL: Academic Press.

Martin, C., & Fabes, R. (2001). The stability and consequences of young children's same-sex peer interactions. *Developmental Psychology, 37*, 431-446.

McCune, L. (1995). A Normative study of representational play at the transition to language. *Developmental Psychology, 31*(2), 198-206.

Mcloyd, V. C. (1980). Verbally Expressed Modes of Transformation in the Fantasy Play of Black Preschool Children. *Child Development, 51*.

Mitsuru Senda(2000). 일본의 어린이를 위한 환경 디자인(pp.141~160). 2000년 제8회 국제 학술대회 어린이와 환경. 삼성복지재단.

Mueller, E., & Brenner, J. (1977). The Origins of Social Skills and Interaction among Playgroup Toddlers. *Child Development, 48*, 854-861.

Mullen, M. R. (1984). Motor development and child's play. In T. D. Yawkey & A. D. Pellegrini(Eds.), *Child's play and play therapy*,(pp. 7-16). Lancaster, PA: Technomic.

Myers, G. D. (1985). Motor Behavior of Kindergarteners during physical education and free play. In J. L. Frost & S. Sunderlin (Eds.), *When children play*(pp. 152-153). Wheaton, MD: Association for Childhood Education International.

NAEYC(1998). NAEYC position statement on stadardized testing of young children 3 through 8 years of age. *Young Children*, *43*(3), 42-47.

Nakagawa, K. (1991). The Japanese and Creativity. *Illinois Council for the Gifted*, *10*.

Paley, V. (1984). *Boys and girls: Superheroes in the in the doll corner*. Chicago: University of Chicago Press.

Pan, H. (1994). Children's play in Taiwan. In J. Roopnarine, Jounson, & Hooper(Eds.), *Children's play in diverse cultures*. Albany: NY.

Parten, M. B. (1932). Social participation among preschool children. *Journal of Abnormal and school psychology*, *27*, 243-269.

Parten, M. B. (1933). Social Participation among Preschool Children. *Journal of Abnormal and Social Psychology*, *27*.

Pellegrini, A. (1980). Identifying causal elements in the thematic-fantasy play paradigm. *American Educational Research Journal*, *21*, 691-701.

Pellegrini, A. D. (1995a). A longitudinal study of boys' rough-and-tumble play and dominance during early adolescence. *Journal of Applied Developmental Psychology*, *16*, 77-93.

Pellegrini, A. D., & Galda, L. (1982). The Effect of Thematic Fantasy Play on the Development of Children's Story Comprehension. *American Educational Research Journal*, *19*(3), 443-452.

Pellegrini, A. D., & Perlmutter, J. C. (1987). A re-examination of the Smilansky-Parten matrix of Play Behavior. *Journal of Research in Childhood education*, *2*, 89-96.

Pepler, D. J. (1982). Play and Divergent Thinking. In D. J. Pepler and K. H. Rubin(Eds.), *The Play of Children: Current Theory and Research*(pp. 64-77). Karger: Basel.

Petrakos, H.. & Howe, N. (1996). The influence of physical design of the dramatic play center on children's play. *Early Childhood Research Quarterly*, *11*, 63-77.

Piaget, J. (1962). Play, Dream and Imitationin Childhood. Tranlated Gattegno. C, & Hodgson, F. M. (New York: W. W. Noton & Co.).

Piaget, J. (1962). *Play, Dreams and Imitation in Childhood*. New York: W. W. Norton.

Piaget, J. (1963). *The origins of intelligence in children*. New York: Norton.

Piaget, J. (1966). *Psychology of intelligence. Totowa*, NJ: Littlefield, Adams.

Prescott, E. (1984). When do you think about spaces? Beginnings, Summer, pp, 3-5.

Prinzie, P., & Dekovic, M. (2008). Continuity and change of childhood personality characteristics through the lens of teachers. *Personality and Individual Differences*, *45*, 82-88.

Pulaski, M. A. (1973). Toys and imaginative play. In J. L. Singer(Ed.). *Child's World of Make-Believe*. New York: Academic Press.

Ramsey, P. (1998). Changing social dynamics in early childhood classrooms. *Child Development*, *41*, 531-537.

Reed, T., & Brown, M. (2000). The expression of care in the rough and tumble play of boys. *Journal of Research in Childhood Education*, *15*, 104-116.

Rosen, C. E. (1974). The Effects of Sociodramatic Play on Problem-solving Behavior among Cultrually Disadvantaged Preschool Children. *Child Development*, *45*.

Roskos, K., & Neuman, S. (1993). Descriptive observations of adults' facilitation of literacy in play. *Early Childhood Research Quarterly*, *8*, 77-97.

Rubin C. Moore(2000). 자연 속에서 자라는 아이들(pp.47-73). 2000년 제8회 국제학술대회 어린이와 환경. 삼성복지재단.

Rubin, K. H., & Maioni, T. L. (1975). Paly Preference and It's Relationship to Egocentrism, Popularity and Classification Skills in Preschoolers. *Merrill-Palmer Quarterly*, *21*, 171-179.

Rubin, K. H., Fein, G. G., & Vandenberg, B. (1984). Play. In P. H. Mussend(Ed.), *Handbook of child psychology: Vol. 4, Socialization, personality and social development*(4th ed., pp.639-774). New York: Wiley.

Rubin, K. H., Maioni, T. L., & Hornung, M. (1976). Free Play Behaviors in Middle-and Lower-Class Preschoolers: Parten and Piaget Revisited. *Child Development*, *47*, 414-419.

Rubin, K., & Hayvern, M. (1981). The social and cognitive play of preschool aged children differing with regard to sociometric status. *Journal of Research and Development in Education*, *14*, 116-122.

Rubin, K., Watson, K., & Jambor, T. (1978). Fee-play behaviors in perschool and Kindergarten children. *Child Development*, *49*, 534-536.

Runco, M. A. (1996). *Personal creativity: Definition and developmental issues. In M. A. Runco (Ed.), Creativity from childhood through adulthood: The developmental issues*. San Francisoco: Jossey-Bass.

Saltz, E., & Johnson, J. (1974). Training for thematic-fantasy play in culturally disadvantaged children: Preliminary results. *Journal of Educational Psychology*, *66*(4), 623-630.

Saltz, E., Dixon, D., & Johnson, J. (1977). Training for Disadvantaged Preschoolers on Various Fantasy Activities: Effects on Cognitive Function and Impulse Control.

Child Development, *48*, 367-380.

Sanders, K. M., & Harper, L. V. (1976). Free play fantasy behavior in preschool children. *Child Development*, *47*, 367-380.

Santrock, J. W. (2012). *A topical approach to life-span development(*6th *ed.)*. New York : McGraw Hill.

Seagoe, M. (1971). A Comparison of Children Play in Six Modern Cultures. *Journal of School Psychology*, *9*, 61-72.

Shin, D. (1994). *Preschool children's symbolic play indoors and outdoors. Unpublished doctoral dissertation*. University of Texas at Austin.

Shin, D., & Frost, J. L. (1995). Preschool children's symbolic play indoors and outoors. *International Play Journal*, *3*, 83-96.

Singer, D., & Singer, J. (1990). The house of make-believe: Children's Play and developing imagination. Cambridge, MA: Harvard University Press.

Singer, J. L. (1973). *The Child's World of Make-believe: Experimental Studies of Imaginative Play*. New York: Academic Press.

Slaughter, D. T., & Dombrowski, J. (1989). Cultural continuites and discontinuities: Impact on social and pretend play. In M. N. Bloch & A, D, Pellegrini(Eds.). *The ecological context of children's play*(pp. 282-310). Norwood, NJ: Ablex.

Smilansky, S. (1968). *The Effect of Sociodramatic Play on Disadvantaged Preschool Children*. New York: Wiley.

Smith, P. K., & Boulton, M. (1990). Rough-and-tumble play, aggression and dominance: Perception and behavior in children's encounters. *Human Development*, *33*, 271-282.

Smith, P. K., & Vollstedt, R. (1985). On Defining Play: An Empirical Study of the Relationship between Play and Various Play Criteria. *Child Development*, *56*, 1042-1050.

Smith, P. K., Dalgleish, & Herzmark, G. (1981). A Comparison of the Effects of Fantasy Play Tutoring and Skills Tutoring in Nursery Classes. *International Journal of Behavioral Development*, *4*, 421-444.

Sutherland, Z., & Arbuthnot, M. H. (1991). *Children and books*. NY: Harper Collins Publishers.

Sutton-Smith, B. (1979). The play of girl. In C. B. Kopp & M. Kirkpatrick(Eds.), *Becoming female: perspectives on development*. NY. Plenum.

Sutton-Smith, B. (1986). *Toy as Culture*. New York: Gardner Press, Inc.

Sutton-Smith, B. (1998). *The ambiguity of play*. Cambridge, MA: Harvard University Press.

Tauber, M. A. (1979). Sex Differences in Parent-Child Interaction Styles during a Free-Play Session. *Child Development*, *50*, 981-988.

Thomas, A., & Chess, S. (1977). *Temperament and development*. New York: Bruner/mazel.

Tizard, B., Philips, J., & Plewes, I. (1976). Play in preschool centers Ⅱ: Effects on play of the child's social class and of the educational orientation of the center. *Journal of School Psychology and Psychiatry*, *17*, 265-274.

Tizard, B., Philips, J., & Plewis, J. (1976). Play in Preschool Centers Ⅰ. Play Measures and their Relation to Age and IQ. *Journal of Child Psychology and Psychiatry*, 17.

Tobin, J., Wu, D., & Davidson, S. (1989). *Preschool in three cultures*. New Haven, CT: Yale University Press.

Torrance, E. P. (1975). Creativity research in education: Still alive. In I. A. Taylor & J. W. Cetzel(Eds), *Perspectives in creativity*. Hawthorne, NY: Creative Education.

Trawick-Smith, J. (1990). The effects of realistic versus non-realistic play materials on young children's symbolic transformation of objects. *Journal of Research in childhood Education*, *5*, 27-35.

Tudge, J., Lee, S., & Putman, S. (1998). Young children's play in socio-cultural context: South Korea and the United States. In M. C. Duncan, G. Chick, & A. Aycock(Eds.), *S. Reifel, Play and culture studies: Vol. 1. Dicersions and devergences in fields of play*(pp. 77-90). Greenwich, CT: Ablex.

Udwin, O., & Shmukler, D. (1981). The Influence of Socio-cultural Economic and Home Background Factors on Children? Ability to Engage in Imaginative Play. *Developmental Psychology*, *17*, 66-72.

Vandenberg, B. (1981). Environmental and Cognitive Factors in Social Play. *J. of Experimental Child Psychology*, *31*, 169-175.

Van Oers, B. & Duijkers, D. (2013). Teaching in a play-based curriculum: Theory, practice and evidence of developmental education for young children. *Journal of Curriculum studies*, *45*(4), 511-534.

Vygotsky, L. (1976). Play and its role in the mental development of the child. In J. Bruner, A. Jolly, & K. Sylva(Eds.), *Play: its role in the mental development and evolution*. New York: Basic Books.

Wardle, F. (1991). Are we shortchanging boys?. *Child Care Information Exchange*, 48-51.

Wardle, F. (1995). Altermatives Bruderhof education: Outdoor School. *Young Children 50*(3), 68-73.

Wellhousen, K. (2002). *Outdoor play every day: Innovative Play Concepts for Early Childhood. Albany*. NY: Delmar.

Weisler, A., & McCall, R. (1976). Exploration and play: Resume and reflection. *American Psychologist*, *31*, 492-508.

Wing, L. A. (1995). Play is not the work of the child: Young children's perceptions of work and play. *Early Childhood Research Quarterly*, *10*(2), 223-247.

Wohlwill, J. (1984). Relationships between exploration and play. In. T. Yawkey & A. D. Pellegrini(Eds.), *Child's play*(pp.143-170). Hillsdale, NJ: Erlbaum.

찾아보기

[인명]

[내용]

ㄱ

ㄴ

ㄷ

ㄹ

ㅁ

ㅂ

ㅅ

ㅇ

ㅈ

ㅊ

ㅌ

ㅍ

ㅎ

저자소개

이 선 애

성균관대학교 대학원 아동학과 유아교육전공(철학박사)

꿈나래유치원 어린이집 원장

부천대학교 아동복지교육 센터장

현) 김포대학교 유아교육과 교수

백 인 경

중앙대학교 대학원 유아교육학과(문학박사)

안젤라유치원 교사

안젤라어린이집 원장

현) 수원여자대학교 유아교육과 교수

영유아의 자유놀이를 기초로 한 놀이지도

1판 1쇄 인쇄 2020년 12월 23일
1판 1쇄 발행 2020년 12월 28일

저　　자 이선애 백인경
발 행 인 회장 박철용 · 대표 박세원
발 행 처 정민사
주　　소 경기도 파주시 직지길 522 파주출판도시
전　　화 031-955-8030
팩　　스 031-955-8025
홈페이지 http://www.jmpub.co.kr
이 메 일 yswgroup@naver.com
출판등록 1979년 1월 22일 No. 406-2004-000130호

ISBN 978-89-5809-755-6
정　　가 **18,000원**